D1734673

В. Н. Крупнов

Англо-русский словарь современной общеупотребительной лексики

5000 словарных статей,
50 000 слов и словосочетаний

МОСКВА

АСТ, Астрель
2000

УДК 811.111'374.8
ББК 81.2Англ
К845

Крупнов В.Н.

К845   Англо-русский словарь современной общеупотребительной
лексики. — М.: ООО «Издательство Астрель»: ООО «Издательство АСТ», 2000. — 288 с.

ISBN 5-271-00582-8 (ООО «Издательство Астрель»)
ISBN 5-17-001339-6 (ООО «Издательство АСТ»)

Словарь содержит общеупотребительные слова и устойчивые
словосочетания из области политики, экономики, бизнеса, культуры, СМИ с их русскими эквивалентами, а также примеры их
употребления в речи.

УДК 811.111'374.8
ББК 81.2Англ

ПРЕДИСЛОВИЕ

«Англо-русский учебный словарь общеупотребительной лексики» ("English-Russian Learner's Dictionary of Popular Words and Phrases") – это словарь особого типа. В отличие от традиционных словарей в нем регистрируются не просто языковые единицы и свойственные им значения в рамках общей системы английского языка, а лишь слова и значения, которые характерны для средств массовой информации. Объем словаря небольшой: он содержит свыше 5 000 слов (гнезд) и около 50 000 общеупотребительных словосочетаний и фраз.

Словарь рассчитан на изучающих английский язык в школе, вузе и самостоятельно и позволяет не только *узнавать новое*, но и *закрепляет* и нередко *иллюстрирует словоупотребление* уже известных слов и фраз, выступая в качестве своего рода путеводителя в сфере эффективного общения на английском языке. Усвоив лексику и фразы данного словаря, читатель не только расширит свой словарный запас, но и повысит *выразительность своей речи* на английском языке.

Указанный выше мотив послужил для автора основным принципом при составлении словаря. Опираясь на свой многолетний опыт в области преподавания английского языка в вузе, а также на лексикографический опыт и практику перевода, автор предлагает читателю реальную речевую базу для целей эффективного общения.

Вся лексика словаря представлена на богатом общем тематическом фоне, что во многом объясняется источниками, использовавшимися автором при отборе лексики – материалами средств массовой информации на английском языке (пресса США и Великобритании).

Доминирующей лексикой словаря служит лексика по тематике политики, бизнеса, экономики, права, культуры США и Великобритании.

Особое внимание в словаре уделено *разговорной лексике (коллоквиализмы)*, овладеть которой самостоятельно, без примеров употребления и перевода на русский язык, весьма трудно. Словарь построен таким образом, чтобы из предлагаемых в нем фраз, пояснений и примеров можно было понять, как употреблять приведенные единицы в речи. Изучающие английский язык при этом обретают дополнительную *уверенность* в своей речевой компетентности.

Специальный интерес для изучающих английский язык представляют единицы типа *страноведческих реалий*. Это единицы, возникшие и существующие в контексте одной культуры и отсутствующие в другой. Как правило, такие слова или фразы мало понятны или даже совсем не понятны, и поэтому требуется определенный лингвистический комментарий, чтобы уяснить их значение и научиться активно употреблять их в речи.

Хотелось бы обратить внимание читателей на наличие в словаре *синонимов и близких по смыслу слов*. Работая над значениями слов, входящих в подобные ряды, включая подобные слова в свою речь, изучающие английский язык постигают *лексические оттенки значений*. В итоге вся речевая деятельность на английском языке протекает более уверенно, а само общение становится более свободным и естественным.

Предлагаемая в словаре *общеупотребительная и популярная лексика* может отрабатываться на разных этапах обучения английскому языку в школах, лицеях, гимназиях, колледжах и институтах иностранных языков, а также на факультетах иностранных языков педагогических вузов и университетов.

Так как в словаре даются эквиваленты перевода для избранной лексики, он может оказаться полезным в переводах с английского на русский, особенно на начальных этапах, когда только отрабатываются умения и навыки перевода и, как правило, материалом для развития таких навыков служат газетные тексты.

В словаре использованы общепринятые знаки и пометы. Хотелось бы обратить внимание читателей на то, что косая черта (/) используется как знак выбора, например: high/low rating высокая/низкая оценка или according to/under the terms of the agreement по условиям соглашения.

В.Н. Крупнов

A

abandon *v* отменять, прекращать, отказываться; покидать

to abandon nuclear weapon tests отказываться от испытаний ядерного оружия

abandoned *adj* заброшенный, покинутый

abandoned goods невостребованные товары

ABC warfare война с применением оружия массового поражения

abolition *n* отмена

abortive *adj* неудавшийся

abortive plan провалившийся план

abrogation *n* отмена, аннулирование (*закона и т.п.*)

absolute *adj* полный, безусловный

absolute liability *ком.* неограниченная ответственность

absolute missile глобальная ракета

absolute monopoly полная монополия

accede *v* присоединяться; соглашаться

to accede to an alliance/to a contract примкнуть к союзу/договору

to accede to a request согласиться с просьбой

acceding state присоединившееся к союзу, договору государство/штат США

accelerate *v* ускорять

to accelerate the development of the economy ускорять экономическое развитие

to accelerate progress ускорять прогресс

to accelerate the rate of growth ускорять темпы роста

access *n* доступ; подход

access to foreign markets доступ на иностранные рынки

to gain an access to foreign markets получить доступ на иностранные рынки

to provide access to information предоставить/разрешить доступ к информации

accessible *adj* доступный, достижимый

accessible foreign markets доступные иностранные рынки

accession *n* прирост, прибавление, пополнение; доступ

accession instrument документ о присоединении

recent accessions to the art gallery недавние поступления, приобретения художественной галереи

accident *n* несчастный случай, катастрофа, авария

by accident случайно

by a lucky accident по счастливой случайности

accidental *adj* случайный, второстепенный

accidental use of nuclear weapons непредумышленное применение ядерного оружия

accidental war случайно возникшая война

accommodation *n* согласование (*позиций и т.п.*); помещение, жилье; приспособление

to come to an accommodation (*syn.* to make an accommodation) достичь договоренности

to reach an accommodation with neighbouring countries добиться мирных отношений с соседними странами

hotel accommodation номер в гостинице

accommodations *амер.* пансион

accomplice *n* сообщник, соучастник

accomplice in crime соучастник преступления

accomplishment *n* выполнение, завершение; достижение

man of many accomplishments высокообразованный, одаренный человек

A

account *n* счет, расчет, подсчет

accountability *n* подотчетность; ответственность

accountability of the Chief Executive ответственность главы государства

accountable *adj* подотчетный; ответственный

The master is accountable to the owners for the safety of the ship.

accountancy *n* бухгалтерское дело, счетоводство

He intends making a career in accountancy.

accountant *n* бухгалтер

accounting *n* учет; учетность

business accounting оперативный учет

statistical accounting статистический учет

to maintain accounting проводить учет

accounting and book-keeping procedure порядок ведения учета и отчетности

accredit *v* уполномочивать, аккредитовывать; доверять

accrue *v* накапливаться, нарастать (*о процентах*)

the interest accrued to your account процент, начисленный на ваш счет

accusation *n* обвинение; *юр.* обвинительный акт

to bring an accusation (*against*) выступить с обвинением (*в чей-л. адрес*)

achievement *n* достижение, успех, победа; выполнение

achievements of technology достижения в области техники

spectacular achievements выдающиеся достижения

acquire *v* приобретать, получать; овладевать (*навыком и т.п.*)

to acquire control (*over*) получить контроль (*над чем-л.*)

The entrepreneur has acquired control over the shares of the company.

acquisition *n* приобретение

acquisition of knowledge усвоение знаний

acquisition of shares приобретение акций

acquisition of a territory захват, приобретение территории

acquit *v* оправдывать, освобождать (*от обязательств и т.п.*)

act *n* дело, поступок; акт, закон, постановление, решение; документ

act of aggression акт агрессии

act of bankruptcy решение о банкротстве

act of an executive organ акт исполнительного органа

act of God стихийное бедствие

act of mutiny мятеж

act of sabotage диверсионный акт

act of war военная акция

Industrial Relations Act закон об отношениях в промышленности (*в Англии*)

Official Secrets Act закон о государственной тайне

Rent Act закон об арендной плате

act *v* действовать, поступать, вести себя; работать

Let me act as an interpreter.

acting *adj* действующий

Acting President исполняющий обязанности Президента/Председателя (комитета)

acting returning officer должностное лицо, ответственное за проведение в избирательном округе голосования

action *n* действие, поступок, акция; выступление; иск

action against apartheid меры против апартеида

civic action гражданский иск

court action судопроизводство

industrial action забастовка промышленных рабочих

militant action энергичные действия

personal action личные действия

strike action забастовка, забастовочные действия

united action объединенные, совместные действия

activate *v амер. воен.* зачислять в часть

active *adj* активный, живой; действительный; эффективный, настоящий, действующий

The law is still active.

active armed forces регулярные войска, регулярные части

active assets активы, покрытие

active balance (*syn.* favourable balance) активное сальдо

active brain творческий ум

active diplomacy активные формы дипломатии

active help действенная помощь

active list кадровый состав

active market активный, оживленный рынок

active member активный член (*клуба и т.п.*)

active negotiations активные переговоры

active partner (*in business*) активно действующий партнер

active privatizer страна, активно проводящая курс на приватизацию

active stand (*of a newspaper*) on smth активная позиция (*газеты и т.п.*) по какому-л. вопросу

activist *n* активист, сторонник активных мер; активный работник (*в местной избирательной кампании*)

left-wing activist активист левого крыла

political activist политический активист

student activist студент-активист

activity *n* (*чаще pl*) деятельность

behind-the-scenes activity закулисная деятельность

business activity хозяйственная деятельность

political activities политическая деятельность

union activities деятельность профсоюза

activities of foreign economic interests деятельность иностранных экономических кругов (групп)

to break off/to terminate an activity прервать деятельность

to engage in/to participate in activity участвовать в деятельности

actual *adj* действительный, подлинный

actual investment (*syn.* realized investment) фактическое капиталовложение

add *v* прибавлять, добавлять

to add fuel to the fire подливать масла в огонь

adhere *v* твердо держаться, придерживаться; оставаться верным (*принципам и т.п.*)

to adhere to a treaty твердо выполнять статьи договора

adherent *n* (*syn.* partisan, follower, supporter) приверженец, сторонник

ad hoc *adj, adv* (*Latin*) специальный

ad hoc advisory group специальная консультативная группа

ad hoc expert group специальная группа экспертов

adjourn *v* откладывать; объявлять перерыв

adjust *v* улаживать

to adjust a conflict уладить, отрегулировать конфликт

adjustment *n* согласование, урегулирование; поправка, уточнение, корректировка

adjustment bonds облигации с доходом на прибыль

adjustment of disputes урегулирование споров

downward adjustment поправка в сторону уменьшения (*напр., взносов*)

peaceful adjustment мирное урегулирование

administer *v* управлять, вести дела; применять меры воздействия

to administer an oath приводить к присяге

to administer the affairs (*syn.* to conduct the affairs) (*of a firm*) вести дела (*фирмы*)

administration *n* управление, администрация; применение (*мер воздействия*)

administration costs расходы на управление

administration of a budget исполнение бюджета

administration of laws проведение законов в жизнь

administration of peace-keeping operations проведение операций по поддержанию мира

administration of safeguards осуществление гарантий

administration of state affairs ведение государственных дел

business administration управление бизнесом

centralized administration централизованное управление

civil administration гражданская администрация

public administration общественное управление

US Administration (*syn.* US Government) правительство США

administrative *adj* административный, административно-хозяйственный

administrative body административный орган

advance *n* продвижение вперед; прогресс, успех

advance in science прогресс в науке

to pay one's rent in advance заранее внести квартплату

to receive an advance on royalties получить аванс в счет гонорара

advance man *амер.* посланник, прибывший в другую страну для подготовки визита главы государства

advanced *adj* передовой, прогрессивный; развитой

advanced level (A-level) продвинутый уровень (*в обучении и т.п.*)

advanced level (A-level) exams (*Br.*) экзамены повышенной сложности, дающие право на поступление в университет

advanced society передовое общество

advanced technology новейшая, передовая технология

advancement *n* продвижение; успех, прогресс, рост; выдвижение (*гипотезы и т.п.*)

advancement of women улучшение положения женщин

opportunities for advancement возможности продвижения (*по службе*)

professional advancement профессиональный рост

to block advancement (за)тормозить продвижение по службе

to further advancement способствовать улучшению положения

to seek an advancement to a higher grade стремиться к продвижению по службе, стремиться занять более высокое положение

advancing *n* подготовка предстоящего визита в страну (*официального высокопоставленного лица*)

advantage *n* преимущество, превосходство; выгода, польза

advantage of experience преимущество опыта

to gain an advantage (*over*) добиться преимущества (*над*)

to have the advantage of experience использовать преимущество обладания опытом

to press home an advantage играть на преимущество

to take an advantage (*of*) воспользоваться чем-л.; обмануть, перехитрить

advent *n* появление

advent of nuclear weapons появление ядерного оружия

adversary *n* противник

formidable adversary грозный противник

worthy adversary достойный противник

adverse *adj* враждебный, неблагоприятный; *эк.* пассивный (*о балансе*)

adverse conditions неблагоприятные условия

adverse party противная сторона

advertisement *n* (*also* **advert, ad**) рекламное объявление, реклама

classified ads рекламные объявления, помещенные под определенными рубриками

full-page ad объявление на всю полосу

to place an ad разместить объявление, рекламу

to publish an ad напечатать объявление, рекламу

to run an ad for a used car напечатать объявление о продаже подержанного автомобиля

advertising *n* (*syn.* **commercial**) реклама, рекламирование, рекламное дело, коммерческая реклама, реклама по телевидению или радио

advertising campaign рекламная кампания

advertising media средства рекламы

advice *n* совет; извещение, уведомление; консультация (*особ. юридическая*)

advise *v* советовать, извещать, информировать, уведомлять

adviser *n* советник, консультант

advisory *adj* консультативный, совещательный

advisory council консультативный совет

advisory opinion консультативное заключение (*напр., в письменной форме*)

foreign policy advisory board консультативный совет по вопросам внешней политики

to act in an advisory capacity выступать в качестве консультанта

advocacy *n* защита; поддержка; пропаганда (*взглядов и т.п.*); деятельность адвоката

advocacy of violence пропаганда насилия

advocate *n* сторонник; адвокат

advocate of peace борец за мир

advocate *v* отстаивать, защищать, выступать (*за что-л.*), поддерживать

to advocate blue chips рекламировать акции, имеющие высокий спрос (*об акциях престижных компаний*)

affair *n* дело; предприятие

affairs of a company дела компании

affairs of state государственные дела

foreign affairs внешние, иностранные дела

gala affair гала-представление

informal affairs неофициальные дела

political affairs политические вопросы

put-up affair *разг.* подстроенное дело, инсценировка; подтасовка фактов

to conduct affairs of the state управлять государственными делами

A

to cover up/to hush up an affair за-
мять дело

to wash one's hands of an affair
умывать руки (*в связи с каким-л.
делом*)

affect *v* воздействовать, влиять;
затрагивать интересы

to affect deeply глубоко затрагивать (*интересы и т.п.*)

These matters affect the national
security.

affiliate *n* эк. филиал, дочернее
общество

affiliate enterprise филиал

affiliated *adj* являющийся филиа-
лом; связанный в своих действиях с кем-л.

affiliated company фирма-филиал

affiliation *n* присоединение, принятие в члены; членство; переход
под контроль компании-держа-
теля

political affiliation политическая
принадлежность

to form a political affiliation войти
в политический союз

affirmative *adj:* **affirmative action programme** *амер.* программа искоре-
нения дискриминации при найме на работу

affix *v* поставить подпись, приложить печать

to affix a stamp прикрепить марку

afflict *v* поражать, сокрушать

to afflict with ills of unemployment
поражать недугом безработицы
(*о том или ином районе страны*)

affluent *adj* богатый

affluent society общество всеобщего благоденствия

afford *v* позволять, давать возможность

to afford high expenses позволять
себе тратить огромные средства

**AFL-CIO (American Federation of
Labor – Congress of Industrial
Organizations)** АФТ-КПП (Аме-

риканская федерация труда –
Конгресс производственных
профсоюзов)

**Afro-Asian People's Solidarity Organ-
ization** Организация солидарности с народами стран Африки и
Азии

aftereffect *n (often pl)* последствия
(*часто негативные*)

aftermath *n (usu. sg)* последствия
(*бури, войны, катастрофы и т.п.*)

aftermath of war последствия войны

after-sales service послепродажное
обслуживание (*напр., продажа
запасных частей, техническое
консультирование*)

agency *n* агентство, представительство; орган, организация

agency of political propaganda орган
политической пропаганды

news agency информационное
агентство

by the agency of при содействии

to find a job through an employment
agency найти работу с помощью
биржи труда

specialized agencies of the United Nations специализированные учреждения ООН

age-old *adj* вековой, очень давний

age-old backwardness (*of a country*)
вековая отсталость (*страны*)

agent *n* агент, посредник, представитель

aggravate *v* ухудшать, усугублять,
отягчать

The economic situation has aggra-
vated in this region.

aggravating factor ухудшающий
ситуацию фактор

aggravation *n* обострение, ухудше-
ние (*ситуации*); расстройство

to watch the aggravation of the general situation on the market следить за ухудшением общей ситуации на рынке

agree *v* соглашаться, договариваться; уславливаться
to agree to пойти на (*что-л.*)
to agree with договориться (*с кем-л.*)
to agree on договориться (*о чем-л.*)
It has been agreed that the lease will run for two years. Была достигнута договоренность о том, что срок аренды составит два года.

agreed *adj* согласованный, решенный (*по общему согласию*)
agreed force levels согласованные уровни вооруженных сил
agreed limitations of nuclear arms согласованные ограничения ядерных вооружений
agreed reductions согласованное сокращение (*войск и т.п.*)
agreed terms of a contract согласованные условия контракта
as agreed upon in the contract как согласовано в договоре

agreement *n* соглашение, договор; договоренность, согласие
agreement on ceasefire договоренность о прекращении огня
agreement on limiting strategic offensive arms соглашение об ограничении стратегических наступательных вооружений
binding agreement соглашение, имеющее обязательную силу
contractual agreement договор
legal agreement правовое соглашение
tacit agreement молчаливое согласие
tentative agreement предварительная договоренность, предварительное согласие
to break an agreement нарушить соглашение/договоренность ·
to conclude/to reach/to work out an agreement выработать, заключить соглашение
to come to an agreement прийти к соглашению

to enter into an agreement заключить соглашение
aggregate *adj* совокупный, общий; суммарный
aggregate demand совокупный спрос (*на товары*)
aggregate demand curve кривая совокупного спроса
aggregate supply общее предложение
aggression *n* агрессия
brazen-faced aggression (*syn.* naked aggression) неприкрытая, наглая агрессия
direct aggression прямая агрессия
limited military aggression ограниченная военная агрессия
unprovoked aggression неспровоцированная агрессия
war of aggression агрессивная война
to curb an aggression сдерживать, пресекать агрессию
to launch an aggression развязать агрессию
aggressive *adj* агрессивный, нападающий; настойчивый, напористый, активный
It shows the aggressive nature (of) ... Это свидетельствует об агрессивной природе ...
aggressor *n* агрессор
to fight an aggressor бороться с агрессором
ahead *adv*: ahead of the game *разг.* впереди других (*в каких-л. вопросах*)
aid *n* помощь
Government aid правительственная помощь
aid agency учреждение по предоставлению помощи
aide *n* помощник
presidential aide помощник президента
aim *v*: to aim for the sky (*syn.* to reach for the sky; to shoot for the sky) стремиться к высоким целям

A

alarmist *n* паникер
alibi *n*: **ironclad alibi** *разг.* надежное, «железное» алиби
alien *n* чужестранец
alienation *n* отчуждение
political alienation политическое отчуждение
alignment *n* расстановка (*сил*), группировка; блок
alignment of political forces расстановка политических сил
out of alignment (*with*) вне связи (*с кем-л.*)
allegation *n* утверждение, заявление (*обычно голословное*)
false allegation ложное утверждение
serious allegation серьезное утверждение
unproved allegation ничем не подкрепленное утверждение
unsubstantiated allegation (*syn.* unsupported allegation) необоснованное заявление
to deny an allegation отрицать голословное заявление
to drop/to retract/to withdraw an allegation отказаться от своего утверждения
to make an allegation выступить с утверждением
to refute an allegation опровергать голословное заявление
allege *v* утверждать что-л., заявлять (*голословно*)
It has been alleged that ... Утверждалось, что ...
alleged *adj* утверждаемый (*обычно голословно*)
the alleged antigovernmental plot распространяемый миф об антиправительственном заговоре
allegedly *adv* по утверждению
All-European Conference on Security and Co-operation Общеевропейское совещание по безопасности и сотрудничеству

alleviation *n* облегчение, ослабление
alleviation of international tensions ослабление международной напряженности
alliance *n* союз, альянс
alliance of democratic forces объединение демократических сил
alliance (*with*) союз (*с кем-л.*)
defence alliance оборонительный союз
military alliance военный союз
political alliance политический союз
unholy alliance *разг.* «союз нечестивых»
to enter into/to form an alliance вступить в союз/альянс
to dissolve an alliance распустить союз
allied *adj* союзный; родственный, близкий
allied and associated powers союзные и присоединившиеся державы
to be allied with smb against smb находиться в союзе с кем-л. и выступать против кого-л.
Allied Powers, the союзные державы
all-nighter *n* ресторан/бар, работающий всю ночь
allocation *n* выделение, ассигнование (*средств*)
allocation of funds to a project выделение денежных средств на проект
all that jazz *разг.* и все такое прочее
She told me I was selfish, hateful, rude, ugly, and all that jazz.
ally *n* союзник, союзная держава
ally of this country союзник данной страны
faithful/staunch ally надежный, верный союзник
along the same lines на ту же тему
Your subject isn't along the same lines as what we are currently discussing.
alter *v* изменять, переделывать, менять; видоизменять

to alter one's political line изменять политический курс

to alter the terms of a contract изменить условия контракта

alteration *n* изменение

without alteration (*e.g. about the terms of a contract*) без изменений (*напр., об условиях контракта*)

alternate representative заместитель представителя

alternative *n* вариант, альтернатива

viable alternative эффективная альтернатива

to fall back on an alternative вновь вернуться к альтернативному варианту

to find smb alternative employment найти кому-л. другую работу

to have no alternative but to make a compromise не иметь иной альтернативы, кроме компромисса

to propose an alternative предложить альтернативу

ambassador *n* посол

Ambassador Extraordinary and Plenipotentiary чрезвычайный и полномочный посол

ambassador-at-large посол по особым поручениям

goodwill ambassador посланец доброй воли

roving ambassador посол, выполняющий специальные поручения

to appoint an ambassador назначать посла

to recall an ambassador отзывать посла

ambassadorial *adj* посольский

ambassadorial-level talks переговоры на уровне послов

amenable *adj* подсудный, подлежащий наказанию; сговорчивый

amenable to a tribunal подсудный трибуналу

amenable to compromise идущий на компромиссы

He's an amenable person. Он человек сговорчивый.

amendment *n* поправка (*к законопроекту и т.п.*), исправление (*ошибок и т.п.*)

amendment to a bill поправка к законопроекту

to adopt an amendment принять поправку

to move an amendment выступить с предложением о поправке

to propose an amendment предложить, внести поправку

to ratify an amendment ратифицировать поправку

American Stock Exchange (Amex) Американская фондовая биржа

amounts *n pl* суммы

amounts to be handed over to the state budget суммы, отчисляемые по взаимоотношениям с государственным бюджетом

ammunition *n* боеприпасы; *перен.* аргументы, спорные проблемы

blank ammunition холостые боеприпасы

dummy ammunition учебные боеприпасы

live ammunition боевые патроны, снаряды

tracer ammunition трассирующие боеприпасы

to issue ammunition выдать боеприпасы

to provide ammunition обеспечить боеприпасами; *перен.* представить аргументы

analyst *n* аналитик, исследователь

market analyst исследователь конъюнктуры рынка

anarchism *n* анархизм

anchor man *амер.* ведущий программы (*по радио или телевидению*)

angel *n* покровитель-финансист (*напр., избирательной кампании и т.п.*)

A

angle *n* точка зрения, подход; сторона
Let's try to get a good angle on this news story so the wire service will buy it from us.
angle *v* нацеливаться (*на что-л.*), писать статью с определенным прицелом
to angle for an unbiased reporting стремиться к объективному отражению событий (*в статье и т.п.*)
annexation *n* аннексия, насильственное присоединение
anniversary *n* годовщина; юбилей
golden anniversary «золотая» свадьба
wedding anniversary свадебная годовщина
to celebrate/to commemorate/ to mark an anniversary отмечать годовщину
to reach an anniversary составить годовщину (*о каком-л. торжественном событии*)
on an anniversary в годовщину
announce *v* объявлять, сообщать
to announce a programme of investment сообщить о программе инвестиций
answering service телефонное справочное бюро
antagonism *n* антагонизм
to solve antagonism разрешать противоречия
deep/deep-rooted/profound antagonism глубокое противоречие
antagonistic *adj* антагонистический
antagonistic interests антагонистические интересы
antagonize *v* вызывать противодействие, антагонизм
anti-ballistic *adj* противоракетный
anti-ballistic missile system система противоракетной обороны
anti-nuke *adj* направленный против ядерной энергетики

anti-nuke rally митинг протеста против курса на развитие ядерной энергетики
anti-popular *adj* антинародный
anti-popular forces антинародные силы
anti-submarine warfare противолодочная оборона
anti-unionist *adj* антипрофсоюзный
antiwar *adj* антивоенный
antiwar sentiments антивоенные настроения
apartheid *n* апартеид
the policies of apartheid политика апартеида
apolitical *adj* аполитичный
appalling *adj* ужасный, потрясающий
appalling conditions ужасные условия
appeal *n* воззвание, обращение, призыв; апелляция (*в суд и т.п.*)
customer appeal привлекательность для покупателя (*о товаре*)
desperate appeal обращение, вызванное отчаянием; отчаянный призыв
emotional appeal эмоциональное обращение
ringing appeal яркое обращение
sales appeal привлекательные качества товара (*воздействующие на покупателя*)
stirring appeal волнующее обращение
urgent appeal настоятельный призыв
to file/to lodge an appeal подавать прошение
to make an appeal выступить с обращением
appeal *v* обращаться с призывом, взывать; апеллировать
The condemned man appealed to the court for mercy.
The idea appealed to me.
to appeal to do smth призывать предпринять что-л.

to take an appeal to a higher court
подавать апелляционную жалобу
в суд более высокой инстанции

appendix *n* приложение, добавле-
ние (*к документу*)

applicant *n* податель заявления

applicant for a position претендент
на тот или иной пост

application *n* заявление, обращение

to file/to make/to put in/to send in
an application обратиться с заявлением

appointed *adj* назначенный (*на
пост*), утвержденный (*в должности*)

appointed as an ambassador назначенный послом

appointee *n юр.* бенефициарий

political appointee назначенный на
должность по политическим
мотивам

appointment *n* назначение (*на должность*)

permanent appointment постоянное назначение

temporary appointment временное
назначение

to hold an appointment быть назна-
ченным (*на должность*)

to receive an appointment получить
назначение (*на должность*)

apportion *v* пропорционально распределять

to apportion funds ассигновать
средства

apportionment *n* пропорциональное распределение

approach *n* подход (*к чему-л.*), метод, способ

package approach комплексный
подход (*т.е. с учетом ряда факторов*)

phased approach поэтапный подход

approval *n* одобрение; утверждение;
санкция

complete approval полное одобрение

nation-wide approval всеобщее
одобрение (*т.е. в масштабе
страны*)

qualified approval одобрение со
стороны необходимого числа
членов

tacit approval молчаливое согласие, одобрение

to give approval выразить одобрение, одобрить

to voice approval выразить поддержку (*предложения и т.п.*)

approve *v* утверждать, санкционировать

to approve of a decision одобрить
решение

arbitrary *adj* произвольный

arbitrary power дискреционные
полномочия

arbitrary rule произвол в управле-
нии

arbitrate *v* выносить третейское
решение, действовать в качестве
третейского судьи

to arbitrate between the opposing
parties разрешать споры двух
сторон

arbitration *n* разбор спора (*тре-
тейским судом*)

arbitration board/tribunal арбит-
ражный суд

binding arbitration арбитражное
разбирательство, имеющее обязательную силу (*для сторон*)

voluntary arbitration арбитражное
разбирательство по желанию
сторон

to conduct arbitration выносить
третейское решение

to go to arbitration передать вопрос на разрешение арбитража

to resort to arbitration обратиться
в арбитраж

architect *n* архитектор, создатель

architect of this concept автор этой
идеи

archives *n pl* архив

to place in the archives (*syn.* to shelve, to pigeon-hole) сдать в архив

area *n* район; зона, сфера, область

metropolitan area район, относящийся к метрополии; столичный район

residential area жилой район

urban area городской район, городская застройка

to be in the commercial area of the town находиться в коммерческой части города

to rope off/to enclose an area оградить территорию

to enjoy one's own area of influence использовать свою сферу влияния

areas of limited forces районы расположения ограниченного контингента войск

armament *n* вооружение

armaments race гонка вооружений

armchair strategist кабинетный стратег (*т.е. человек, оторвавшийся от действительности*)

armed *adj* вооруженный

armed action вооруженные акции

armed conflict вооруженный конфликт

armed intervention вооруженная интервенция

armed neutrality вооруженный нейтралитет

armed uprising вооруженное восстание

armistice *n* перемирие

to agree on armistice договориться, достичь соглашения о перемирии

to declare an armistice объявить о перемирии

to sign an armistice подписать условия перемирия

to suspend an armistice временно приостановить договоренность о перемирии

to work out an armistice разработать условия перемирия

arms *n pl* оружие, вооружение

arms control контроль над вооружениями

arms drive гонка вооружений

arms embargo эмбарго на поставки оружия

arms in reserve вооружения, находящиеся в резерве

arms in storage вооружения, находящиеся на складском хранении

arms race гонка вооружений

arms traffic торговля оружием, поток оружия

moth-balled arms законсервированные вооружения

to bear arms носить оружие

to call to arms призывать к вооруженной борьбе

to lay down one's arms сложить оружие, сдать оружие

to take up arms взяться за оружие

under arms под ружьем

arm-twisting *n* политика «выкручивания рук»

army *n* армия

Irish Republican Army (IRA) Ирландская республиканская армия (ИРА)

arrears *n pl* задолженность, недоимка, долги

arrears in payment задолженность в платежах

to clear arrears in payment выплатить задолженность

arrest *n* арест, задержание

arrest warrant ордер на арест

arrest *v* арестовывать, задерживать

to arrest smb on charges (of) арестовывать кого-л. по обвинению (*в чем-л.*)

arsenal *n*: arsenals of weapons арсеналы оружия

arson *n* юр. поджог

to commit arson совершить поджог

article *n* статья (*договора*); газетная статья; пункт, параграф leading article передовая статья (*в газете*)

ascendancy *n* растущее влияние, подъем

clear-cut ascendancy явный рост, укрепление позиций

overwhelming ascendancy доминирующее влияние

to attain ascendancy добиться прочного положения (*напр., о положении какой-л. партии*)

to gain ascendancy добиться доминирующего влияния

asphalt jungle «асфальтовые джунгли» (*о городе, мегаполисе*)

I don't look forward to spending the rest of my days in an asphalt jungle.

aspire *v* стремиться, домогаться

to aspire to become a lawyer мечтать стать юристом

assassin *n* (*also* **killer**) наемный убийца

assassination *n* убийство, террористический акт

character assassination дискредитация политического противника (*напр., через СМИ*)

political assassination убийство по политическим мотивам

to carry out an assassination совершить убийство

assault *n* атака, штурм; нападение

to carry out/to make an assault (*on*) нападать (*на что-л.*), подвергать штурму

to commit an assault совершить нападение

assembly *n* ассамблея, собрание

constitutional assembly конституционная ассамблея

EEC (European Economic Community) Assembly Ассамблея Европейского экономического сообщества

general assembly общее собрание

General Assembly of the UN Генеральная Ассамблея ООН

legislative assembly законодательное собрание

national assembly национальное собрание

right of assembly право собраний

to convene an assembly созвать собрание

assess *v* оценивать (*имущество и т.п.*); определять размер (*налога, штрафа*)

to assess the value of property оценивать стоимость имущества

assessment *n* оценка (*имущества, напр., для взимания налогов и т.п.*); мнение, суждение

to make an assessment of the situation оценить сложившуюся обстановку

assign *v* назначать (*срок*), отводить (*что-л. кому-л.*)

to assign smb a difficult mission поставить перед кем-л. трудную задачу

assignment *n* назначение, выделение; распределение; задание (*для журналиста, репортера*)

assignments to the budget (*syn.* allocations to the budget) отчисления в бюджет

associate *n* товарищ, коллега, союзник; компаньон; член-корреспондент (*научного общества*)

associate director заместитель директора

associate expert младший эксперт

associate member ассоциированный член (*организации, общества*)

associate professor *амер.* адъюнкт-профессор

associate *v* соединять, объединять, присоединяться; вступать (*в общество*); ассоциироваться

to associate in public organizations объединяться в общественные организации

association *n* ассоциация

A

articles of association правила, устав компании

Association of Scientific, Technical and Management Staffs Ассоциация научных, технических и административных работников

bar association ассоциация адвокатов

Medical Association Ассоциация медицинских работников

trade association торговая ассоциация

to form an association создать ассоциацию

astronomical *adj* астрономический

astronomical price баснословно высокая цена

astronomical telescope астрономический телескоп

asylum *n* убежище

political asylum политическое убежище

to deny smb (political) asylum отказать кому-л. в (политическом) убежище

to grant asylum предоставить убежище

to receive asylum получить убежище

atmosphere *n* атмосфера

formal atmosphere официальная атмосфера

friendly atmosphere дружественная атмосфера, непринужденная обстановка

informal atmosphere неофициальная обстановка

relaxed atmosphere раскованная атмосфера

atmospheric *adj* атмосферный

atmospheric nuclear test испытание ядерного оружия в атмосфере

atom-free *adj* безатомный

atom-free zone (*syn.* denuclearized zone) безатомная (безъядерная) зона

atomic *adj* атомный

atomic age атомный век

atomic blackmail атомный шантаж

Atomic Energy Commission Комиссия по атомной энергии

atomic powers атомные державы

attaché *n* атташе

air-force attaché атташе военно-воздушных сил

commercial attaché атташе по вопросам торговли

cultural attaché атташе по вопросам культуры

military attaché военный атташе

naval attaché военно-морской атташе

press attaché пресс-атташе

attack *n* атака, нападение; наступление

to carry out/to make an attack атаковать, идти в атаку; нападать

to spearhead an attack возглавлять атаку

attainment *n* достижение, приобретение

attainment of full independence достижение полной независимости

attending circumstances сопутствующие обстоятельства

attraction *n* привлечение

attraction of foreign capital привлечение иностранного капитала (*в свою страну*)

irresistible attraction неотразимая, притягательная сила (*идеи, замысла*)

box-office attraction полный финансовый сбор (*об успехе шоу и т.п.*)

strong attraction большая притягательная сила; сильная приманка

auction *n* аукцион

to hold a public auction устраивать публичные торги

to put smth up for auction продавать что-л. на аукционе, выставлять на аукцион

audience *n* публика, зрители, аудитория; слушатели (*курса*); радиослушатели, телезрители; аудиенция

appreciative audience публика, умеющая ценить что-л., понимающая публика

cold/passive/unresponsive audience пассивная публика

captive audience *шутл. рекл.* «жертвы рекламы»

to attract/to draw an audience привлекать публику

to give/to grant an audience давать аудиенцию

to seek an audience (*with*) добиваться аудиенции (*у кого-л.*)

to stir/to electrify an audience тронуть, задеть/зажечь публику

audit *n* проверка, ревизия; внешняя ревизия; инспектирование бухгалтерского учета

tax audit проверка правильности начисления налогов

to carry out/to conduct an audit проводить ревизию

auditing *n* контроль, ревизия, проверка работы

auditing commission ревизионная комиссия

auspices *n pl* покровительство, эгида

under the auspices (*of*) под эгидой (*какой-л. организации*)

authenticate *v* удостоверять, скреплять печатью, свидетельствовать

The painting was authenticated as genuine. Было официально удостоверено, что эта картина – подлинник.

authorities *n pl* органы власти; авторитетные источники

government authorities правительственные органы власти

local authorities органы местного самоуправления

authority *n (often pl)* орган власти, орган управления; сфера компетенции; власть, полномочие

absolute/complete authority абсолютные полномочия

constitutional authority конституционные полномочия

Police Authority полицейское управление

policy-making authorities орган, формулирующий политику; директивный орган

statutory authority власть, установленная законом

supervisory authority орган надзора; управление; орган управления/руководства

supreme authority высшая власть

to assume authority взять на себя ответственность

to make use of the legal authority использовать правовые полномочия

to use one's presidential authority использовать свои президентские полномочия

authorization *n* санкционирование, разрешение, санкция

official authorization официальное разрешение

to give/to grant authorization выдать разрешение

to receive authorization получить разрешение

to revoke authorization отменить разрешение

authorize *v* разрешать, санкционировать; поручать, уполномочивать

to authorize smb to do smth разрешать кому-л. сделать что-л.

It is not authorized to enter the restricted area. В закрытую зону вход воспрещен.

authorized *adj* санкционированный; авторизованный (*перевод*); разрешенный к выпуску

authorized fund уставный фонд

to total 25 per cent of the authorized fund достигать 25 процентов уставного фонда

B

authorized representative доверенное лицо

authorship *n* авторство; профессия писателя; происхождение, источник

to establish the authorship установить авторство

availability *n* наличие

availability of inputs наличие вложенных финансовых средств

available *adj* пригодный, полезный; наличный, имеющийся в распоряжении/наличии

readily/easily available легко доступный

The information is available to anyone. Эти факты доступны каждому.

This item is no longer available. Этого изделия в продаже более нет.

funds available for the investment in small businesses финансовые средства, которые могут быть инвестированы в малый бизнес

avalanche *n* (*syn.* **landslide, tidal wave**) лавина, снежный обвал; движущаяся масса

avalanche of votes лавина голосов (*в пользу того или иного кандидата*)

axe *n* топор; *ист.* секира

to have an axe to grind преследовать корыстные цели

to swing/to wield an axe орудовать топором

axe-grinder *n* человек, преследующий корыстные цели

axiom *n* аксиома

to lay down an axiom установить аксиому

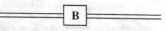

baby boom (*syn.* **population explosion**) демографический взрыв, бурный прирост населения

baby boomer ребенок, родившийся в период бурного роста населения

baby-kisser *n разг.* политик, «играющий на популярность», популист

baby-sitter *n разг.* временная няня; выступающий в роли няни

back-bencher *n* рядовой член парламента (*букв.* «заднескамеечник»)

backbone *n* основа, суть, сущность

backbone of the nuclear forces основа/опора ядерных сил

back *v:* **back down** отступать, капитулировать

to back down from the demands отказываться от требований, признать свою неправоту

back off *v* отступать (*с занятых позиций*), удаляться

to back off from one's demands отказываться от своих требований

back up *v* поддерживать

to back up a candidate поддерживать кандидата

to back up the wrong horse поставить не на ту лошадь, просчитаться

to back up the disk сохранить запись (*на компьютере*)

backer *n* поддерживающий; ставящий на игрока

financial backer финансист-покровитель, спонсор

background *n* задний план, фон; место действия; предпосылка; подоплека (*событий*)

background paper основополагающая статья, основной документ (*напр. для выработки позиции*)

broad background широкий (*исторический*) фон; подготовка (*об уровне образования*)

narrow background узкий фон; узкая специализация

religious background религиозная подготовка

to have the right background for a job обладать должными знаниями для работы

against the background (*of*) на фоне (*чего-л.*)

in the background на заднем плане, в тени

backgrounder *n амер.* пресс-конференция общеинформативного характера (*обычно без права ссылки на источник информации*)

backing *n* поддержка, одобрение; сторонники

financial backing for a project финансовая поддержка проекта

backlash *n* ответная реакция (*напр., на провокации*); ответный ход, удар

backlog *n* просроченные платежи

backlog of work after the holidays завал работы после праздника

back number старый номер газеты, журнала; *сленг* старомодный человек

Some old back number wearing gaiters wants to have a word with you.

back seat заднее сиденье (*в автомобиле и т.п.*); *перен.* скромная должность

to take a back seat держаться в тени, не занимать активной позиции

backstage *adv* за кулисами

backstage *adj* закулисный, тайный

backstage dealings/efforts закулисные сделки, контракты/усилия

backstage manoeuvring закулисные политические маневры

backwater *n* тихая заводь, болото, застой

cultural backwater застой в культурной сфере

bad *adj*: **bad hair day** плохой день, «невезучий» день

bad-mouth *v амер. сленг* критиковать, плохо говорить (*о ком-л., чем-л.*)

I wish you would stop bad-mouthing my car.

bad paper поддельный, фальшивый чек

There is more bad paper passed in this town in one month than in all of Sweden for a whole year!

bag *n*: **bag of ideas** «корзина идей»

mixed bag набор предметов; разные подходы и т.п.

bag *v* (*syn.* **to capture, to arrest; to collar; to hook; to knab; to nail; to send up the river; to bust**) *разг.* схватить, арестовать

They bagged the robber with the loot still on him.

bail *n* залог, поручительство

to deny smb bail отказать в поручительстве

to forfeit bail (*syn.* to jump/to skip bail) не явиться в суд (*о действиях человека, отпущенного под залог*); нарушить поручительство

to grant bail предоставить залог

to make bail внести залог

to release on bail отпустить под залог

to set bail установить сумму залога

to stand bail поручиться

bail *v*: **bail out** брать на поруки, давать поручительство; помогать финансами

balance *n* баланс, равновесие

balance of power равновесие сил (*политических, военных*)

bank balance остаток на банковском счете

credit balance кредитовое сальдо

debit balance дебетовый остаток

foreign-trade balance внешнеторговый баланс

strategic balance стратегическое равновесие сил

trade balance торговый баланс

to keep balance сохранять баланс, равновесие

B

В

to strike a balance добиваться равновесия

balance *v* балансировать, сохранять равновесие; приводить в равновесие, уравнивать

to balance one argument against the other противопоставлять один аргумент другому

balanced *adj* уравновешенный; обдуманный, взвешенный; пропорциональный, соразмерный; гармоничный

balanced disarmament сбалансированное/соразмерное/согласованное разоружение

balanced package deal согласованное комплексное решение

balanced reduction of troops сбалансированное сокращение войск

ballot *n* избирательный бюллетень; голосование; жеребьевка; список кандидатов

absentee ballot голосование по почте (*в особых случаях*)

inconclusive ballot голосование, не давшее определенных результатов (*победитель не определился*)

invalid ballot избирательные бюллетени, признанные недействительными

open ballot открытое голосование

secret ballot тайное голосование

straw ballot *амер.* предварительное голосование (*для выяснения настроения избирателей*)

void ballot избирательный бюллетень, признанный недействительным

to cast a ballot опускать бюллетень

to invalidate a ballot сделать бюллетень недействительным

to vote by secret ballot голосовать тайно

ballot-box *n* избирательная урна

ballot-box stuffing *амер. разг.* фальсификация выборов

ballot-paper *n* избирательный бюллетень

bamboozle *v прост.* одурачивать, надувать; добиваться путем обмана

ban *n* запрещение; анафема; приговор об изгнании; объявление вне закона

test ban запрещение испытаний ядерного оружия

to impose a ban (on) налагать запрет, запрещать

to lift a ban (from) снять запрет, разрешить

ban *v* запрещать, налагать запрет

to ban nuclear tests запрещать испытания ядерного оружия

to ban nuclear weapons запрещать ядерное оружие

to ban propaganda of war запрещать пропаганду войны

band *v* связывать, скреплять

to band together against smb сплотиться против кого-л.

bandwagon *n амер. разг.* побеждающая сторона (*на выборах*)

bandwagon technique способ привлечения избирателей (*на свою сторону*)

to jump/to climb on the bandwagon примкнуть к побеждающей (*на выборах*) стороне

banish *v* изгонять, подвергать изгнанию, ссылать; выдворять (*из страны*)

bank *n* банк; общий запас

central bank центральный банк

commercial bank коммерческий банк

credit bank коммерческий банк (*в Европе*)

drive-in bank *амер.* банк, обслуживающий клиентов прямо в автомобиле

land bank земельный банк

merchant bank *англ.* торговый банк

national bank национальный банк (*категория коммерческих банков в США*)

people's bank народный банк

savings bank сберегательный банк

state bank государственный банк; банк штата (*в США*)

to establish a bank учредить банк

bankrupt *adj* неплатежеспособный

to go bankrupt обанкротиться

bankruptcy *n* банкротство, несостоятельность

to declare bankruptcy объявить о банкротстве

to go into bankruptcy обанкротиться, стать банкротом

to file for bankruptcy *амер.* представить документы о банкротстве

banner *n* знамя, флаг, стяг; флаговый заголовок (*в газете*)

to unfurl a banner развернуть флаг

under a banner под знаменем

bar *n*: **behind bars** *разг.* за решеткой, в тюрьме

bargain *n* договорная сделка; договоренность; выгодная покупка (*в магазине*)

to make/to strike a bargain заключить сделку

to meet one's end of a bargain выполнить свою часть условий сделки

to seal a bargain скрепить печатью сделку

bargaining *n* ведение переговоров (*экономических, политических*)

collective bargaining заключение коллективных договоров

industry-wide bargaining переговоры по вопросам условий труда всей отрасли

bark *n*: **bark at the moon** «лаять на луну» (*т.е. тратить время попусту*)

barnstorm *v разг.* разъезжать по стране, показывая спектакли или выступая с лекциями

barter *n* бартер, товарообменная сделка

base *adj разг.* нечестный, низменный, аморальный, грубый

base motives низменные мотивы

base conduct аморальное поведение

Oh, how base!

bash *n* (*syn.* **night on the town**) *разг.* бурная вечеринка

Oh, what a bash! I'm exhausted.

bash *v разг.* выступать с резкими нападками, обличать

bashing *n* (*syn.* **criticizing**) *разг.* резкая критика

basted *adj сленг* потерпевший поражение

The team got basted three games in a row.

battle of words словесная перепалка

bean-counter *n разг.* бухгалтер, счетовод

beanpole *n разг.* худой, долговязый человек, «жердь»

beans *n pl разг.* чепуха, болтовня, бессмыслица

Come on. Talk straight. No more beans!

bearer bonds облигации на предъявителя

beat *n* удар; дозор, обход, маршрут дозора, обхода; *амер.* сенсационное сообщение, опубликованное в одной газете

policeman's beat район патрулирования полицейского

to walk one's beat обходить свой участок патрулирования

beat *v* бить; победить; устраивать облаву

to beat smb into submission заставить кого-л. подчиниться

to beat swords into ploughshares перековать мечи на орала

Beat it! Убирайся! Пошел вон!

to beat one's brains out (*to do smth*) *разг.* зациклиться на чем-л.

B

B

to beat one's gums *амер. разг.* болтать впустую

You're just beating your gums. No one is listening.

beat generation поколение битников

beating *n* битье

to give smb a beating побить (*кого-л.*)

to get/to take a beating получить взбучку; потерпеть поражение

beauty contest конкурс красоты

become *v*: to become law вступить в силу (*о постановлении и т.п.*)

beef *v разг.* жаловаться, ныть, плакаться

Stop your beefing! Хватит ныть!

beefed-up defence system *разг.* усиленная оборона

behaviour *n* поведение

institutional behaviour поведение, принятое в учреждениях разного типа

behind the scenes кулисы

behind-the-scenes influence закулисное влияние

be-in *n разг.* встреча, тусовка

This is just like a sixties be-in.

belief *n* вера, верование; убеждение, мнение

political beliefs политические убеждения

belligerency *n* состояние войны

belligerent *n* воюющая сторона

benefit *n* польза; прибыль, выгода, льгота; пособие, страховое пособие; бенефис; доброе дело

sickness benefit пособие по болезни

tax benefit налоговая льгота

to be of benefit быть выгодным

to derive/to get/to reap a benefit получить выгоду

to give smth the benefit of the doubt принять на веру что-л.

Let's give this plan the benefit of the doubt.

for smb's benefit в чьих-л. интересах

benefit *v* приносить пользу, оказывать благотворное воздействие

to benefit from извлекать выгоду

benefits *n pl* преимущества, льготы

disability benefits страховое пособие по случаю утраты трудоспособности

fringe benefits дополнительные льготы (*денежные и др.*)

health-care benefits выплаты в сфере здравоохранения

old-age benefits пособие по старости

retirement benefits пособие по старости, выходное пособие

social security benefits пособие по социальному обеспечению

strike benefits пособие для бастующих

survivors' benefits пособие в связи с потерей кормильца

unemployment benefits пособие по безработице

veterans' benefits *амер.* пособия, выплачиваемые ветеранам войны

to collect benefits получать льготы/выгоды

to provide benefits обеспечивать льготы

to reap benefits получать/извлекать выгоду

bent *adj сленг* нечестный

bent copper коррумпированный полицейский, взяточник

bent *n* талант, склонность (*к чему-л.*)

bent for art склонность к искусству

bias *n* предубеждение; уклон

job bias дискриминация при найме на работу

biased *adj* тенденциозный, пристрастный

to be biased (against) иметь предубеждение

biased in favour of особо расположенный

biased reportage предвзятый, необъективный репортаж

bid *n* предложение цены, заявки (*на торгах*)

bid price цена с торгов (*по предложению покупателя*)

take-over bids предложения о покупке контрольного пакета акций

to file a bid предлагать заявку (*на участие в торгах*)

to invite bids объявлять о торгах

to receive bids получить предложения (*цены*), получить заявки

bidder *n* выступающий на торгах

big *adj*: big bucks *pl* большие деньги

Big Brother (*персонаж романа Дж. Оруэлла "Eighty Four"*) «старший брат» (*о стране*)

big business крупные фирмы, монополии

big business interests монопольные круги

big cheese (*тж.* key figure; boss; big fish; big gun; big noise; big shot) *разг.* босс, ключевая фигура

big deal *разг.* несущественное, неважное (*об отношении к чему-л.*)

What's the big deal?

big game *букв.* «большая игра», попытка добиться больших прибылей

big house *амер. разг.* федеральная тюрьма

big mouth *амер. разг.* болтун, трепач

big name *разг.* крупная фигура, босс; лидер; важная персона; «шишка»

Lots of big names were there lending their support to the cause.

big selling news *разг.* сенсация

big ticket *разг.* дорогостоящий, разорительный; крупная покупка/программа

Will the government cut back on the big ticket programs?

big time *разг.* большой успех

I've finally reached the big time! This is one of your real big-time stars.

big time operator (B.T.O) *разг.* воротила; крупный деятель/бизнесмен

big-time spender *разг.* прожигатель средств

bigoted *adj* узколобый, фанатичный

bilateral *adj* двусторонний

bilateral aid двусторонняя помощь

bilateral donor страна (организация), предоставляющая помощь на двусторонней основе

bilateral official сотрудник программы двусторонней помощи

bilateral programme программа двусторонней помощи

bilateral relations двусторонние отношения

to promote bilateral relations содействовать развитию двусторонних отношений

bill *n* счет; законопроект, билль

anti-union bill антипрофсоюзный законопроект

arms bill законопроект о расходах на вооружение

government bill казначейский вексель

industrial relations bill закон об отношениях в промышленности

medical bill закон о медицинском обслуживании

utility bill счет за коммунальные услуги

The bill falls due on (*a date*)... Счет подлежит оплате...

The bill matures... Счет подлежит погашению/оплате...

to draft a bill разрабатывать законопроект

to foot a bill заплатить по счету

to introduce a bill вносить законопроект

to oppose a bill выступать против законопроекта

В

to pass a bill принимать законопроект

to pay/to settle a bill оплатить счет

bill of exchange вексель

bill of health санитарное свидетельство

to give smb a bill of health выдать кому-л. санитарное свидетельство

bill of sale купчая

to make up/to prepare a bill of sale подготовить купчую

bill poster (*also* **bill sticker**) расклейщик афиш

bind *v* связывать (*обязательствами*)

to bind smb to secrecy обязывать кого-л. соблюдать секретность

binding *adj* обязывающий, обязательный

binding target обязательная цель

binding security guarantee обязательная гарантия безопасности; гарантия по безопасности, имеющая обязательную силу

birdy (*also* **birdie**) *adj сленг* женщина

bit *n сленг* срок (*заключения*)

He did a two-year bit in Sing Sing.

bite *v*: to bite the bullet *разг.* стиснуть зубы и терпеть невзгоды

bite the dust *разг.* скончаться, умереть; прекратить существование, сломаться

Bite your tongue! *сленг* Придержи свой язык!

blab (*syn.* **chatter**) *n разг.* болтовня; треп

black *adj* черный

black economy теневая экономика

black magic черная магия

to practise black magic заниматься черной магией

black market черный рынок

black marketeer лицо, торгующее на черном рынке

black-marketing действия на черном рынке

black market trade торговля на черном рынке

Black Sea Fleet Черноморский флот

black trading нелегальная торговля

blacklist *v* заносить в черный список

blackmail *n* шантаж, вымогательство

to commit blackmail прибегнуть к шантажу

blackout *n* затемнение, светомаскировка; прекращение выпуска (*газет и т.п.*)

news/newspaper blackout невыход, прекращение выпуска газет

to impose/to order a blackout издать приказ о запрещении (*напр., выпуска какой-л. газеты*)

to observe a blackout (*about news*) не выпускать газеты

blade *n разг.* нож

blame *n* порицание, упрек; вина; ответственность

to ascribe/to attribute/to assign the blame возложить вину

blast *n* острая критика

at full blast во всю мощь, с большим размахом

blaze *n* пламя, вспышка, блеск

blaze of publicity «разгул» гласности

bleak *adj* унылый, мрачный, бледный

bleak perspective мрачная перспектива

bleeding heart (*syn.* **do-gooder, liberal**) *амер. разг.* либерал

blind date *разг.* свидание между людьми, которые раньше не встречались

bloc *n* блок, объединение

neutral bloc блок нейтральных стран

opposing blocs противостоящие друг другу блоки

block *n разг.* голова; башка

Try to get this stuff through your block before the test.

block of shares пакет акций

block *v* преграждать, задерживать, блокировать; создавать препятствие

to block a decision блокировать принятие решения

block *n* преграда

blockade *n* блокада

paper blockade бумажная блокада

to break/to run a blockade прорвать блокаду

to impose a blockade установить блокаду

to lift a blockade снять блокаду

to maintain a blockade поддерживать блокаду

blockbuster *n* супербоевик, очень дорогостоящий популярный фильм

blow *n* удар; удар судьбы; несчастье

crushing/hard/heavy/powerful blow мощный удар

mortal blow смертельный удар

staggering/telling blow чувствительный удар

blow *v*:

to blow off some steam выпустить пар; дать выход чувствам

Blow on it! (*also* Cool it! Take it easy!) Спокойно! (Не нервничай!)

blow one's mind *сленг* шокировать (*сообщенными фактами и пр.*)

blow the whistle *амер. разг.* просигналить

blow-up *n разг.* увеличенное фотоизображение

blue *adj* голубой (*цвет*); *разг.* в подавленном настроении

I'm feeling sort of blue.

blue chips *разг.* первоклассные, надежные акции, «голубые фишки», «блю чипс»

blue chip shares акции быстрорастущих компаний/фирм

blue-collar (worker) *n амер. разг.* рабочий/работник физического труда

blue-collar neighborhood *n амер.* рабочий квартал

blue film эротический, порнографический фильм

blueprint *n* план, проект, программа

blueprint for peace план мира

to reach only the blueprint stage достичь лишь стадии проекта

blue-sky law *амер.* закон, регулирующий выпуск и продажу акций и ценных бумаг

blurb *n разг.* текст на суперобложке книги, который служит рекламой

board *n* правление; совет; коллегия; департамент

across-the-board для всех, повсеместно

across-the-board pay boost повышение зарплаты для всех

advisory board консультативный совет

editorial board редакция, редколлегия

board meeting заседание правления (*фирмы*)

board of directors совет директоров

board of examiners экзаменационная комиссия

board of governors совет управляющих

board of inquiry комиссия по расследованию

board of trustees опекунский совет

body *n* орган; организация; главная, основная часть (*текста*)

advisory body консультативный орган

deliberative body совещательный орган

governing body совет управляющих

В

bodies of executive power органы исполнительной власти

body for constitutional supervision орган конституционного надзора

body of evidence совокупность доказательств

body of the instrument текст документа

body of laws совокупность правовых норм

body (*of the treaty, etc.*) основная часть (*договора, письма и т.д.*)

body politic государство

bodybuilding *n* атлетическая гимнастика, бодибилдинг

bog down *v* увязнуть (*как в болоте*)
The talks bogged down on the problem of price.

bogue (*syn.* **fake**) *n разг.* подделка, фальшивка; человек, который ведет себя неестественно

bogus (*syn.* **phony; false**) *adj* фальшивый

boil down *v* сводить (*что-л. к чему-л.*); сводиться к (*чему-л.*)
It all boils down to a very simple fact.

bomb *n* бомба

to detonate/to explode/to set off a bomb взорвать бомбу

bomber *n воен.* бомбометатель; *ав.* бомбардировщик

bomber equipped with cruise missiles бомбардировщик, вооруженный крылатыми ракетами

intermediate-range bomber бомбардировщик средней дальности

fighter-bomber истребитель-бомбардировщик

bombshell *n*: to drop a bombshell выпустить на свет сенсацию, наделать переполоха

bonanza *n* выгодное предприятие; удача; процветание
The film was a box-office bonanza.

bond *n* облигация; залог (*в суде*)

government bond государственная облигация

long-term bond облигация на длительный срок

municipal bond муниципальная облигация

negotiable bond свободно обращающаяся облигация

savings bond *амер.* сберегательная облигация

treasury bond облигация казначейства

war bonds облигации военного времени

to cash in a bond оплатить облигацию (*по облигационному займу*)

to issue a bond выпускать облигацию

to redeem a bond погашать облигацию

bond holder владелец облигаций

bonded loan облигационный заем

bonds in circulation облигации в обращении

bonds of friendship узы дружбы

bondage *n* рабство, крепостное состояние; зависимость

to deliver from bondage освободить от рабства

bond trading биржевые операции с облигациями

bone *n*: **make no bones about** *разг.* играть в открытую, не оставлять (никаких) сомнений

bonus *n* премия, дополнительная выплата

bonus scheme система участия в прибылях; получение надбавок

bonus system премиальная система

booby trap *n* мина-ловушка

boogie *n* «буги-вуги» (*танец*)

bookie *n* (*syn.* **bookmaker for betting**) букмекер

book-keeping *n* бухгалтерское дело

to maintain book-keeping вести бухгалтерский учет

books and records бухгалтерские книги и учет

boom *n* бум, подъем (*в экономике*)

boost *v* повышать

to boost the military spending наращивать военные расходы

to boost prices повышать цены

booster (*also* **shoplifter**) *n разг.* вор, воришка (*напр., в магазине*)

boot (*syn.* **sack, dismissal**) *n* увольнение

bootlegger *n амер. разг.* торговец контрабандой (*особенно спиртными напитками*)

bootlegging *n амер. разг.* тайная торговля (*особенно контрабандными спиртными напитками*)

booty *n* трофеи; награбленное добро, добыча

to capture/to seize/to take booty захватить/награбить добро

war booty военный трофей

booze *n разг.* выпивка, пьянка; спиртное

booze artist *разг.* любитель выпить, пьяный, пьяница, пьянь; находящийся в запое (*о пьянице*), пьющий

border *n* граница

closed border закрытая граница

common border общая граница

disputed border спорный район границы

open border открытая граница

recognized borders признанные границы

unguarded border незащищенная граница

at/on the border на границе

to cross a border пересечь границу

to draw/to establish/to fix a border установить/определить границу

to patrol a border охранять границу

to slip across a border перейти границу незаконно

border state пограничное государство

borderline *n* граница, демаркационная линия

borderline between граница между

borrow *v* брать взаймы, получать ссуду

to borrow from the banks брать ссуду в банках

borrowing *n* получение ссуд, заимствование

borrowing power право заимствования

short borrowing получение краткосрочных ссуд

boss *n амер. разг.* босс, начальник; политический заправила; лидер партии

bosses in the smoke-filled room *разг.* политические боссы в своей штаб-квартире

bottleneck *n* узкое место, препятствие, помеха; трудность; нехватка (*чего-л.*); проблема (*в экономике и т.п.*)

to be trapped in a bottleneck столкнуться с трудностью, попасть в затруднительное положение

to eliminate the supply bottleneck решить проблемы снабжения

to produce a bottleneck создавать трудности

bottom *n:*

bottom price самая низкая цена

bottom dollar *разг.* последний доллар, последние деньги, последний грош, последняя копейка

to bet one's bottom dollar поставить на кон последние деньги

Bottoms up! *разг.* Давайте выпьем!

bouncer *n разг.* вышибала

bound *n* граница, предел

to know no bounds не знать границ

Boundary Commission Комиссия по изменению границ избирательных округов

bourgeois *adj* буржуазный

bourgeois-democratic revolution буржуазно-демократическая революция

В

box-office hit *разг.* фильм/спектакль, имеющий кассовый успех

bracket *n* скобка; группа; рубрика

income bracket группа населения по уровню доходов

middle income bracket группа населения среднего уровня доходов

brain-child *n разг.* оригинальная мысль, идея, замысел, выдумка, изобретение

brain-drain *n разг.* утечка мозгов, утечка/отток кадров (*из страны*)

brainpower *n* элита, интеллектуалы

brain-storm session (*also* **brainstorming**) *амер.* свободная общая дискуссия в целях нахождения наиболее интересных решений из ряда возможных

brain trust *амер. разг.* «мозговой трест» (*т.е. группа особо доверенных консультантов высшего ранга*)

The President called his group of advisers "a brain trust".

brainwash *v разг.* «промывать мозги», идеологически обрабатывать

to brainwash a person (*into smth*) склонять, принуждать кого-л. (*к чему-л.*)

brain-washing *n разг.* идеологическая обработка

branch *n* отделение, филиал; отдел; отрасль; *амер.* власть

branch office отделение, филиал

executive branch исполнительная власть

judicial branch судебная власть

legislative branch законодательная власть

trade-union branch (*also* union branch) отделение профсоюза

to open branches открывать филиалы

brand *v* клеймить

brand advertising реклама фирменного знака/марки

brand loyalty постоянство в приобретении товаров определенной марки (*о вкусах покупателей*)

brand name марка изделия

to brand smb as ... заклеймить кого-л. как ...

brass *n сленг* высокопоставленный офицер или генерал; высокопоставленное гражданское лицо

air-force brass высшие военные чины ВВС

navy brass высшие военные чины ВМС

Pentagon brass высшие военные чины, руководство Пентагона (*т.е. Министерства обороны США*)

top brass руководящая верхушка, военное начальство

brass tacks *амер. разг.* основное, основные вопросы; суть

breach *n* нарушение

breach of contract нарушение условий контракта

breach of the law нарушение закона

breach of the peace нарушение общественного порядка

bread *n сленг* деньги, денежки

I need to get some bread to live on.

break *n разг.* шанс, возможность

Come on, give me a break!

break *v* ломать, бить, разрывать

break-away group отколовшаяся группа, фракция

Break a leg! Удачи вам!

Break it up! Прекратите!

break one's neck *разг.* много работать

break down *v* сломаться; распасться (*о коалиции*)

break out *v* разразиться, начаться (*о каких-л. событиях*); *сленг* покинуть, уйти

A conflict broke out.

Time to break out. Пора сматывать удочки.

campaign *v* проводить кампанию (*политическую, рекламную*)

campus *n* территория и здания университета или колледжа

Do you live on campus or in the town?

campus unrest студенческие волнения

can *n* (*also Br.* **tin**) консервная банка

can of worms сложная ситуация, неожиданно выявившаяся

The whole business is a real can of worms.

can-shaker (*also* **fund-raiser**) *n разг.* собиратель средств для фонда (*ср. букв.* to shake can трясти банку)

candy *n амер.* конфеты (*англ.* **sweets**)

candy man (*syn.* drug dealer; drug hawker) *разг.* торговец наркотиками

candy store (*also* liquor store) *амер. сленг* винный магазин

canvassing *n* выявление числа сторонников кандидата (*напр., путем опроса избирателей*)

capability *n* способность

first-strike capability возможность нанесения упреждающего ядерного удара

nuclear capability возможность нанесения удара ядерным оружием

to possess nuclear capability обладать достаточной промышленной и военной мощью, чтобы вести ядерную войну; иметь необходимый ядерный потенциал

capacity *n* способность; *юр.* правоспособность

in official capacity в официальном качестве (*о действиях представителя и т.п.*)

nuclear capacity ядерный потенциал

capital *n* капитал; столица (*страны*)

capital assets основной капитал; ценные бумаги; основные фонды (*предприятия*)

capital budgeting планирование долгосрочных вложений

capital flow поток (*т.е. ввоз и вывоз*) капитала

capital formation образование/накопление капитала

capital gains доходы от прироста капитала (*как результат роста рыночной стоимости активов*)

capital gain tax налог на доходы от прироста капитала

capital goods средства производства; товары производственного назначения

capital grants капитальные субсидии

capital holdings собственность в форме капитала

capital infusion вливание капитала (*напр., в форме инвестиций*)

capital input капитальные затраты

capital intensive industry капиталоемкая отрасль

capital investment капиталовложение

capital outlays капитальные затраты

capital resources финансовые ресурсы, денежные активы

capital shortage нехватка капитала

capital stock *амер.* акционерный капитал

capital structure структура капитала

capital transactions операции по учету капитала

capital transfers перевод капитала

capital turnover оборот капитала/денежных средств

capital utilization использование капитала

capital value стоимость капитала

authorized capital уставный капитал

available capital наличный капитал

borrowed capital заемный капитал

circulating capital оборотный капитал

C

enterprise capital предпринимательский капитал

equity capital собственный капитал, собственные средства

excessive supply of capital избыточное наличие капитала

fixed capital основной капитал (*здания, оборудование и т.п.*)

floating capital (*syn.* working capital) оборотный капитал

foreign capital иностранные капиталовложения

inducement of foreign capital привлечение иностранного капитала

initial capital первоначальный капитал

initial capital contributions первоначальные взносы (*в фонд и т.п.*)

landed capital земельный капитал

liquid capital ликвидные средства

net return to capital чистый доход
на капитал

ownership capital совместный капитал (*напр., о капитале совместного предприятия*)

paid-up capital оплаченный/вы-
плаченный капитал

rate of capital formation норма на-
копления капитала

refugee capital *разг.* утекающий капитал

risk capital капитал, помещенный
в дело, сопряженное с риском

capitalize *v* капитализировать, пре-
вращать в капитал

Capitol Hill Капитолий (*здание
Конгресса США*)

capsule *n* капсула

capsule review *амер.* краткий обзор
(*новостей*)

captain *n амер.* местный партийный
босс; шеф полиции

captain of industry *букв.* «капитан
индустрии» (*т.е. занимающий клю-
чевую позицию в какой-л. отрасли*)

care *n* забота, попечение; внимание

child care охрана детства

institutional care уход за больными в лечебных учреждениях

to entrust to smb's care отдать на
попечение

career *n* (*syn.* **occupation, profession,
job, work**) карьера; профессия;
работа

career development продвижение
сотрудников по службе

career development system система
повышения квалификации

career diplomat кадровый дипломат

career guidance профессиональная
ориентация

career officer кадровый сотрудник

career service *амер.* государственная служба

career woman работающая женщина (*которая стремится сделать карьеру*)

to cut short smb's career прервать
чью-л. карьеру

to enter on a career начать карьеру
(*в какой-л. сфере*)

to give up/to abandon one's career
отказаться от карьеры

to make/to carve out a career for
oneself сделать карьеру

care-taker government кабинет,
временно исполняющий свои
обязанности (*до проведения выборов и т.п.*)

carpetbagger *n амер. разг. ист.* политический авантюрист, лов-
кач; проходимец

carrier striking force авианосное
ударное соединение

carrot-and-stick policy политика
кнута и пряника

carry *v*: to carry the can (ball) *разг.*
брать на себя ответственность;
принимать на себя вину

to carry the day *разг.* одержать победу, иметь успех

to carry an election победить на
выборах

to carry on polemics вести споры

to carry the precinct *амер.* победить на выборах

to carry the stick *амер. разг.* жить как бродяга

I even carried the stick for a while in the sixties.

to carry threats содержать угрозы (*в чей-л. адрес*)

to carry through доводить до конца

to carry weight иметь вес/влияние

Who cares what she thinks? Her opinion doesn't carry much weight.

carrying *n* проведение (*каких-л. мероприятий*); доставка, транспортировка (*грузов, пассажиров*)

case *n* случай; обстоятельство; положение; дело; *юр.* судебное дело, случай в судебной практике

case studies конкретные исследования (*напр., проводимые менеджерами*)

case study work метод индивидуального обследования

to state one's case изложить свои доводы

cash *n* наличность, наличные деньги

cash allowance денежное пособие

cash balance кассовая наличность

cash book журнал кассовых операций

cash cow *разг.* «дойная корова»; человек, у которого можно занять деньги

cash delivery поставка наличности

cash deposit scheme система депозитов, образованных путем внесения наличных

cash dispenser (*also Am.* ATM – automatic teller machine) автомат для получения наличных со счета (*с помощью кредитной карты*)

cash flow движение денежной наличности

cash holding денежные авуары

cash management контроль и регулирование денежных операций (*напр., в банке*)

cash money наличность, наличные средства

cash payment выплата наличными

cash position позиция с наличностью

cash purchasing power покупательная способность денег

cash ratio норма кассовых резервов

cash rebate скидка при покупке за наличные

cash receipts получение наличных денежных средств

cash remittance перевод денег

cash report отчет о состоянии кассы

cash *v* реализовать

to cash a check получить деньги по чеку

checks cashed чеки, по которым получены наличные

cast *v* бросать, отбрасывать

to cast doubts (on) подвергать сомнению

to cast a vote (for) подать голос

to cast off the yoke сбрасывать ярмо

casting vote решающий голос председателя (*при равенстве голосов*)

cat (*also* **fellow, guy, dude**) *n разг.* парень; хлыщ; пижон

catch *n* хитрость, ловушка; подвох

catch 22 неосуществимое требование (*по названию романа Дж. Хеллера "Catch-22"*)

catch *v* поймать

to catch smb red-handed поймать кого-л. с поличным

cat's paw орудие (*в чьих-л. руках*); человек, делающий грязную работу за других

caucus *n амер.* совещание партийных лидеров с целью выбора кандидатов; предвыборное фракционное или партийное совещание

C

to hold a caucus *амер.* проводить закрытое собрание партийных лидеров (*с целью выработки политического курса и т.п.*)

cease-fire *n* прекращение огня

cease-fire agreement соглашение о прекращении огня

cease-fire appeal призыв к прекращению огня

cease-fire proposal предложение о прекращении огня

to arrange a cease-fire договориться о прекращении огня

to break/to violate a cease-fire нарушить условия договора о прекращении огня

to declare a cease-fire объявить о прекращении огня

to honour/to observe a cease-fire соблюдать договоренность о прекращении огня

to sign a cease-fire подписать документ (договор) о прекращении огня

to work out a cease-fire договориться о прекращении огня

The cease-fire has gone into effect. Решение о прекращении огня вступило в силу.

cede *v*: to cede a territory сдавать/уступать территорию победителю

to cede rights передавать права

ceiling *n* потолок, максимум

to lift a ceiling on prices снять ограничения на цены

to lower a ceiling понизить потолок

to place/to set a ceiling установить потолок (*расходов и т.п.*)

celebrated *adj* прославленный

celebrated for scientific research известный своими научными работами

celebration *n* празднование

formal celebration официальное празднование

public celebration общенародное празднование

religious celebration религиозное празднование

solemn celebration торжественное празднование

to hold a celebration проводить торжества

celebrity *n* знаменитость

Hollywood celebrity известная личность в Голливуде

cell *n* ячейка; келья, обитель

censorship *n* цензура

military censorship военная цензура

to abolish/to lift censorship отменить цензуру

to exercise/to practise censorship подвергать цензуре, применять цензуру

to impose censorship ввести цензуру

censure *n* осуждение, порицание

bitter/strong censure сильное осуждение

public censure публичное осуждение

census *n* перепись

national census национальная перепись

to take a census провести перепись

central *adj* центральный

central authorities центральные органы власти

central government bodies центральные органы управления

centrally-controlled *adj* централизованный, в условиях централизованного контроля

centrally-controlled distribution (*of goods*) централизованное распределение (*товаров*)

centre (*Am.* **center**) *n* центр

amusement centre центр развлечений

day-care centre *амер.* детские ясли

detention centre лагерь для интернированных лиц

job centre центр по найму (*рабочей силы*)

leisure centre центр отдыха

trade centre торговый центр

at the centre of operations в центре операций, в центре событий

centrist *n* (*syn.* **moderate, middle-of-the-road**) центрист

certificate *n* удостоверение; сертификат

certificate of deposit депозитный сертификат

cessation *n* прекращение

cessation of hostilities прекращение военных действий

chair *n* стул; кафедра; председательское место; пост

to be appointed to a chair получить место на кафедре

to give up/to relinquish a chair упразднить кафедру

He holds a chair of mathematics in the university.

Chairman *n* председатель

Chairman of the Board председатель правления фирмы

deputy Chairman заместитель председателя

Labour Party Chairman председатель лейбористской партии

outgoing Chairman председатель, · покидающий свой пост

ruling of the Chairman постановление председателя

to challenge the ruling of the Chairman оспаривать постановление председателя

challenge *n* вызов (*на состязание*); сложная задача, проблема

to issue/to send a challenge направить вызов (*на состязание и т.п.*)

to meet a challenge принимать вызов

to respond to/to take up a challenge реагировать на вызов, принимать вызов

job with a challenge творческая работа

challenge *v* вызывать, бросать вызов

to challenge (*smb*) to a duel вызывать (*кого-л.*) на дуэль

to challenge (*smb's*) right (*to*) оспаривать (*чье-л.*) право (*на*)

to challenge the competence (*of*) сомневаться в (*чьей-л.*) компетенции

to challenge the justice (*of*) подвергать сомнению справедливость (*какого-л. решения*)

to challenge a will оспаривать завещание

challenger *n* претендент

chamber *n* палата, зал; конференц-зал

chamber of commerce торговая палата

chamber of deputies палата депутатов

the Chamber of Commerce and Industry Торгово-промышленная палата

champion *n* борец; поборник, защитник

champion of peace борец за мир

national champion чемпион страны

world champion чемпион мира

championship *n спорт.* первенство, чемпионат

national championship чемпионат на первенство страны

team championship чемпионат на первенство команды

world championship чемпионат на первенство мира

to hold championships проводить первенство

chance *n* шанс

to stand a chance иметь шанс

You don't stand a chance of winning. У вас нет шанса на победу.

chancellor *n* канцлер; первый секретарь посольства

Chancellor of the Exchequer министр финансов (*Великобритании*)

change *v*:

to change the channel *разг.* переключиться на другую тему

channel *n*:
through diplomatic channels по дипломатическим каналам

channel *v* направлять в русло
to channel aid направлять помощь (*по определенным каналам*)

charge *n* заряд, загрузка; бремя; забота, попечение

charge account кредит по открытому счету

chargé d'affaires *фр. дип.* поверенный в делах

charisma *n амер.* влияние (*личности*), магнетизм, притягательная сила, ореол (*политического деятеля, напр., кандидата на выборах*), харизма

charisma rating степень популярности (*о политическом деятеле*)

charismatic *adj*: charismatic leader популярный лидер, харизматическая фигура

charter *n* устав (*компании, фирмы, ассоциации*)

charter of peace хартия мира

charter member *амер.* член-основатель (*организации*)

chase *n*: chase for news погоня за новостями

chattel *n* (*usu. pl*) движимое имущество

chattel mortgage закладная на движимое имущество

cheap *adj* дешевый

cheap media ride *амер. разг.* дешевая популярность (*напр., политического кандидата*) за счет средств массовой информации

cheap politics политиканство

cheap shot *разг.* недостойная шутка, недостойный выпад (*в чей-л. адрес*)

check *n* препятствие; проверка, контроль; *амер.* чек (*Br.* **cheque**)

check analysis контрольный анализ

check book чековая книжка

loyalty check проверка на лояльность (*сотрудников*)

chemical *adj* химический

chemical warfare химическая война

chemical weapons химическое оружие

chicken *n сленг* трус
Don't be such a chicken!

chicken *adj сленг* трусливый

chicken out *v сленг* струсить

Chief Delegate глава делегации, руководитель делегации, главный делегат

Chief Executive *амер.* президент; глава исполнительной власти

child (*pl* **children**) *n* ребенок

childcare (*also Am.* day care) присмотр за детьми

child support (*Am.*) алименты, выплачиваемые разведенным родителем на содержание детей

chill *v разг.* испугать
Go out there and chill those people.

chiller *n* фильм, книга, вызывающие страх у зрителей, читателей

chilling *adj* охлаждающий

chilling effect отрицательное влияние/воздействие

chips *n pl разг.* деньги, монеты
in the chips при деньгах

chronic *adj* хронический

chronic campaigner политик, постоянно участвующий в избирательных кампаниях

chronic political instability постоянная политическая нестабильность (*в стране*)

CIA (Central Intelligence Agency) ЦРУ (Центральное разведывательное управление США)

CIA covert actions секретные операции ЦРУ

circles *n pl* круги

official circles официальные круги

well-informed circles хорошо информированные круги

to learn smth from the well-informed circles узнать о чем-л. из хорошо информированных кругов

circulating *adj* циркулирующий

circulating assets/means текущие активы

circulating capital капитал обращения

circulating medium средство обращения

circulation *n* тираж, обращение; *тех.* циркуляция

large/wide circulation большой тираж

limited circulation ограниченный тираж

national/nation-wide circulation известный в масштабе страны (*о газете, журнале*)

medium of circulation средство обращения (*напр., о деньгах*)

circumstantial *adj* подробный, обстоятельный; привходящий

circumstantial report обстоятельный доклад

city *n* город

city desk отдел городских новостей (*в амер. газетах*)

civil *adj* гражданский

civil disobedience гражданское неповиновение (*официальным властям*)

civil disturbances гражданские беспорядки

civil law гражданское право (*в отличие от уголовного*); внутригосударственное право (*в отличие от международного*)

civil liberties гражданские свободы

civil nuclear facilities гражданские ядерные установки

civil officer/servant государственный гражданский служащий

civil plaintiff гражданский истец

civil rights гражданские права

Civil Service государственная гражданская служба

civil war гражданская война

civilian *adj* гражданский; штатский

civilian government гражданская форма правления; правительство, состоящее из гражданских лиц

civilian population гражданское население

civilian resistance сопротивление гражданского населения (*непопулярным мерам*)

civilian-military *adj* военно-гражданский

civilian-military junta военно-гражданская хунта

civilization *n* цивилизация

ancient civilization древняя цивилизация

modern civilization современная цивилизация

to create a civilization создавать цивилизацию

to destroy a civilization разрушать цивилизацию

to spread a civilization распространять цивилизацию

claim *n* требование; претензия; заявление

claims on a private sector требования к работе частного сектора

claims to property имущественные претензии

pay claim (*syn.* wage claim) требование о повышении зарплаты

to enter/to file/to lodge/to make/to put forward a claim выдвинуть/предъявить требование

to substantiate a claim обосновать требование

remission of a claim отмена требования

claimed territory территория, являющаяся объектом притязаний (*с чьей-л. стороны*)

clampdown *n* давление (*на кого-л.*); притеснение

The clampdown on the press failed.

C

clamp down v притеснять, стать строже (*по отношению к кому-л.*)

claptrap n *разг.* пустой, неискренний, глупый разговор; чепуха; бессмыслица

This is enough claptrap. I'm leaving.

class n класс

class act *разг.* высококачественное представление

educated class образованный класс

lower class низший класс

middle class средний класс

privileged class привилегированный класс

ruling class правящий класс

underprivileged class неимущий класс

upper class высший класс

working class рабочий класс

classy *adj разг.* шикарный (*напр., о шоу*), модный

clause n оговорка, положение, статья; условие (*в договоре*), клаузула

currency clause валютная оговорка

escalator clause оговорка о скользящих ценах

escape clause клаузула возможности отказа (*об освобождении от ответственности*)

gold value clause золотовалютная оговорка

most-favoured nation clause оговорка о наибольшем благоприятствовании

safeguard clause защитная оговорка

waiver clause избавительная оговорка

clean *adj* чистый

clean sweep *амер.* решительная победа на выборах

The candidate made a clean sweep.

cleared *adj* растаможенный (*товар*)

cleared of nuclear weapons без ядерного оружия

clearing n прояснение; *фин.* клиринг

clearing account клиринговый счет

clearing agreement клиринговое соглашение

clearing balance сальдо расчетов по клирингу

clearing bank клиринговый банк

clearing deficit дефицит по клиринговым расчетам

clearing house расчетная палата

exchange clearing валютный клиринг

clique n банда, шайка, клика; узкая группа или группировка, члены которой имеют общие интересы

close down v: to close down an enterprise закрывать предприятие

clout n (политическое) влияние

clown (about, around) v глупо вести себя, дурачиться

club n: exclusive club клуб для узкого круга

private club частный клуб

to form a club создавать клуб

to join a club вступить в клуб

clue n ключ

key/vital clue важная улика

to discover/to find/to uncover a clue найти ключ

to supply a clue подсказать/найти ключ

The police had no clue to her identity. Полиция не знала, как установить ее личность.

coal n уголь

coal-fired station станция, работающая на угле

coalition n коалиция

to dissolve a coalition распустить коалицию

to form a coalition сформировать коалицию

coastal *adj* прибрежный

coastal state прибрежное государство

coat-tails n pl *перен.* связи в верхах (*особ. в политических сферах*)

coerce v принуждать

to coerce (*smb*) into doing (*smth*) заставить, вынудить (*кого-л.*) делать (*что-л.*)
cold *adj* холодный
cold fish *разг.* холодный, недружелюбный человек
cold shoulder *разг.* холодный прием
to give the cold shoulder оказывать
холодный прием
to get the cold shoulder быть при-
нятым холодно
cold war холодная война
to end with a cold war покончить с
холодной войной
collaborator *n* коллаборационист
war-time collaborator коллаборационист военного времени
collapse *n* провал; коллапс
collapse of negotiations провал переговоров
collection *n* коллекция, собрание;
денежный сбор; *ком.* инкассо
collection of contributions сбор
взносов
collection of debts сбор долгов
collection of taxes сбор налогов
payments and collections платежи
и сборы
column *n* колонка, газетный столбец
correspondence columns колонки
переписки
society column колонка светской
хроники
sports column колонка спортив-
ных новостей
syndicated column колонка агентства печати (*продающего информацию*)
to have one's own column (*about a
newsman*) иметь свою колонку (*в
газете*)
fifth column «пятая колонна»
Come off it! *разг.* Не ври! (Хватит
притворяться!)
Come on! *разг.* Ну, давай! (Смелее!);
Поторопись!; Не падай духом!

come to a standstill *разг.* оказаться
в тупике
comfort station *амер.* туалет
comfy *adj разг.* комфортабельный,
удобный
commercial *adj* коммерческий; торговый
commercial activities коммерческая
деятельность
to take up many commercial activities
заняться разными видами коммерческой деятельности
commercial attaché торговый атташе
commercial crops товарные культуры
commercial education коммерчес-
кое/экономическое образование
commercial facilities коммерческие
объекты/средства
commercial farming разведение
товарных культур
commercial output коммерческий
выпуск (*продукции*)
commercial paper торговый документ; краткосрочный коммерческий вексель
commercial policies коммерческая
политика
commercial relations торговые от-
ношения/связи
commercial staff коммерсанты
commercial treaty торговый договор
commercial undertaking коммер-
ческое предприятие
commercial value рыночная стоимость; продажная цена
commission house broker брокер
комиссионного дома
commission on sales комиссионные
за продажу
commitment *n* обязательство; приверженность
firm commitment твердое обязательство
to make a commitment принять на
себя обязательство

C

to meet a commitment выполнить обязательство

committed *adj* вовлеченный; взявший на себя обязательство

committed to one's principles преданный/приверженный своим принципам

committee *n* комитет

ad-hoc committee специальный комитет

advisory committee консультативный комитет

budget committee бюджетный комитет; планово-финансовая комиссия

credentials committee комитет по полномочиям

executive committee исполнительный комитет

grievance committee комитет по рассмотрению претензий

nominating committee комитет по выдвижению (*кандидатов*)

planning committee плановый комитет, группа планирования

select committee отборочный комитет (*напр., по кадровым вопросам*)

standing committee постоянный комитет

steering committee руководящий комитет

commodity *n* товар

commodity exchange товарная биржа

commodity flows товарные потоки

commodity market рынок товаров

commodity output выпуск товаров

commodity producing sector сектор производства товаров

commodity production товарное производство

commodity trade торговля товарами

commodity transaction товарная сделка

mass-produced commodity товар массового производства

primary commodities основные виды сырья

storable commodities товары, подлежащие хранению

to trade in commodities вести торговлю товарами

common *adj* общий

common agricultural policy общая сельскохозяйственная политика

common heritage общее достояние

common law общее право

common law marriage незарегистрированный (*гражданский*) брак

common measures общие меры

common property общая собственность

common sense здравый смысл

to apply common sense руководствоваться здравым смыслом

common solidarity общая солидарность

common stock обыкновенные акции

common stockholder *амер.* владелец обычных акций

Commons (the) Палата общин (*в Великобритании*)

commonwealth *n* союз; содружество; федерация

Commonwealth of Independent States (CIS) Содружество независимых государств (СНГ)

communication *n* (*usu. pl*) коммуникация, связь; сообщение, известие

to cut off communications прервать связь/контакты

to direct a communication направить послание

to establish a two-way communication установить двустороннюю связь

communiqué *n* коммюнике

to issue a communiqué опубликовать коммюнике

community *n* община, сообщество, объединение, круги

banking community банковские круги

business community деловые круги

religious community религиозная община

scientific community ученые, научная общественность, научные круги

community facilities средства, учреждения, службы общины

to form a community образовать сообщество

to form/to shape a close-knit community образовать сплоченное сообщество, объединиться

to participate in the activities of the international community участвовать в деятельности международного сообщества

company *n* компания

company bull *разг.* детектив, работающий в частной фирме

company code право компаний; право, регулирующее деятельность акционерных компаний

company takeover поглощение компании, слияние компаний

holding company холдинг-компания

joint-stock company акционерное общество

limited liability company компания с ограниченной ответственностью

compensation *n* плата за услуги, вознаграждение, денежное возмещение; жалованье

compensation for loss of office компенсация при увольнении

competent *adj* компетентный, правомочный

competent to transact business правомочный вести дела

competition *n* конкуренция

to increase competition усилить конкуренцию

to limit competition ограничить конкуренцию

competitive bidding конкурсные торги

competitive market рынок, работающий в условиях конкуренции

to operate in a competitive market осуществлять коммерческую деятельность в условиях рыночной конкуренции

complain *v* жаловаться; обжаловать

to complain against (*smb's*) actions обжаловать (*чьи-л.*) действия (*в инстанциях*)

complaint *n* жалоба, претензия, заявление

to lodge a complaint (*with*) подать жалобу (*в инстанцию*)

comprehensive *adj* всеобщий, всеохватывающий

comprehensive arms control treaty всеобъемлющий договор о контроле над вооружениями

comprehensive disarmament всеобщее разоружение

comprehensive test ban всеобщее запрещение испытаний ядерного оружия

con *n разг.* осужденный

con job *сленг* мошенничество с использованием уговоров

con man (*syn.* con artist) *разг.* аферист, обманщик

concern *n* забота, тревога; озабоченность

considerable/deep/grave/serious concern серьезная озабоченность

overriding concern основная забота

public concern общественная тревога/забота

to cause concern вызывать озабоченность

to express/to voice concern выражать озабоченность

to show concern проявлять озабоченность

to be an object of concern служить объектом озабоченности

To whom it may concern Для тех, кого это касается (*общее указание в отношении документа*)

concerned *adj* имеющий отношение (*к чему-л.*), связанный (*с чем-л.*); озабоченный, обеспокоенный

as far as I am concerned что касается меня

concerted *adj* согласованный

concerted action согласованные действия

concerted decision согласованное решение

concession *n* уступка; *ком.* концессия

to grant a concession предоставить концессию

to receive a concession получить концессию

conciliation *n* примирение; *юр.* согласительная процедура

Conciliation Commission согласительная комиссия

conciliatory *adj* примирительный; *полит.* примиренческий

conciliatory act акт примирения

conclude *v* заканчивать; заключать (*договор*)

to conclude a treaty заключать договор

conclusion *n* заключение

foregone conclusion заранее известное решение

inescapable conclusion неизбежное решение

invalid conclusion недействительное заключение

tenable conclusion здравый вывод

valid conclusion заключение, имеющее юридическую силу

concord *n* согласие; соглашение, договор; согласование

concordat *n* конкордат, договор

concur *v* совпадать (*об инициативах, предложениях и т.п.*); сходиться во мнениях

concurrent *adj* действующий одновременно или совместно

concurrent powers *амер.* полномочия, принадлежащие одновременно федеральным органам и органам штатов

concurrent resolution *амер.* постановление Конгресса США, принятое раздельно обеими палатами

concurring *adj* совпадающий

concurring votes совпадающие голоса (*напр., в Совете Безопасности ООН*)

condemnation *n* осуждение; наложение ареста; конфискация

condemnation of terrorism осуждение терроризма

conditional release условное освобождение

conducive *adj* благоприятный; способствующий

conducive international environment благоприятный международный климат

conduct *n* ведение (*дел*); руководство

conduct of a business управление хозяйственной деятельностью, управление хозяйственным оборотом

conduct of a hearing слушание

conduct of international affairs ведение международных дел

conduct of proceedings ведение судебного заседания

confederacy *n* конфедерация; лига; союз

confederate *n* союзник; *юр.* сообщник, соучастник (*преступления, сговора*)

conference *n* конференция

conference diplomacy решение вопросов путем переговоров, «дипломатия переговоров»

conference facilities средства конференции (*напр., помещение, аппаратура и т.п.*)

conference interpreter переводчик-синхронист (*обычно работающий на конференциях*) major conference крупная конференция

round-table conference конференция «круглого стола»

to convene a conference созывать конференцию

to hold a conference проводить конференцию

at a conference на конференции

in conference на деловой встрече

The chief cannot see you now, he is in conference.

Conference of Non-Nuclear Weapon States Конференция государств, не обладающих ядерным оружием

confidence *n* доверие; уверенность; самоуверенность

confidence building укрепление доверия

confidence-building measures меры по укреплению доверия

confidentiality *n*: confidentiality obligations обязательства по сохранению коммерческой тайны

conflict *n* конфликт, столкновение; противоречие

armed conflict вооруженный конфликт

to come into conflict войти в конфликт

to provoke a conflict вызвать/спровоцировать конфликт

to resolve a conflict разрешить конфликт

conflict *v* конфликтовать, быть в конфликте; противоречить

to conflict with the law конфликтовать с законом

conform *v* соответствовать; приспосабливать

to conform with подчиняться (*напр., правилам*)

conformity *n* соответствие, согласованность; подчинение; ортодоксальность

strict conformity строгое соответствие

in strict conformity в полном соответствии

confront *v* стоять против, противостоять

to confront a crisis situation стоять перед лицом кризиса/кризисной ситуации

confrontation *n* конфронтация, противоборство

confrontation of armed forces столкновение вооруженных сил

armed confrontation вооруженная конфронтация

military confrontation военная конфронтация

nuclear confrontation ядерная конфронтация

to provoke a confrontation вызвать/спровоцировать конфронтацию

confrontationist *n* сторонник конфронтации

congress *n* конгресс, съезд

Trade-Union Congress Конгресс (британских) тред-юнионов

US Congress Конгресс США

congressional *adj* относящийся к съезду или Конгрессу

congressional aide эксперт Конгресса

congressional campaign кампания по выборам в Конгресс

congressional candidate кандидат на место в Конгрессе

congressional caucus закрытое собрание одной из фракций Конгресса США

congressional legislative staff законодатели Конгресса

congressional seniority service служба Конгресса, учитывающая фактор трудового стажа

conjugal rights права супругов, вытекающие из брачных отношений

consensus *n* консенсус, согласие, договоренность

consensus of opinion консенсус, совпадение точек зрения

to reach a consensus достичь консенсуса

conservation *n* сохранение, охрана; *амер.* заповедник

conservation measures меры по охране окружающей среды

nature conservation охрана природы

Conservative *n* консерватор, член консервативной партии (*в Великобритании*)

conservative *adj* консервативный; реакционный; охранный (*напр., об охране природы*)

consolidate *v* укреплять; сводить (*воедино*), суммировать

to consolidate (two) texts свести тексты воедино (*при выработке общего документа*)

consolidated *adj* объединенный, сводный; консолидированный

consolidated accounts сводный финансовый отчет; сводный баланс

consolidated balance sheet сводный баланс

consolidated delivery system объединенная система доставок

consolidated draft resolution сводный проект резолюции

consolidated financial statements сводный финансовый отчет

consolidated financing «сводное» финансирование

consolidated manning table сводное штатное расписание

consolidation *n* консолидация, объединение, слияние; уплотнение (*напр., грузов*); *пед.* закрепление (*напр., знаний*)

conspiracy *n* (*syn.* **plot**) заговор, тайный сговор; конспирация

political conspiracy политический заговор

to hatch a conspiracy замышлять заговор

constituency *n собир.* контингент избирателей, избиратели; избирательный округ

constituent *adj* избирательный, учредительный; составной, составляющий; правомочный (*вырабатывать конституцию*)

Constituent Assembly учредительное собрание

constituent instruments учредительные документы (*напр., о документах совместного предприятия*)

constituent power законодательная власть

constituent republics республики, входящие в союз

constitution *n* основной закон, конституция

constitutional *adj* конституционный

constitutional government конституционная форма правления

constitutional law конституционное право

constitutional safeguards конституционные гарантии

constitutionality *n* конституционность

constitutionality test проверка на соответствие конституции

constraints *n pl* ограничения; косность

institutional constraints организационная косность

consular *adj* консульский

consular convention консульская конвенция

consulting *adj* консультирующий; для консультаций

consulting company/firm фирма-консультант

consulting engineer инженер-консультант

consulting fee гонорар за консультации

consulting services консультатив-
ные службы

consumer *n* потребитель

consumer durables потребительские товары длительного пользования

consumer goods товары массового спроса, потребительские товары

consumption *n* потребление

per capita consumption потребление на душу населения

social consumption общественное
потребление

social funds for consumption общественные фонды потребления

contamination *n* загрязнение; порча,
осквернение; заражение (*особ.*
радиоактивное)

contemplative *adj* созерцательный,
задумчивый

contemplative attitude оцениваю-
щий подход

contend *v* бороться, соперничать,
состязаться

to contend for truth отстаивать
правду, бороться за правду

contestant party спорящая сторона

contested election выборы, правильность которых оспаривается

contract *n* контракт; договор, соглашение

contract in writing контракт/дого-
вор в письменном виде

contract of association договор об
ассоциации

contract of employment договор о
найме

contract of indemnity договор гарантии от убытков

contract of purchase/sale договор
купли/продажи

contract price договорная цена

on the basis of contract prices по
договорным ценам

contract research изучение условий
контракта

contract services обслуживание согласно контракту/договору

contract terms условия контракта/
договора

work contract рабочий контракт,
контракт на работу

to award a contract заключать контракт; предоставить контракт

to carry out/to execute a contract
исполнять контракт

to draw up a contract составить
контракт, разработать текст
контракта

contract-holder *n* владелец контракта

contractual agreement соглашение,
основанное на договоре

to effect (*smth*) through a contractual agreement осуществлять
(*что-л.*) по договору

contradiction *n* противоречие, расхождение (*напр., в точках зрения*)

basic contradiction основное противоречие

contribution *n* содействие (*чему-л.*);
вклад; взнос; долевой взнос

contribution to medical insurance
взнос в медицинское страхование

assessed contributions определен-
ные/установленные размеры
взносов

financial contributions финансовые
взносы

outstanding contributions неупла-
ченные взносы

payable contributions взносы, подлежащие уплате

to make a contribution сделать
взнос; внести вклад

control *n* контроль; надзор; власть

control of arms контроль над вооружениями

control of nuclear weapons контроль над ядерным оружием

birth control планирование семьи,
контроль рождаемости

crime control борьба с преступностью

to effect crime control осуществлять борьбу с преступностью

flood control борьба с наводнениями

gun control law закон о праве ношения оружия

price control контроль над ценами (*со стороны государства*)

controlled *adj* контролируемый, находящийся под контролем

controlled conversion plan контролируемый план конверсии

controlling group контролирующая группа (*о контроле над акциями*)

convene *v* созывать (*собрание и т.п.*)

to convene a conference созывать конференцию

convener *n* член комитета, в обязанности которого входит подготовка созыва собраний

factory convener заводской уполномоченный (*по созыву собраний*)

union convener профсоюзный уполномоченный (*по созыву собраний*)

convertibility *n фин.* конвертируемость, свободный обмен

convertibility of the rouble конвертируемость рубля

convertible *adj* конвертируемый

convertible dollar конвертируемый доллар

cook the books *разг.* подделывать финансовую отчетность

cool *adj разг.* рассудительный; *сленг* очень хороший, крутой

to keep/to lose one's cool сохранять/утрачивать, терять контроль (*над собой*), самообладание

cooling-off period период обдумывания и переговоров (*о выпуске ценных бумаг*)

co-operative *adj* совместный, объединенный, согласованно действующий

co-operative farm ферма-кооператив, сельскохозяйственный кооператив

co-operative *n* кооператив

cop *n разг.* полицейский

cop *v* поймать (*кого-л.*) с поличным

cop it попасть в неприятную историю

correspondence *n* переписка

to maintain correspondence осуществлять/вести переписку

cost apportionment постатейное распределение затрат

cough up *v сленг* выдавать (*деньги или информацию*) неохотно; раскошеливаться

I had to cough up fifty bucks to get my car back.

council *n* совет, совещание

Presidential Advisory Council Консультативный совет президента

Privy Council Тайный совет (*в Великобритании*)

to convene a local council созвать местный совет

counsel *n* участвующий в деле адвокат; барристер

legal counsel юрисконсульт, юрист-консультант

counsel for the defence защитник, адвокат защиты

counsel for the prosecution адвокат обвинения

counselling *n* дача юридического заключения

family counselling консультирование по семейным проблемам

marriage counselling консультирование по вопросам брака

vocational counselling консультирование по вопросам профессии

counsellor *n* советник; *амер., ирл.* адвокат

counsellor to an ambassador советник при после

country *n* страна

advanced country передовая страна

capital-exporting country страна – экспортер капитала

debt-ridden country страна, обремененная задолженностью

developed country промышленно-развитая страна

developing country развивающаяся страна

free enterprise countries страны свободного предпринимательства

hard-core developing countries наименее развитые из развивающихся стран

industrialized countries промышленно-развитые страны

land-locked countries страны, не имеющие выхода к морю

least developed countries наименее развитые страны

market-economy country страна с рыночной экономикой

most seriously affected developing countries наиболее серьезно пострадавшие развивающиеся страны

non-aligned country неприсоединившаяся страна

over-represented country перепредставленная страна (*напр., в Секретариате ООН*)

petroleum-rich country страна, богатая нефтью

sterling area countries страны стерлинговой зоны

supplying country страна-поставщик (*сырья и т.п.*)

coup *n* (*syn.* **coup d'état, riot, mutiny, rebellion, insurrection, uprising**) *фр.* государственный переворот

bloody coup кровавый переворот

to be implicated in the coup быть замешанным в перевороте/путче

to engineer/to stage a coup организовать/устроить государственный переворот

course *n* курс, направление; линия поведения

course of world events ход мировых событий

cover *n* убежище, укрытие, прикрытие

from cover to cover от начала до конца; от корки до корки (*о чтении книги*)

to break cover сорвать покров

to seek cover искать убежища

cover *v*: covered options покрытые опционы

cover-up *n* утаивание, сокрытие

cover up *v* скрывать; препятствовать разглашению (*сведений*)

crack *n разг.* шутка, «прикол»; *сленг* кокаин (*наркотик*), крэк

crack *v разг.* потерять контроль под давлением, «расколоться»

crash *adj* требующий усилий для достижения результатов

She went on a crash diet.

crash *n фин.* крах, банкротство; авария

crash course *разг.* программа ускоренного обучения, интенсивный курс

crawfish *v амер. разг.* отступать от занятой позиции

credentials *n pl* верительные грамоты; мандат; удостоверение личности

to present one's credentials вручить верительные грамоты

to examine credentials проверить полномочия

credibility *n* доверие, заслуженное доверие; правдоподобие

credibility gap кризис доверия (*о правительстве и т.п.*)

to establish credibility создать доверие, установить отношения доверия

to lose credibility потерять, утратить доверие

credit *n* кредит, кредиты

credit agreement кредитное соглашение

credit capacity кредитные возможности банка

tight credit (*syn.* credit squeeze) жесткие условия предоставления кредита

to grant a credit/a loan предоставить кредит/ссуду

to buy on credit покупать в кредит

to get a credit for a course *амер.* получить «зачет» за курс (*в вузе*)

to give/to extend/to offer a credit предложить, предоставить, дать кредит

to make credits available предоставлять кредиты

to secure credits получить кредиты

to use credits/loans использовать кредиты

to use commercial credits/loans пользоваться кредитами, получаемыми на коммерческих условиях

credit *v* доверять, верить; *фин.* кредитовать

to credit smb with smth признавать (*напр., заслуги*)

credit card кредитная карта

to issue a credit card выдать кредитную карту

creditor *n* кредитор

to pay off one's creditors расплатиться с кредиторами

credo *n* кредо

It is our credo that... Наше кредо состоит в том, что...

credulous *adj* доверчивый, легковерный

creed *n* убеждения; символ веры

political creed политические убеждения

religious creed религиозные убеждения

to adhere to a creed придерживаться убеждений

all races and creeds люди всех рас и вероучений

crib *n* шпаргалка

crib *v школ.* списывать

crime *n* преступление

crime against humanity преступление против человечества

crime control (*syn.* crime prevention) борьба с преступностью, предупреждение преступности

crime reporting сведения о преступности (*о сообщениях в газете*)

crime scene место совершения преступления

economic crime преступление на экономической почве

grave crime тяжкое преступление

heinous crime отвратительное/гнусное преступление

military crime воинское преступление

organized crime организованная преступность

profit-motivated crime преступление, вызванное корыстными мотивами

uncontrolled crime необузданная преступность, беспредел

underworld crime подпольная деятельность (*преступных элементов*)

white-collar crime преступления служащих (*напр., подделка документов*)

to commit a crime совершить преступление

to deter a crime сдерживать/обуздывать преступность

to eradicate/to stamp out crime искоренять преступность

to prevent crime предупреждать преступления

criminal *n* преступник; виновный в совершении преступления

to apprehend a criminal задержать/арестовать преступника

to arrest a criminal арестовать преступника

criminal *adj* преступный, уголовный

criminal action преступное деяние

criminal assault преступное нападение

criminal court уголовный суд

criminal elements преступные элементы

criminal investigation расследование преступных действий; криминалистика

criminal law уголовное право

criminal legislation законодательство по уголовному правосудию

criminal offense уголовное преступление

It was criminal of him to do that. Он действовал преступно.

crisis n (syn. **economic depression, decline, slump**) кризис

crisis atmosphere атмосфера кризиса

acute/grave crisis острый кризис

mounting crisis нарастающий кризис

currency crisis валютный кризис

overproduction crisis кризис перепроизводства

crisis of a cabinet кризис кабинета

crisis of confidence кризис доверия

to aggravate a crisis усугубить кризис

to avert/to forestall a crisis предотвращать/предвосхищать кризис

to cause/to provoke a crisis вызывать кризис

to stir up a crisis усиливать кризис, провоцировать кризисную ситуацию

critical adj критический

critical intelligence важные разведывательные данные

critical point решающий довод

This is critical to our work. Это крайне важно для нашей работы.

criticism n критика

adverse criticism негативная критика

biting criticism острая критика

constructive criticism конструктивная критика

devastating criticism сокрушительная критика

harsh/hostile/scathing criticism суровая, резкая критика

to arouse criticism вызывать критику

to express/to offer criticism выразить критическое отношение

to level criticism (at) направлять свою критику (в адрес)

to temper one's criticism умерить/смягчить критику

to subject (smb) to criticism подвергать (кого-л.) критике

criticize v критиковать

to criticize fairly критиковать беспристрастно

to criticize harshly критиковать резко

critique n критика; критическая статья

to give a critique написать критическую статью

crop n урожай; жатва; посев

bountiful crop (syn. bumber crop) обильный, богатый урожай

cash crop товарная культура

staple crop профилирующая культура

cross adj поперечный

cross-cultural относящийся к области разных культур

cross-cultural research исследования в области разных культур

cross-cultural studies сравнительные исследования в области культур

cross-examination n перекрестный допрос

cross-sector attr. межотраслевой

cross-sector co-ordination межотраслевая координация

cross-shipments n pl встречные перевозки

C

crown's *adj* относящийся к короне, королевский

crown's prerogatives прерогативы короны

crucial *adj* решающий (*о моменте*), критический (*о периоде*)

crucial decision важнейшее решение

crucial experiment решающий опыт

crucial factor решающий фактор

crucial question решающий вопрос

These negotiations are crucial for the future of our firm.

cruise *n* морское путешествие, круиз

to go on a cruise отправиться в плавание, круиз

cruise *v* путешествовать (*с целью развлечения*); *разг.* двигаться на огромной скорости (*напр., на автомобиле*); *амер. пед.* быстро овладевать (*предметом*)

Tom really cruised history this semester.

crunch *n разг.* критическая ситуация; кризис, кризисное положение

We seem to be in a crunch of one kind or another all the time.

crusade *n* поход, кампания (*в защиту или против чего-л.*)

one-man crusade борьба одиночки

holy crusade святое дело

to embark/to go on a crusade отправиться в поход

to engage in a crusade участвовать в походе

to join a crusade присоединиться к походу

crush *v* подавлять, сокрушать, выступать (*против*)

to crush by force подавить силой

to crush the enemy подавить (силы) противника

cry *n* крик

last cry (in fashion, etc.) последняя причуда, «последний крик» (*напр., в моде*)

cry out *v* объявлять во всеуслышание

to cry out against injustice выступать против несправедливости

cult *n* культ

personality cult культ личности

to join a cult принять вероисповедание

cultivation *n* возделывание (*земли*); разведение (*растений*); культивирование

under cultivation под обработкой

cultural *adj* культурный

cultural adaptation освоение (*особ. эмигрантами*) чужой культуры, приспособление в культурном плане

culture *n* культура; сельскохозяйственная культура

ethnic culture этническая, национальная культура

human culture человеческая культура

material culture материальная культура

to develop a culture развивать, создавать, строить культуру

to foster/to spread culture распространять, пропагандировать культуру

cultured *adj* культурный

cultured pearls культивированный жемчуг

cup *n* чашка; кубок; доля, судьба

one's cup of tea *перен.* любимое, предпочтительное дело, занятие

Opera isn't really my cup of tea.

challenge cup кубок

to lose a cup потерять, проиграть кубок (*в соревнованиях*)

to win a cup выиграть кубок

to fill up the cup *перен.* переполнить чашу терпения

curfew *n* комендантский час

midnight curfew комендантский час в ночное время

to impose a curfew вводить, ввести комендантский час

to lift a curfew отменить, снять комендантский час

curiosity *n* любопытство

intellectual curiosity интеллектуальное любопытство

to arouse/to excite curiosity вызывать любопытство

to satisfy curiosity удовлетворять любопытство

to whet curiosity *разг.* «подогревать» любопытство

currency *n* валюта

currency futures market рынок валютных фьючерсов

convertible currency конвертируемая валюта

floating currency плавающая валюта

foreign currency иностранная валюта

hard currency твердая валюта

international unit of currency международная денежная единица

key currency ключевая валюта

non-convertible currency неконвертируемая валюта

overvalued currency валюта, имеющая завышенный обменный курс

reserve currency резервная валюта

soft/weak currency неконвертируемая (мягкая) валюта

stable/strong currency твердая валюта

to issue currency выпускать валюту (*в обращение*)

to print currency печатать деньги

to withdraw currency изымать из обращения валюту

current *adj* текущий

current events текущие события

current rate курс дня, текущий курс (*напр., об акциях*)

to cover current events освещать текущие события (*напр., в газете*)

curriculum *n* учебный план, курс

college/school/university curriculum учебный план колледжа/школы/университета

to design a curriculum составить курс, план

to try to master a basic/core curriculum стараться овладеть основным курсом

curtail *v* сокращать, уменьшать

to curtail military expenses сокращать военные расходы

to curtail the arms race ограничивать гонку вооружений

to curtail nuclear proliferation ограничивать распространение ядерного оружия

to curtail the functions of Parliament урезывать функции парламента

curtailment *n* сокращение

curtailment of freedom ограничение свободы

curtailment of trade union rights ограничение прав профсоюзов

custodianship *n* безопасное хранение ценностей клиента в банке (*напр., в специальных ячейках*)

custodian trustee опекун, управляющий активами несовершеннолетнего

custody *n* хранение (*ценностей клиента*), охрана; попечение, опека

police custody задержание полицией

protective custody охрана (*в целях защиты*)

to award/to grant custody предоставить опеку

to be in custody находиться под стражей

customs *n pl* таможня; таможенные пошлины

customs broker таможенный маклер

customs declaration таможенная декларация

customs duties таможенные пошлины

customs examination таможенный досмотр

D

customs officer служащий/сотрудник таможни

cut *n разг.* доля (*напр., заработка*)
I want my cut now.

cut in public investment сокращение государственных ассигнований

cut *v:*

cut-price article товар по сниженной цене

cut rate сниженный курс

Cut the comedy! (*also* Stop acting silly! Get serious!) *разг.* Кончай дурачиться! (Хватит ломать комедию!)

cut the dust *разг.* пропустить рюмочку; выпить глоток вина; выпить
I think I'll stop in here and cut the dust.

D

damage *n* ущерб, убыток; *pl* убытки; возмещение ущерба

damages for breach of contract компенсация за нарушение контракта/договора

to award damages присуждать возмещение убытков (*напр., по решению суда*)

to cause/to do damage наносить ущерб

damaged goods *usu. pl* поврежденные/испорченные товары

danger *n* опасность

deadly/grave/mortal danger смертельная опасность

imminent/impending danger надвигающаяся опасность

to constitute a danger представлять опасность

to create a danger создавать опасность

to expose to danger подвергать риску

to run a danger рисковать

dangerous *adj* опасный

dangerous drugs опасные лекарства

dark *adj* темный

dark horse *полит.* «темная лошадка», малоизвестный кандидат (*на выборах*)

dark instincts животные инстинкты

dead *adj* мертвый

dead broke *разг.* без гроша в кармане; на мели; в состоянии полного банкротства; совсем обедневший (*о человеке, фирме*)

dead drunk *разг.* мертвецки пьяный

dead duck *разг.* крах; провал; катастрофа, неудача; фиаско; обреченный (*человек, план и т.д.*)
The whole plan was a dead duck from the beginning.

dead easy *разг.* очень легкий

dead from the neck up *разг.* глупый человек
She acts like she is dead from the neck up.

dead horse (*also* dead whip, dead beat, dead issue) неактуальный вопрос; неэффективная сила

to beat a dead horse *разг.* продолжать говорить о том, что уже никого больше не интересует

deadline *n* крайний срок

priorities and deadlines приоритеты и крайние сроки

to extend a deadline продлить срок

to meet a deadline выполнить к установленному сроку, выдержать установленный срок

to set a deadline установить крайний срок (*для выполнения чего-л.*)

to work against a deadline выполнять работу в срок

deadlock *n* тупик

to break a deadlock выйти из тупика

to reach a deadlock зайти в тупик

deal *n* сделка, соглашение

Big Power deals сделки крупных держав

done deal *разг.* улаженное дело

foreign trade deals внешнеторговые сделки

good/great deal хорошая сделка

package deal комплексная сделка

to make/to strike a deal заключить сделку

to wrap up a deal *разг.* оформить сделку

I think it's a fair deal. Я думаю, что это честная сделка.

dealer *n* дилер

art dealer дилер, занимающийся сделками в сфере искусства

book dealer торговец книгами

dealer network торговая сеть

dealership *n* фирма, уполномоченная вести операции по продаже

automobile dealership фирма по продаже автомашин

dealings *n pl* коммерческие сделки, торговые связи

straight dealings прямые коммерческие сделки

underhand dealings подпольные махинации (*с ценными бумагами и т.п.*)

dear money «дорогие» деньги

dear-money policy политика ограничения кредита путем повышения процентных ставок (*ср.* credit squeeze)

death *n* смерть

death rate коэффициент смертности

debate *n* дебаты, дискуссия, прения, спор, полемика

acrimonious/bitter debate ожесточенные прения

heated/lively debate оживленные прения

spirited debate оживленная дискуссия

to hold a campaign debate проводить предвыборные дебаты

to moderate a debate председательствовать в ходе прений/дискуссии

debit *n* дебет

debit *v* относить на дебет счета

to debit a purchase against smb's account (*syn.* to debit an account)

отнести покупку на дебет счета данного лица

debt *n* долг, задолженность

debt capital заемный капитал

debt collecting инкассирование долга

debt servicing обслуживание долга

outstanding debt (*syn.* unsettled debt) непогашенный долг

to contract/to incur a debt взять (*сумму*) в долг

to get into debt (*syn.* to go into debt) быть должным, задолжать

to pay off/to settle a debt оплатить, покрыть долг

to recover a debt взыскать долг

to write off debt списать долг

debut *n* дебют

to make one's debut дебютировать

decay *n* разложение, упадок

to fall into decay приходить в упадок (*об экономике*)

deceive *v* обманывать, вводить в заблуждение

to deceive smb into doing smth обманным путем вынудить кого-л. сделать что-л.

deception *n* обман, жульничество

to practise deception прибегать к обману

decision *n* решение

clear-cut decision ясное решение

crucial decision важное решение

to arrive at/to make/to reach a decision прийти к решению

to hand down a decision сообщить о решении

declaration *n* декларация; заявление

declaration of intent заявление о намерениях

declaration of neutrality декларация о нейтралитете

declaration of the poll сообщение о результатах голосования

declaration of the state of emergency объявление о чрезвычайном положении

D

declaration of war объявление войны

to fill in a currency declaration заполнить валютную декларацию

declare *v* заявлять, объявлять; давать ответы (*при переписи*)

to declare dividends объявлять о выплате дивидендов

The government declared him persona non grata. Правительство объявило его персоной нон-грата.

decommission *v* выводить из строя; снимать с вооружения

to decommission nukes снимать с вооружения ракеты с ядерными боеголовками

deductions *n pl* отчисления, вычеты

deductions from profits отчисления от прибыли

depreciation deductions амортизационные отчисления

deed *n* дело, действие; документ за печатью

brave/daring/heroic deed героический поступок, отважный шаг

deed of title документ о праве собственности

to perform a deed совершить поступок

deem *v*:

we deem it advisable считаем целесообразным

deep *adj* глубокий

deep-seated political crisis глубокий политический кризис

deep supporting fire огневая поддержка на большую глубину

to be in deep water завязнуть в проблемах, оказаться в трудной ситуации

default *n* дефолт, неспособность выполнять юридические обязательства (*напр., выплачивать долги*)

defaulting private firm убыточная частная фирма; фирма, не выполняющая своих финансовых обязательств

defeat *n* поражение

to inflict a defeat нанести поражение

to suffer a defeat потерпеть поражение

defect *v* изменить, дезертировать; переметнуться в лагерь противника

to defect from the army дезертировать из армии

defence (*Amer.* **defense**) *n* оборона

defence interests интересы обороны

defence outlays затраты/ассигнования на оборону

legal defence правовая защита

military defences военные укрепления

defendant *n* ответчик; обвиняемый

to arraign the defendant предъявить обвинение ответчику

defender *n* защитник

public defender общественный защитник (*по какому-л. вопросу*); защитник, не берущий денег за свою работу при защите неимущих (*в США и др. странах*)

defensive merger защитительное слияние (*одной компании с другой*)

deference *n* уважение, почтение

to show deference (*to*) (*syn.* to show respect (*for*)) почтительно относиться (*к кому-л.*)

defiance *n* вызов; вызывающее поведение; пренебрежение

defiance of a resolution игнорирование резолюции

defiance of policy игнорирование политики, политического курса

in defiance of international law вопреки международному праву

defile *v* пачкать, марать; осквернять, профанировать

deflationary *adj* дефляционный

deflationary gap дефляционный разрыв

delegation of powers делегирование полномочий

delusion *n* заблуждение, иллюзия; обман

to cling to a delusion цепляться за иллюзию

delve *v* погружаться

to delve into the background of a case углубиться в изучение (истории) дела

demand *n* требование; спрос (*на товары*)

union demand требование профсоюза

wage demands требования повышения зарплаты

demand for compensation требование компенсации

to make demands on smb's time посягать на чье-л. время

to meet a demand (*syn.* to satisfy a demand) удовлетворить требование

demanding *adj* требовательный

very demanding of one's employees очень требователен к своим кадрам

demarcation *n* демаркация

line of demarcation демаркационная линия

demarche *n фр. дип.* демарш, дипломатический шаг

diplomatic demarche дипломатический шаг

to present a demarche сделать демарш

demobilization *n* демобилизация

upon demobilization после демобилизации

democracy *n* демократия

constitutional democracy конституционная демократия

internal democracy внутренняя демократия

parliamentary democracy парламентарная демократия

representative democracy представительная демократия

to safeguard democracy защищать, обеспечивать демократию

Democrat *n* демократ, член Демократической партии США

registered Democrat зарегистрированный член Демократической партии США

demonstrate *v* демонстрировать

to demonstrate (*against smb or smth*) выступать (*против кого-л. или чего-л.*)

to demonstrate in favour of выступать в защиту

to demonstrate convincingly убедительно выступать

to demonstrate a new invention показать новое изобретение

to demonstrate for lower taxes требовать снижения налогов

demonstration *n* (*syn.* **protest**, **riot**, **sedition**, **opposition**, **crusade**) демонстрация, требование

to organize/to stage a demonstration организовать демонстрацию

to participate in a mass demonstration участвовать в массовой демонстрации

to put on a demonstration устроить демонстрацию

denial *n* отрицание, опровержение; отклонение

flat denial полное опровержение

outright denial категорический отказ

strong denial решительный отказ

to issue a denial выступать с опровержением

denounce *v* осуждать; обвинять; разоблачать

to denounce smb to the police донести на кого-л. в полицию

denuclearization *n* избавление от ядерного оружия

denunciation *n* осуждение; обвинение; разоблачение; денонсация

bitter/scathing/strong/vehement denunciation резкое осуждение (*политики и т.п.*)

sweeping denunciation огульное обвинение

D

to make a denunciation выступить с осуждением

departmental *adj* ведомственный, относящийся к деятельности отдела

departmental approach ведомственный подход

departmentalism *n* местничество, ведомственные интересы

departure *n* уклонение, отклонение, отступление (*от чего-л.*)

departure from the previous position отход от ранее занятой позиции

sudden departure резкий/неожиданный отход

to make a departure (*from*) отойти (*от*)

dependent *adj* зависимый

dependent child ребёнок, находящийся на иждивении

dependent country зависимая страна

dependent domain зависимая территория

dependent territories зависимые территории

depletion *n* истощение; истощение недр, природных ресурсов

depose *v* смещать, свергать, низлагать

deposit *n* вклад в банке, депозит

deposit money деньги на депозите

demand deposit вклад до востребования

time deposit срочный депозит

to make a deposit сделать вклад

The money was on deposit in a bank.

deprivation *n* лишение, потеря; утрата

to suffer deprivation испытывать лишения

deprived *adj* лишённый

deprived of livelihood лишённый средств существования

deputize *v* уполномочивать, представлять (*кого-л.*)

He deputized me as his assistant.

to deputize for smb as secretary выступать в качестве секретаря

deputy *n* представитель; заместитель; помощник

deputy counsellor of state заместитель государственного советника

Deputy Foreign Minister заместитель министра иностранных дел

dereliction *n* нарушение долга; упущение, оплошность

dereliction of military duty нарушение воинского долга

derive *v* получать, извлекать; выводить

to derive pleasure получать удовольствие

to derive/to gain profits извлекать прибыль

derogatory *adj* умаляющий, унижающий

descend *v* спускаться, сходить, снижаться

to descend to a life of petty crime встать на путь мелких преступлений

descent *n* спуск; склон; снижение

direct descent прямой потомок

desert *v* бросать, покидать

to desert stage for Hollywood бросить сцену ради работы в Голливуде

deserving *adj* заслуживающий, достойный

deserving Democrat достойный похвалы член демократической партии

deserving help заслуживающий поддержки

design *n* замысел, план; умысел; цель; намерение; конструкция, модель

design for a new car конструкция нового автомобиля

political designs политические интриги

sinister designs зловещие замыслы

to have designs (*against smb*) замышлять что-л. (*против кого-л.*)

designate *adj* назначенный, но еще не вступивший в должность

minister designate министр, назначенный, но еще не вступивший в должность

designate *v* определять, устанавливать, обозначать

This place was designated as a disaster area. Это место было отмечено как район бедствия.

designated representative назначенный представитель

desirable *adj* желательный

desirable action желательный курс действий

desire *n* желание

overwhelming/passionate desire непреодолимое желание

to arouse/to create a desire вызывать желание

to whet a desire *разг.* усилить желание

desk *n* стол

copy desk (*syn.* local news desk) *амер.* редакция газеты (*по сбору местных новостей*)

destiny *n* судьба

destiny of the people судьба народа

inevitable destiny неотвратимая судьба

to shape smb's destiny строить жизнь; решать чью-л. судьбу

destroyer *n* эскадренный миноносец, эсминец

destroyer escort сторожевой корабль

destruction *n* разрушение, уничтожение, разорение

destruction of arms уничтожение оружия

to carry out destruction разрушать

The flood caused great destruction.

destructive *adj* разрушительный

destructive capacity of weapons разрушительная мощь оружия

destructive storm разрушительная буря

destructive war опустошительная война

detail *n* подробность, деталь; *воен.* наряд, команда

graphic detail яркая деталь

to write the gruesome details описывать страшные подробности

detailed *adj* детальный

detailed information подробная информация

detailed interrogation тщательный допрос (*напр., пленного*)

detailed study тщательное исследование

detect *v* разыскивать, находить, обнаруживать

to detect crimes раскрывать преступления

detente *n фр.* разрядка (*напряженности*)

process of detente процесс разрядки

to deepen detente углубить разрядку

to strengthen detente усилить разрядку

detention *n* задержка; задержание, арест

He was kept in detention for a long time.

deteriorating *adj* ухудшающийся, портящийся

deteriorating situation ухудшающаяся обстановка

determinant *n* определяющий фактор

determinant of efficiency определяющий фактор эффективности

deterrent *n* средство сдерживания (*путем устрашения*), сдерживающий фактор

independent deterrent самостоятельное средство сдерживания

mutual deterrent средство взаимного сдерживания

nuclear deterrent ядерное средство сдерживания (*путем устрашения*)

ultimate deterrent крайнее средство сдерживания (*путем устрашения*)

D

deterrent diplomacy дипломатия сдерживания (*действий противника*)

deterrent force сила устрашения

deterrent strategy стратегия устрашения/сдерживания

deterrent weapon оружие устрашения (*напр., ядерное*)

to serve as a deterrent служить средством сдерживания (*каких-л. действий*)

deuce (the) *n сленг* черт, дьявол

I'll knock the deuce out of you if you come around here again.

devaluation *n* девальвация

devaluation of the rouble девальвация рубля

devastated *adj* опустошенный

devastated areas разоренные районы

devastating *adj* опустошительный

devastating consequences разрушительные последствия

devastating effect разрушительное, поражающее действие

devastating remark уничтожающее замечание

devastating war разрушительная война

devastation *n* опустошение, разорение

complete/total/utter devastation полное опустошение, разрушение

to cause devastation вызывать опустошение

developer *n* фирма-застройщик (*ведущая подготовку территории к промышленной застройке*)

real-estate developer фирма, оперирующая с недвижимостью

development *n* развитие; рост (*предприятия*); изменение; освоение (*ресурсов*)

development area район развития

development assistance/aid помощь в целях развития

development gap пробел, отставание в развитии

development planning планирование развития

development of high techs развитие новейшей технологии

development of industrial welfare улучшение условий труда в сфере промышленности

development of natural resources освоение природных ресурсов

development of new types of arms разработка новых видов вооружений

development of popular struggle подъем, усиление народной борьбы

development of science and technology развитие науки и техники

development of training aids подготовка учебных пособий

development of the sea-bed and ocean floor освоение дна морей и океанов

development of vocational competence повышение квалификации

community development общинное развитие

long-term social development долгосрочное социальное развитие

rural development развитие сельских районов

unbalanced development диспропорциональное развитие

developments *n pl* события, происшествия

international/world developments международные события

deviation *n* отклонение; отступление (*от положений, согласованных цен*)

deviation within a party уклон внутри партии

sharp deviation резкое отклонение

devotion *n* преданность, сильная привязанность; посвящение себя (*чему-л.*); увлечение

absolute/complete/deep/great devotion глубокая преданность

slavish devotion рабская преданность

unswerving devotion непоколебимая приверженность

to show devotion демонстрировать преданность

diagnosis *n* диагноз

to confirm a diagnosis подтвердить диагноз

to make a diagnosis ставить диагноз

dialect *n* диалект

regional dialect региональный диалект

to speak a dialect говорить на диалекте

dialogue *n* диалог, обмен мнениями

meaningful dialogue плодотворный/полезный диалог

to have a dialogue проводить диалог

dictator *n* (*syn.* **tyrant**, **cruel ruler**, **oppressor**, *разг.* **bully**) диктатор

absolute dictator абсолютный диктатор

brutal dictator жестокий диктатор

military dictator военный диктатор

ruthless dictator беспощадный диктатор

dictatorship *n* диктатура

military dictatorship военная диктатура

to establish/to set up a dictatorship установить диктатуру

to overthrow a dictatorship сбросить диктатуру, покончить с диктатурой

diehard *n* твердолобый политик, консерватор, приверженец устарелого курса

In political circles he was known as a diehard because he refused to abandon his conservative position.

diehard politician твердолобый политик

Dig up! *сленг* Послушай!

Dig up, man. This is important.

dilatory *adj* медленный, медлительный; запоздалый

dilatory policy политика проволочек

dilution *n* ослабление, разводнение (*капитала*)

dilution of voting power ослабление позиции при голосовании

diplomacy *n* дипломатия

dollar diplomacy «дипломатия доллара», использование долларовых инъекций в политических целях

gun-boat diplomacy дипломатия канонерок

media diplomacy опора на средства массовой информации

open diplomacy открытая дипломатия

person-to-person diplomacy курс на развитие личных контактов

public diplomacy публичная дипломатия, народная дипломатия

quiet diplomacy «тихая» дипломатия

secret diplomacy тайная дипломатия

shuttle diplomacy челночная дипломатия

to rely on diplomacy полагаться на средства дипломатии

to resort to diplomacy прибегнуть к дипломатическим средствам

diplomatic *adj* дипломатический

diplomatic agent дипломатический представитель

diplomatic analyst международный обозреватель

diplomatic conference дипломатическая конференция

diplomatic corps дипломатический корпус

diplomatic despatches дипломатическая корреспонденция

diplomatic duty дипломатическая обязанность

diplomatic exemption освобождение дипломатов от налогов

D

diplomatic globe-trotting дипломатические поездки в разные страны (*для урегулирования острых проблем*), дипломатический зондаж

diplomatic immunity дипломатическая неприкосновенность

diplomatic negotiations дипломатические переговоры

diplomatic offensive дипломатическое наступление

diplomatic pressure дипломатический нажим (*напр., путем выдвижения ряда условий*)

diplomatic privileges дипломатические привилегии

to grant/to have diplomatic immunity предоставлять дипломатическую неприкосновенность/ пользоваться дипломатической неприкосновенностью

to perform a diplomatic duty выполнять дипломатические функции

to withdraw diplomatic immunity лишать дипломатической неприкосновенности

direct *v* руководить, управлять; направлять

direct mail advertising прямая почтовая реклама

to direct the attacks (*against*) направлять удары (*против*)

direction *n* руководство, управление; направление; указание

right direction правильное направление

wrong direction неправильное направление

directions for use инструкция по эксплуатации (*оборудования*)

to issue directions дать указания

directive *n* директива, указание

to issue a directive спустить директиву

director *n* директор, руководитель; режиссер

acting director исполняющий обязанности директора

managing director директор-распорядитель

to act as a director выступать в качестве директора

directors' fee вознаграждение членов правления (*компании*)

Director-General *n* (*also* General Director) Генеральный директор

dirt *n разг.* грязные слухи, сплетни

to dish the dirt распространять слухи, сплетни

dirty *adj* грязный

dirty crack *разг.* грубая шутка, грубое замечание

dirty joke *разг.* грязная, непристойная шутка

dirty linen (*syn.* dirty laundry) *разг.* грязное белье

Why wash your dirty linen (laundry) in public?

dirty look *разг.* неодобрительный взгляд

dirty-minded *adj разг.* неприличный (*человек*), склонный к непристойной интерпретации высказываний

dirty tricks темные дела, грязная игра (*особ. в политической области*)

dirty word *разг.* ругательство; нечто, не одобряемое людьми

"Empire" is a dirty word nowadays.

disarmament *n* разоружение

adequately safeguarded disarmament разоружение, обеспеченное должными гарантиями

comprehensive disarmament всеобщее, полное разоружение

effectively controlled disarmament эффективно контролируемое разоружение

general disarmament всеобщее разоружение

multilateral disarmament многостороннее разоружение

nuclear disarmament ядерное разоружение

phased disarmament поэтапное разоружение

unilateral disarmament одностороннее разоружение

to put disarmament into effect претворять в жизнь политику разоружения

to resort to disarmament встать на путь разоружения

disarray *n* беспорядок; смятение, замешательство

total disarray беспорядок, бардак

disaster *n* бедствие, несчастье

catastrophic disaster катастрофическое бедствие

devastating disaster огромное бедствие

major disaster крупное бедствие, катастрофа

tragic disaster страшная катастрофа; бедствие

unqualified disaster беспримерное несчастье

to cause a disaster вызывать бедствие

to cope with disaster справиться с бедой

to court disaster накликать несчастье

to suffer a disaster потерпеть бедствие

disbanding *n* роспуск (*войск*), расформирование; рассеивание

disbanding of troops расформирование войск

disbelief *n* неверие, недоверие

utter disbelief (*syn.* total disbelief) полное неверие

disburse *v* платить, расплачиваться

to disburse funds выплачивать средства

discharge *n* разгрузка; увольнение

honourable discharge увольнение с положительной характеристикой (*напр., в армии США*)

dishonourable discharge увольнение с лишением прав и привилегий (*напр., в армии США*)

disciple *n* ученик, последователь; сторонник

ardent/devoted disciple горячий приверженец, верный ученик

fanatical disciple фанатически преданный ученик

discipline *n* дисциплина; порядок

harsh discipline строгая дисциплина

iron discipline железная дисциплина

lax/loose discipline слабая дисциплина; разболтанность

to crack down on violations of discipline пресечь нарушения порядка

to maintain discipline поддерживать порядок

to undermine discipline подрывать дисциплину

to violate discipline нарушать дисциплину

disclose *v* обнаруживать; разоблачать, раскрывать

to disclose the facts to the press раскрыть факты прессе

disclosure *n* открытие, обнаружение; разоблачение

financial disclosure раскрытие финансовой информации

public disclosure обнародование (*фактов*)

startling disclosure разглашение информации, вызывающее тревогу

to make a disclosure (*on, about*) раскрыть (*что-л.*)

discontent *n* недовольство; неудовлетворенность, досада

widespread discontent недовольство в широких кругах

to cause discontent вызывать недовольство

discontinuance *n* прекращение, перерыв; *юр.* прекращение (*дела*)

discontinuance of nuclear weapons tests прекращение испытаний ядерного оружия

D

discontinue *v* прерывать, прекращать; упразднять
to discontinue paying rents прекратить оплачивать квартиру
discord *n* разногласие; разлад, раздоры
domestic discord разногласия внутри страны
family discord семейные разногласия, споры
to arouse/to generate a discord вызывать разногласия
to spread a discord сеять раздор
discount *n* скидка; *фин.* учет векселей
at a discount со скидкой
cash discount скидка при сделке за наличные
to grant a discount предоставлять скидку
discount *v*:
to discount a bill дисконтировать вексель
discovery *n* открытие; раскрытие, обнаружение
dramatic discovery потрясающее открытие
scientific discovery научное открытие
world-shaking discovery открытие, которое потрясло весь мир
discredit *n* дискредитация, недоверие; *фин.* лишение коммерческого кредита
to bring discredit (*on, to*) дискредитировать (*кого-л.*)
discrepancy *n* различие, несходство; разногласие, противоречие; несоответствие
striking discrepancy разительное несоответствие; существенные разногласия
wide discrepancy огромное несоответствие, несходство
discretion *n* благоразумие, осторожность; свобода действий, усмотрение
to show discretion проявлять благоразумие
discretionary powers дискреционные полномочия
discriminate *v* отличать, выделять; различать, распознавать; относиться по-разному
to discriminate (*against smb*) проявлять дискриминацию (*по отношению к кому-л.*)
discrimination *n* дискриминация, различный подход; умение разбираться (*в чем-л.*)
discrimination (*against smb*) дискриминация (*в отношении кого-л.*)
discrimination based on religion дискриминация по религиозному признаку
discrimination in education дискриминация в области образования
discrimination on the grounds of property status дискриминация по признаку имущественного положения
discrimination on the grounds of sex дискриминация по признаку пола
to outlaw discrimination объявить политику дискриминации вне закона
to practise discrimination дискриминировать, прибегать к дискриминации
discussion *n* дискуссия, обсуждение; прения, дебаты
animated discussion оживленная дискуссия
brisk discussion краткая дискуссия
candid/frank discussion откровенная дискуссия
to lead a discussion направлять ход дискуссии
to provoke a discussion вызывать дискуссию
disfavour *n* немилость; неодобрение
to fall into disfavour попасть в немилость

disgrace *n* позор, бесчестие; немилость

to bring disgrace навлечь позор

It is a case of public disgrace.

disintegration *n* разделение на составные части; распад

disintegration of the colonial system распад колониальной системы

disintegration of a party раскол партии

disk jockey (*also* **deejay, DJ**) *n разг.* диктор, объявляющий музыкальные номера, «ди-джей»

disloyalty *n* неверность, нелояльность

to demonstrate disloyalty занять предательскую позицию, проявлять признаки нелояльности

dismantle *v* разбирать, демонтировать

to dismantle military bases ликвидировать военные базы

to dismantle military installations демонтировать военные установки

dismantling *n* демонтаж, разборка

dismantling of strategic offensive arms ликвидация стратегических наступательных вооружений

dismember *v* расчленять, разрывать на части, раскалывать (*напр., флот*)

dismissal *n*:

dismissal on merits *юр.* отклонение иска по существу дела

dismissal pay расчет при увольнении

dismissal wage выходное пособие

disorder *n* беспорядок

violent disorder беспорядки с актами насилия

disorders broke out возникли беспорядки

disparity *n* неравенство; несоответствие; несоразмерность

great/wide disparity существенное неравенство (*напр., в уровне вооружений*)

dispatch *v* посылать, отсылать, отправлять по назначению

the message was dispatched (*from*) сообщение было отправлено (*из*)

dispute *n* диспут; дебаты, полемика

bitter/heated/sharp dispute острый, горячий спор

to arbitrate a dispute выступать в качестве третейского судьи в споре

to settle a dispute разрешать спор

to stir up a dispute вызывать споры

disputed *adj* оспариваемый

disputed election (*syn.* contested election) выборы, результаты которых оспариваются (*сторонами*)

disputing *adj* спорящий

disputing parties спорящие стороны (*об организациях, государствах*)

dissolution *n* роспуск (*партии и т.п.*)

dissolve *v* распускать (*парламент и т.п.*), аннулировать, расторгать; растворять

to dissolve Parliament распускать парламент

to dissolve a political party распускать политическую партию

distribute *v* распределять, раздавать

to distribute goods распределять товары

to distribute wealth распределять материальные блага

distribution *n* распределение

distribution of wealth распределение материальных благ

channels of distribution каналы распределения

district attorney *амер.* окружной прокурор

disturbance of market conditions колебания рыночной конъюнктуры

diversion *n* отклонение, отход; отвлечение (*ресурсов*)

diversion of nuclear materials отвлечение ядерных материалов

diversion of resources отвлечение ресурсов

D

diversionary *adj* отвлекающий

diversionary attack отвлекающий удар

divert *v* отводить, отклонять; отвлекать (*внимание и т.п.*); забавлять

to divert a ship (*syn.* to alter a ship's course) сбивать корабль с курса

dividend *n* дивиденд

dividend payout выплата дивидендов

political dividends политические выигрыши

to enjoy the political dividends использовать полученный политический выигрыш

dividend right право на получение дивидендов

division *n* деление; разделение

division of labour разделение труда

division of a market раздел рынка

division of powers разделение полномочий; разделение властей

division of proposals раздельное голосование (*по предложениям*)

administrative division административное деление (*территории*)

to stir up divisions провоцировать разногласия

divisive *adj* способствующий расколу

divisive activities раскольническая деятельность

divisive elements раскольнические элементы (*в политике и т.п.*)

divisive issues вопросы, которые вносят раскол

divisive policies политика, ведущая к расколу

divulge *v* разглашать

to divulge a secret разглашать секрет

doctor *n* врач, доктор

doctor *v* заниматься врачебной практикой; подделывать (*документы*)

to doctor election returns фальсифицировать результаты выборов

doctorship *n* докторская степень

doctrinaire *adj* доктринерский

doctrinal *adj* относящийся к доктрине

doctrine *n* доктрина

basic doctrine основная доктрина

defense doctrine оборонительная доктрина

to apply a doctrine применять доктрину

to preach a doctrine проповедовать теорию

to disprove the doctrine опровергать доктрину

to establish a doctrine разработать учение

I agree that it is a sound doctrine. Я согласен, что это обоснованная доктрина.

do-gooder *n* (*syn.* **liberal, bleeding heart**) *амер. разг.* либерал (*букв. «желающий сотворить добро»*)

doll *n разг.* хорошенькая женщина; *амер. сленг* хороший, славный человек

domestic *adj* домашний, семейный; любящий семейную жизнь; внутренний, отечественный

domestic debates дебаты внутри страны

domestic owner (*of an enterprise*) отечественный владелец (*предприятия*)

domestic policy внутренняя политика, внутриполитический курс

to carry out a domestic policy (*syn.* to pursue/to conduct a domestic policy) проводить внутриполитический курс

domicile *n юр.* постоянное местожительство; юридический адрес лица или фирмы

separate domicile отдельное местожительство

choice of domicile выбор местожительства

dominant *adj* господствующий, доминирующий, преоблада́ющий; наиболее влиятельный (*в политике и т.п.*)

dominant class господствующий класс

dominant feature in today's newspaper основная тема сегодняшнего выпуска газеты

dominant force господствующая, преобладающая сила

dominant foreign monopoly господствующая иностранная монополия

dominant market position господствующее положение на рынке

to protect the dominant market position защищать свое господствующее положение на рынке

dominant participation участие с правом решающего голоса

dominant party господствующая партия

dominant political figure господствующая политическая фигура

dominant position (*of a firm*) лидирующая позиция (*фирмы*)

dominant shareholder основной держатель акций

domination *n* господство, власть; преобладание

world domination мировое господство

under smb's domination под чьим-л. господством

donate *v* дарить, жертвовать

to donate money жертвовать средства

donation *n* дар; денежное пожертвование

voluntary donation добровольное пожертвование

to make a donation пожертвовать средства (*в какой-л. фонд*)

donor *n* жертвователь, донор

blood donor донор крови

donor country страна-донор

dope *n разг.* наркотик, дурман, допинг

dope dealer торговец наркотиками

dope smuggling контрабанда наркотиков

dope in sports допинг в спорте

dope story *разг.* обзор политических событий

to take dope принять допинг

to spill the dope *разг.* проболтаться, поделиться секретной информацией

dose *n* доза

fatal dose фатальная доза

large dose большая доза

lethal dose смертельная доза

to administer a dose прописать дозу (*лекарства*)

to measure out a dose отмерить дозу

to take a dose принять дозу

double *adj* двойной

double agent агент, работающий на свою и на иностранную разведку; двойной агент

double crosser *разг.* вероломный человек

double game двойная игра, двуличие

double nationality двойное гражданство

double-decker *n* двухэтажный автобус

doubt *n* сомнение

deep/serious/strong doubt серьезное сомнение

gnawing doubts тревожащие душу сомнения

lingering doubt сомнение в глубине души

reasonable doubt естественное сомнение

slight doubt небольшое сомнение

to cast doubt (*on*) подвергнуть (*что-л.*) сомнению

to dispel a doubt развеять (все) сомнения

to entertain/to harbor doubts (*about*) испытывать сомнения (*по поводу*)

to raise a doubt заронить сомнение

to voice a doubt выразить сомнение

dove *n* голубь; *амер. разг.* сторонник политики мира и прогресса

down *n* уменьшение, снижение

down payment первый взнос при покупке в кредит

down trend тенденция к понижению (*напр., о ценах*)

be down (*with smb*) (*syn.* be on good terms (*with smb*)) быть в хороших, дружеских отношениях (*с кем-л.*)

downgrade *v* понижать (*в должности, статусе и т.п.*)

The embassy was downgraded to a legation.

downplay *v* преуменьшать (*роль*)

to downplay the significance преуменьшать значение

downtown *n амер.* деловой центр города

draft *n* проект, набросок, черновик; *фин.* чек; тратта

draft resolution проект резолюции

final draft окончательно отработанный проект

polished draft окончательно отредактированный проект

rough draft набросок, черновик

working draft рабочий вариант (*проекта*)

to prepare a draft подготовить проект

drafting *n* составление (*документа, законопроекта и т.п.*); редакция, формулировка

drafting of this clause is very obscure формулировка этого пункта весьма расплывчата

drafting changes редакционные изменения

drafting committee редакционный комитет

drafting of definitions предварительные варианты дефиниций, составление дефиниций

drag *n сленг* скука, скучища (*напр., о мероприятии*); скучный человек; человек, с которым скучно

to be a drag (*on smb*) обременять (*кого-л.*)

drain *n* отток, утечка

drain of capital утечка капитала

brain drain *разг.* утечка «умов», утечка кадров

to block a brain drain приостановить утечку кадров

down the drain *разг.* потерянное, утраченное

drain *v* осушать, фильтровать; истощать, опустошать

to drain resources истощать ресурсы

dramatic *adj* драматический, впечатляющий

dramatic events важные/драматические события

dramatic gains in business большие успехи в бизнесе

dramatics *n* драматическое искусство

to study dramatics изучать драматическое искусство

draw *v* тащить; бросать (*напр., жребий*); выдергивать, получать

to draw on international credits брать международные кредиты

draw up *v* составлять

to draw up the agenda составлять повестку дня

to draw up the indictment составлять обвинительное заключение

to draw up the text of a treaty составлять, разрабатывать текст договора

dress *n* платье, одежда; внешний покров, одеяние

dress rehearsal генеральная репетиция (*в театре*)

drift *v* относить ветром, течением; плыть по течению, предоставлять (все) судьбе

to drift into a life of crime скатываться на преступную стезю

drive *n* кампания; гонка

drive against inflation борьба с инфляцией

drive for maximum profits борьба за максимальные прибыли

charity drive благотворительное мероприятие

fund-raising drive кампания по сбору средств

production drive борьба за повышение производительности

to initiate a drive *амер.* начать кампанию

to launch a drive *амер.* развернуть кампанию

drive-in bank *Am.* банк, обслуживающий клиентов прямо в автомобиле

drop-out *n* выбывший, исключенный (*напр., ученик*)

drop-out rate процент отсева

dropping *n* падение; выброска, сброс

dropping zone зона выброски (*десанта, груза*)

drug *n* лекарство, медикамент; наркотик

drug lord *разг.* торговец наркотиками

drug offence преступление, совершенное под воздействием наркотиков

drug traffic перевозка наркотиков

habit-forming drug лекарство, формирующее привычку

hard drug сильный наркотик (*героин, кокаин*)

mild drug слабое, несильнодействующее лекарство

wonder drug чудо-лекарство

to administer/to prescribe a drug выписывать лекарство

to arrest a drug pusher арестовать торговца наркотиками

to be engaged in drug peddling/trafficking заниматься нелегальной продажей наркотиков

to control drug trafficking контролировать нелегальную торговлю наркотиками

to do the drug thing *амер. сленг* сидеть на игле; принимать наркотики

Man, you gotta stop doing the drug thing.

to take a drug принимать лекарство

Drug trafficking is prohibited by law. Торговля наркотиками запрещена законом.

Is she on drugs? Она принимает наркотики?

duck *n* утка; *разг.* растратчик, банкрот

to take to smth like a duck to water чувствовать себя как рыба в воде

duck out of an obligation *разг.* увиливать от обязательства

due *adj* должный, надлежащий

due amount причитающаяся сумма

due process (course) of law надлежащая законная процедура

in due course в надлежащее время

with due regard to world market prices с учетом цен мирового рынка

duly *adv* должным образом

duly accredited должным образом аккредитованный

duly authorized должным образом уполномоченный

duly elected government должным образом избранное правительство

duplicate *n* дубликат, копия

to make a duplicate сделать копию

durable *adj* прочный, надежный

durable peace прочный мир

duration *n* длительность, продолжительность

duration of a treaty срок действия договора

duty *n* долг, обязанность

civic duty гражданский долг

duty paid уплаченная пошлина

ethical duty нравственный долг

legal duty правовая обязанность

moral duty моральный долг

official duty официальная обязанность

professional duty профессиональный долг

supervisory duty управленческая функция

to assume/to take on a duty взять на себя обязанность

to perform one's duty выполнять свой долг

duty station место работы

dynasty *n* династия

to found/to establish a dynasty основать династию

to overthrow a dynasty свергнуть династию

E

early *adj* досрочный, преждевременный

early closing преждевременное закрытие

early dissolution (*of Parliament*) досрочный роспуск (*Парламента*)

early election досрочные выборы

early payment предварительная оплата

early repayment досрочное погашение (*напр., кредита*)

earmark *v* ассигновать, выделять средства; назначать на какую-л. работу

to earmark assets for privatization ассигновать средства на цели приватизации

He's been earmarked for this job.

earn *v* зарабатывать

to earn one's living зарабатывать себе на жизнь

His accomplishments earn him respect. Его уважают за его талант.

earner *n* работник, получающий зарплату

bread earner кормилец семьи

principal earner лицо, приносящее основной доход

earnings *n pl* доход, прибыль, заработок, поступления

earnings on a new capital поступления на новый капитал, прибыль на новый капитал

earnings per man-hour заработок в расчете на человеко-час

earnings retained in the business прибыль, которая остается на предприятии

average earnings средний размер заработка

ease *v* облегчать (*ношу и т.п.*); успокаивать

to ease the customs упростить существующие таможенные формальности

to ease international tensions ослабить международную напряженность

to ease opposition ослабить оппозицию

East-West problems проблемы отношений между Востоком и Западом

East-West relationship отношения между Востоком и Западом

easy payment льготные условия платежа

easy payment plan программа (план) льготных условий выплат

to work out an easy payment plan разработать план льготных условий выплат

economic *adj* экономический

economic accountability хозрасчет

economic benefits экономические преимущества

economic cohesion экономическая целостность

economic conditions экономические условия, хозяйственная конъюнктура

economic dislocation нарушение экономических связей

economic incentives экономические, материальные стимулы

economic liberalization либерализация экономики

economic muddle экономические неурядицы

economic outlook экономические перспективы

economic revival оживление экономической деятельности

economic stagnation застой в экономике

economic surplus излишек товаров

economic warfare экономическая, торговая война

economic welfare экономическое благосостояние

economic zone экономическая зона

economy *n* экономика

economies of scale «эффект масштаба»

advanced economy страна с развитой экономикой

closed economy страна с замкнутой экономикой

mixed economy смешанная, многоукладная экономика

open economy открытая экономика

private enterprise economy экономика, базирующаяся на принципах частного предпринимательства

private sector of the economy частный сектор экономики

public sector of the economy государственный сектор экономики

self-sustained economy самостоятельная, самообеспечивающаяся экономика

edge *n* перевес

to gain a competitive edge (*on smb*) добиться преимуществ в конкуренции (*с кем-л.*)

to have a slight edge иметь небольшой перевес

edict *n* эдикт, указ

government edict распоряжение правительства

royal edict королевский указ

solemn edict торжественный указ

to issue an edict издать указ

to recall/to rescind an edict отменять указ

edifice *n* здание, сооружение; стройная система (*взглядов*); доктрина

edit *v* редактировать

to edit the news редактировать новости

edition *n* издание, выпуск; тираж

abridged edition сокращенное издание

annotated edition аннотированное издание

cheap paperback edition дешевое издание в мягкой обложке

deluxe edition роскошное издание

expanded edition расширенное издание

hardback (hard-cover) edition издание в твердом переплете

to bring out/to publish an edition опубликовать работу/издание

editor *n* издатель

city editor (*syn.* local news editor) *амер.* редактор местных новостей

copy editor редактор газетной статьи

managing editor ведущий редактор

news editor редактор новостей

technical editor технический редактор

editorial *n* передовица, передовая статья (*в газете*)

to write an editorial написать передовицу

editorship *n* редакция; редактирование

under the editorship под редакцией

educated *adj* образованный

highly educated высокообразованный

education *n* образование; воспитание

education grant пособие на образование

adult education обучение взрослых

broad education обучение по широкому кругу дисциплин

continuing education система непрерывного образования (*учеба на курсах и т.п.*)

formal education формальное обучение, использование классических методов

fundamental education основы образования

further education дальнейшее образование

graduate education подготовка для окончивших вуз

health education подготовка в области медицины

in-service education обучение без отрыва от производства

post-graduate education аспирантура

pre-professional education допрофессиональная подготовка

professional education профессиональная подготовка

educational *adj* образовательный; воспитательный; учебный; педагогический

educational broadcasts учебные передачи

educational exchange обмен в области образования

educational qualification образовательный ценз

educational wastage отсев учащихся

effect *n* следствие, результат; действие, влияние, воздействие; действие (*закона*)

binding effect (*of a resolution, etc.*) обязательная сила (*резолюции и т.п.*)

long-lasting effect долгосрочные последствия

to be in effect (*about a law*) быть в силе (*о законе*)

to heighten an effect повысить эффект, воздействие

to produce an effect возыметь действие

to take effect вступить в силу (*о документе*)

effect *v* осуществлять

to effect export-import operations совершать, осуществлять экспортно-импортные операции

effective *adj* действительный, эффективный, результативный

effective means in fighting forest fires эффективные средства борьбы с лесными пожарами

effects *n pl* имущество; воздействие

effects of atomic radiation воздействие атомной радиации

effects of the arms race последствия гонки вооружений

personal effects личные вещи

efficiency *n* действенность, эффективность; продуктивность, производительность

fighting efficiency (*of troops*) боевая эффективность (*войск*)

peak efficiency (*syn.* maximum efficiency) наивысшая производительность (*агрегатов и т.п.*)

effort *n* усилие

to make an effort сделать, приложить усилие

elaborate *adj* тщательно разработанный; продуманный; искусно сделанный

elaborate study (*syn.* in-depth study) детальное изучение, исследование

elaborate *v* тщательно разрабатывать

to elaborate a plan разрабатывать план во всех деталях

elbow *v* толкать локтями, проталкиваться

to elbow smb out of the election race отстранить кого-л. от участия в выборах

elder *adj* старший (*в семье*)

elder statesman опытный государственный деятель

elect *v* избирать, выбирать

to elect unanimously избрать единогласно

to elect by the show of hands выбирать открытым голосованием (*путем поднятия рук*)

to be/get elected быть избранным

to elect officers (*to a committee*) избрать, выбрать должностных лиц (*комитета*)

election *n* выборы

election address предвыборное выступление

election by direct suffrage/vote прямые выборы

election campaign избирательная кампания

election costs затраты на выборы

election fever предвыборная волна мероприятий (*букв.* «избирательная лихорадка»)

election fraud надувательство, обман на выборах

election manifesto предвыборный манифест

election platform предвыборная платформа

election pledge предвыборное обещание

election returns результаты выборов

election support предвыборная поддержка

election turnout число избирателей, принявших участие в голосовании

election of office-holders выборы должностных лиц

election of officers выборы должностных лиц (*в комитет*), выборы членов комитета

biennial election выборы, проводимые один раз в два года

city council election выборы в городской совет

close election почти равное число голосов (*поданных за тех или иных кандидатов*)

congressional election выборы в Конгресс

contested election выборы, в которых участвуют несколько кандидатов; опротестованные выборы

critical election решающие выборы

direct election прямые выборы

free election свободные выборы

general election всеобщие выборы

gubernatorial election выборы губернатора

high turnout election выборы, в которых участвовали многие избиратели

indirect election косвенные выборы

local election выборы на местах

mid-term election выборы по истечении половины срока; «промежуточные» выборы

national election выборы в масштабе всей страны

national election campaign избирательная кампания в стране

national legislative campaign кампания по выборам в законодательные органы страны

primary election *амер.* «праймериз», первичные выборы (*в США*)

rigged election подстроенные, подтасованные выборы

He claimed the result of the election was rigged.

runoff election второй тур выборов

to carry/to win an election победить на выборах

to hold an election проводить выборы

to schedule an election планировать выборы

to sit out an election *разг.* отсиживаться дома во время выборов

to swing an election (*e.g. in one's favour*) решить исход выборов (*в свою пользу*)

electioneering *n* проведение предвыборной кампании

Е

elective *adj* выборный; избирательный; имеющий избирательные права

elective office выборная должность

elector *n* избиратель; *амер.* выборщик

electoral *adj* избирательный

electoral alliance избирательный союз (*в целях укрепления позиций*)

electoral bloc блок (*с другими партиями*) во время выборов

electoral board комиссия по выборам

electoral capacity право быть избранным

electoral coalition избирательная коалиция

electoral college *амер.* коллегия выборщиков (*избираемых в штатах для выборов президента и вице-президента США*)

electoral competition предвыборная борьба

electoral data данные, информация о выборах

electoral district избирательный округ

electoral fraud мошенничество на выборах

electoral geography география выборов

electoral history история выборов

electoral law избирательное право, закон о выборах

electoral opposition оппозиция на выборах

electoral outcome исход выборов

electoral pact коалиция партий на время выборов

electoral participation участие в выборах

electoral politics тактика предвыборной борьбы

electoral precinct/ward избирательный участок

electoral procedure процедура выборов

electoral prospects перспективы, шансы на выборах

electoral quotient наименьшее число голосов, достаточное для избрания кандидата

electoral reform избирательная реформа

electoral register журнал регистрации избирателей

electoral roll список избирателей

electoral strategy стратегия выборов

electoral stronghold район с высокими результатами на выборах

electoral tactics тактика выборов

electoral unity единство действий на выборах

electioneer *v* проводить предвыборную кампанию

electorate, the *n* контингент избирателей

eligible *adj* имеющий право быть избранным

eligible for election имеющий право на избрание

eligible for membership имеющий право стать членом

eliminate *v* исключать, упразднять; ликвидировать

to eliminate the danger of war устранить, ликвидировать опасность войны

to eliminate nuclear weapons уничтожать ядерное оружие

to eliminate a political conflict разрешить политический конфликт

emancipate *v* освобождать, эмансипировать; *юр.* освобождать от родительской опеки, объявлять совершеннолетним

emancipation *n* эмансипация

emancipation of women эмансипация женщин

embargo *n* (*syn.* **blockade, sanctions**) эмбарго

to impose an embargo ввести эмбарго

to lift the embargo отменить эмбарго

embark *v* вступать

to embark on пускаться в какое-л. предприятие

embassy *n* посольство

embassy security охрана посольства

foreign embassy иностранное посольство

embezzle *v* присваивать, растрачивать (*чужие деньги*)

embezzlement *n* растрата, хищение; присвоение (*чужого имущества*)

to commit embezzlement совершить растрату

embittered *adj* озлобленный

embittered relations напряженные отношения

emblem *n* эмблема

national emblem государственный герб

embody *v* воплощать, изображать; олицетворять

the UN Charter embodies... в Уставе ООН воплощены...

embodied *adj* воплощенный

embodied in a treaty воплощенный в договоре

emerge *v* появляться, возникать; выясняться

to emerge as the leading contender стать ведущим претендентом

to emerge from the underground (*e.g. about a political party*) выйти из подполья (*напр., о политической партии*)

emergency *n* непредвиденный случай, крайняя необходимость

emergency action чрезвычайная акция

emergency aid скорая помощь

emergency circumstances чрезвычайные обстоятельства

emergency court чрезвычайный трибунал

emergency crew аварийная бригада

emergency fund резервный фонд

emergency laws чрезвычайное законодательство

emergency lighting аварийное освещение

emergency measures чрезвычайные меры/мероприятия

emergency meeting чрезвычайное заседание

emergency plan чрезвычайный план

emergency powers чрезвычайные полномочия

emergency procedure процедура на случай чрезвычайных обстоятельств

emergency relief помощь в чрезвычайных обстоятельствах

emergency risk риск первой степени

emergency scramble *воен.* срочный взлет самолетов (*с авианосца*)

emergency session чрезвычайная сессия (*напр., о сессии ООН*)

emergency situation чрезвычайная обстановка

emergency staff «аварийный штаб» (*при каких-л. особых обстоятельствах*)

emergency supply аварийный запас

grave/serious emergency серьезный, непредвиденный случай

life-and-death emergency вопрос жизни или смерти

life-threatening emergency чрезвычайные обстоятельства, угрожающие жизни

state of emergency чрезвычайное положение

to cause/to create an emergency создать критическую ситуацию

to declare an emergency объявить чрезвычайное положение

emigrate *v* эмигрировать

emigration *n* эмиграция

emigration pattern характер эмиграции

emigration policy политика в вопросах эмиграции

E

E

emigration process процесс эмиграции

eminent *adj* (*syn.* **prominent**, **distinguished**, **outstanding**) выдающийся

eminent person выдающийся человек

emissary *n* эмиссар, агент; шпион, лазутчик

emission *n* распространение; *фин.* выпуск, эмиссия

to control emissions (*e.g. from cars*) контролировать выброс выхлопных газов (*напр., из автомобиля*)

emotion *n* душевное волнение

deep emotion глубокое волнение

mixed emotions смешанные чувства

pent-up emotion подавленные чувства

strong emotion(s) сильные чувства

to express emotions выражать (свои) чувства

to show emotions показывать свое отношение, проявлять (свои) чувства

to stir up/to whip up emotion(s) разжигать страсти

emotional *adj* эмоциональный

emotional speech взволнованная речь

emphatic *adj* выразительный, эмфатический

emphatic denial категорическое отрицание

emphatic opposition решительная оппозиция

emphatic public statement решительное, яркое публичное выступление

empire *n* империя

colonial empire колониальная империя

commercial empire экономическая империя

publishing empire издательская империя, книгоиздательская империя

to build up an empire строить империю

to consolidate an empire укреплять империю

to govern/to rule an empire править империей

to split an empire into parts расколоть империю на части

emplacement *n* установка на место; *воен.* оборудованная огневая позиция

anti-aircraft emplacement позиция для средств ПВО

employee *n* сотрудник

to hire an employee (*syn.* to take on an employee) нанять сотрудника

employee compensation and benefits компенсационные выплаты и льготы сотрудникам

employee share purchase купля акций сотрудником

employer *n* наниматель, работодатель; предприниматель

equal opportunity employer предприниматель, предоставляющий равные возможности (*при найме*)

employment *n* (*also* **work**, **job**) найм, работа

employment figures данные найма, статистика занятости

employment opportunities возможности в области найма

employment status служебное положение (*сотрудника*)

full-time employment штатная, постоянная работа

part-time employment частичная занятость, неполный рабочий день

seasonal employment сезонная занятость, работа

steady employment постоянная занятость, работа

employment picks up (rises)/goes down занятость возрастает/падает

to find employment as a translator
найти работу в качестве переводчика

empower v уполномочить; давать
возможность

to empower smb to do smth уполномочивать кого-л. сделать что-л.

encroach v посягать (*на что-л.*);
вторгаться

The aggressor encroached upon the
territory of the neighbouring state.

encroachment n посягательство;
вторжение

end n конец; цель

to this end с этой целью

to put an end (*to*) положить конец
(*чему-л.*)

to accomplish/to achieve one's ends
добиться реализации своих целей

endanger v подвергать опасности

endorsement n *фин.* передаточная
надпись (*на векселе, чеке*), под-
тверждение; поддержка

qualified endorsement *фин.* передаточная надпись, содержащая
специальное условие

unqualified endorsement безоговорочная передаточная надпись

to give one's endorsement оказывать поддержку

to withdraw one's endorsement ли-
шить поддержки

end up v закончить

to end up rich разбогатеть (*в результате своей деятельности*)

endurance n выносливость; проч-
ность

to test smb's endurance испытывать
чью-л. стойкость

enemy-occupied area территория,
занятая противником

energy n энергия

energy package комплекс («пакет»)
энергетических источников

energy supply энергоснабжение

boundless energy безграничная
энергия

latent energy скрытая энергия,
скрытые силы (*в человеке*)

misguided energy энергия, растра-
чиваемая в неправильном на-
правлении

unharnessed energy «необузданная» энергия

enforce v оказывать давление, принуждать, заставлять

to enforce rigidly/strictly строго, не-
укоснительно проводить в
жизнь (*напр., законы*)

enforcement n давление, принуж-
дение

enforcement action действия при-
нудительного характера

Enforcement action against the
aggressor state was suggested by
the speaker.

law enforcement проведение законов в жизнь

stringent enforcement строгое проведение законов

enfranchise (*ant.* **disenfranchise**) v
предоставлять право голоса (не
предоставлять/лишать права
голоса)

engagement n дело, занятие; обязательство

social engagement социальные
функции

enjoy v получать удовольствие, на-
слаждаться; пользоваться, обладать, иметь

to enjoy (*smth*) enormously/greatly/
immensely испытать колоссаль-
ное наслаждение (*от чего-л.*)

She enjoys swimming. Она очень
любит плавать.

to enjoy a high standard of living
иметь высокий уровень жизни

enjoyable *adj* приятный, доставля-
ющий удовольствие

It is enjoyable to swim in the ocean
at summer time.

enquiry n *юр.* расследование; исследование

E

entangling alliance договор/союз с иностранным государством, втягивающий страну в акции, которые могут не соответствовать ее национальным интересам

The alliance was associated with so many conditions that it was rightly called an entangling alliance.

enter *v* входить

to enter a world market (*syn.* to break into a world market) выйти на мировой рынок

enterprise *n* (*syn.* **works, business**) предприятие

enterprise accounting бухгалтерский учет и анализ хозяйственной деятельности фирмы

family enterprise семейное предприятие

farm enterprise ферма, фермерское хозяйство

free enterprise частное предпринимательство; частное предприятие

free enterprise economy экономика свободного предпринимательства

free private enterprise свободное частное предпринимательство

mixed enterprise смешанная экономика

multi-activity enterprise предприятие, осуществляющее разные виды деятельности

multi-unit enterprise «многосекционное» предприятие

municipal enterprise муниципальное предприятие

non-incorporated enterprise предприятие, не имеющее статуса акционерного общества

non-profit enterprise некоммерческое предприятие

small commercial enterprise мелкое, малое торговое предприятие

state enterprise (*syn.* state-owned enterprise) государственное предприятие

enterprise under private operation предприятие, находящееся в частном владении

entitled *adj* названный, озаглавленный (*о книге и т.п.*); имеющий право

to be entitled to some benefits иметь право на некоторые пособия/блага

entrepreneur *n* предприниматель

entrepreneur profit прибыль предпринимателя

independent entrepreneur независимый предприниматель

entrepreneurial *adj* предпринимательский

entrepreneurial business предпринимательство

entrepreneurial income доход от предпринимательской деятельности

entrepreneurial risk риск предпринимателя

entrepreneurial spirit предприимчивость

entrepreneurial withdrawals отчисления на предпринимательскую деятельность

entrust *v*: to entrust the committee (*with*) возлагать какие-л. функции на комитет

entry *n* проникновение, появление

entry of new competitors появление новых конкурентов

to try to block the entry of new competitors стараться не допустить появления новых конкурентов

environment *n* окружающая среда

environment policy политика в области окружающей среды

man-made environment искусственная среда

environmental *adj* относящийся к окружающей среде

environmental modification techniques средства воздействия на природную среду environmental pollution загрязнение окружающей среды

environmental protection защита окружающей среды

epoch-making event эпохальное событие

equal *adj* равный

equal employment policy политика справедливого найма

equal instalments равные доли

equal law enforcement проведение законов в жизнь на основе справедливости

equal opportunity равные возможности

equal pay for work of equal value равная оплата за равный труд

equal rights равноправие, равные права

equal suffrage равное избирательное право

equal taxation равное налогообложение

equal treatment равноправный режим

equal treaty равноправный договор

on equal footing на условиях равенства

to transfer by equal instalments перечислять равными долями

equality *n* равенство, равноправие

equality in strategic arms равенство в стратегических вооружениях

equality of all before the law равенство всех перед законом

equality of partners равенство партнеров

principle of equality принцип равенства

numerical equality равенство в численности (*напр., войск*)

to achieve/to attain equality добиться, достичь равенства

equally *adv* равно, в равной мере, одинаково

equally authentic texts в равной степени аутентичные тексты

equilibrium *n* равновесие

equilibrium of power равновесие сил (*на международной арене*)

uneasy equilibrium шаткое равновесие

to lose one's equilibrium потерять равновесие

to maintain one's equilibrium сохранять равновесие

to upset the equilibrium нарушить равновесие

equip *v* снаряжать; экипировать; оборудовать

Her training equips her to cope with the job. Полученная ею подготовка позволяет ей справиться с этой работой.

equipment *n* оборудование; оснащение

military equipment военная, боевая техника; военное снаряжение

technical equipment техническое оборудование

equipment, raw and other materials оборудование, сырье и другие материалы

eradication *n* искоренение

eradication of illiteracy искоренение, ликвидация неграмотности

eradication of malaria борьба с малярией

eradication of racism искоренение расизма

eradication of vestiges of colonialism ликвидация остатков колониализма

erode *v* сводить на нет, подрывать

to erode public support лишать общественной поддержки

erosion *n* нарушение, подрыв

erosion of trust in the establishment подрыв доверия к государственной машине

error *n* ошибка

error in judgement просчет (*в оценке*)

error in law правовая ошибка

cardinal error серьезная ошибка

E

costly error дорогостоящая ошибка

flagrant/glaring error вопиющий просчет

grievous/serious error прискорбная, серьезная ошибка

to make an error сделать ошибку

to correct/to rectify an error исправить ошибку

to admit to making an error признать ошибку

erupt *v* извергать(ся)

to erupt into violence (*about a demonstration, etc.*) перейти/перерасти в насилие (*о демонстрациях и т.п.*)

eruption *n* извержение, прорыв, взрыв

eruption of popular discontent взрыв народного негодования

eruption of protests волна протестов

escalate *v* подниматься на новую ступень, обостряться; перерастать, переходить (*в более крупный конфликт*)

This local war is very dangerous; it may easily escalate into a major conflict.

escalation *n* эскалация, рост

escalation of confrontation эскалация конфронтации

escalation of violence эскалация насилия

escape *n* бегство; *перен.* уход от действительности

escape clause пункт договора, освобождающий от ответственности

clean escape несомненное спасение

to have a hairbreadth escape (*syn.* to have a narrow escape) едва избежать опасности

to make an escape избежать

to make good in one's escape осуществить побег

to foil/to thwart an escape сорвать план побега

escort *n* охрана, сопровождение; эскорт, конвой

escort duty конвойная служба

armed escort вооруженное сопровождение

motorcycle escort эскорт мотоциклистов

police escort полицейский эскорт

to provide an escort выделить эскорт

espionage *n* шпионаж

industrial espionage промышленный шпионаж

military espionage военный шпионаж

to arrest for espionage арестовать за шпионаж

to conduct espionage заниматься шпионажем

to engage in espionage участвовать в шпионской деятельности

essentials *n pl* основы

basic essentials основные моменты

estate *n* поместье; имение; имущество, собственность; сословие

industrial estate *англ.* промышленный парк (*о территории для размещения предприятий*)

to come into estate наследовать, стать наследником имущества

to manage an estate управлять имуществом

estimate *n* оценка; смета; наметка; калькуляция

approximate/rough estimate приблизительная оценка

conservative estimate осторожная оценка

long-range estimate перспективная оценка, долгосрочный прогноз

preliminary estimate предварительная оценка

short-range estimate краткосрочная оценка

to give an estimate составлять смету, подсчитывать приблизительно

to make an estimate составлять смету, оценивать

to submit an estimate представить смету

ethics *n* этика

professional ethics профессиональная этика

ethnic *adj* этнический

ethnic background национальное происхождение

ethnic cleavage разделение по этническому принципу

ethnic community этническая община

ethnic composition этнический, национальный состав

ethnic conflict этнический конфликт

ethnic culture национальная культура

ethnic diversity этническое разнообразие

ethnic group этническая группа

ethnic group cohesion прочная связь между этническими группами

ethnic group loyalty приверженность идеалам, интересам этнической группы

ethnic group voting голосование с учетом национального признака

euro *n* евро (*денежная единица*)

eurocurrency *n* евровалюта

European currency unit (ECU) европейская валютная единица (ЭКЮ)

excessive *adj* чрезмерный

excessive issue of banknotes излишек выпущенных банкнотов

exchange *n* валюта; переводные векселя по иностранным операциям; биржа; обмен

exchange adjustments поправки на изменение валютного курса

exchange arbitrage валютный арбитраж

exchange broker биржевой маклер

exchange business биржевые операции, биржевая торговля

exchange certificate валютный сертификат

exchange control валютный контроль

exchange rate валютный, обменный курс

exchange rate fluctuations колебания валютного курса

exchange rate policy валютная политика

exchange risk cover страхование от валютного риска

exchange risks валютные риски

exchange shortage валютный дефицит

exchange stabilization fund фонд стабилизации валютного курса

exchange transaction валютная сделка; валютная операция

bill of exchange переводной вексель

commodity exchange товарная биржа

grain exchange зерновая биржа

to agree to exchange согласиться на обмен

to fix exchange rates установить обменный курс

to make an exchange произвести обмен

execution *n* выполнение, исполнение

public execution государственное исполнение (*приказов и т.п.*)

executive *adj* исполнительный, административный

executive agreement *амер.* правительственное соглашение

executive authority исполнительная власть

executive bank manager управляющий банком

executive board исполнительный комитет, руководящий орган

Executive Board (UNESCO) Исполнительный совет (ЮНЕСКО)

Executive Chairman председатель комитета

executive committee исполнительный комитет; комиссия при президенте (*США*)

executive council *амер.* исполнительный совет

executive officials сотрудники исполнительных органов

E

executive order *амер.* правительственное распоряжение

executive power исполнительная власть

executive secretary ответственный секретарь

executive session *амер.* закрытое заседание

exempt *v* освобождать (*от уплаты налога и т.п.*)

to exempt from the jurisdiction изъять из юрисдикции

exempt from the tax освобожденный от налогов

exercise *n* упражнение; осуществление

exercise of authority осуществление полномочий

exercise of a right осуществление права

exercise of a profession выполнение профессиональных обязанностей

exhibit *v* показывать, экспонировать

exhibition *n* выставка, показ

the US exhibition выставка США

exodus *n* библ. исход; массовый отъезд (*особ. об эмигрантах*)

mass exodus массовый отъезд

expand *v* расширяться, увеличиваться; развиваться; расширить до

He decided to expand a series of articles into a book.

to expand on a topic осветить тему в подробностях

expanse *n* пространство, простор, протяженность

broad/wide expanse широкий простор

expatiate *v* рассуждать, разглагольствовать

to expatiate on/upon a topic рассуждать на тему

expectations *n pl* виды на будущее, надежды

to come up to/to meet expectations отвечать ожиданиям, надеждам

expedition *n* экспедиция; быстрота, срочность исполнения

archeological expedition археологическая экспедиция

military expedition военный поход

mountain-climbing expedition подъем на гору

punitive expedition карательная экспедиция

scientific expedition научная экспедиция

to go on an expedition отправиться в экспедицию

to launch/to mount/to organize an expedition организовать экспедицию

to lead an expedition руководить экспедицией

expend *v* тратить (*средства, время, усилия*)

to expend funds расходовать средства

expenditure *n* расход; потребление

capital expenditure инвестиции; капитальные затраты

to boost expenditures расширять объем капитальных затрат

to curb/to curtail/to cut down on/to reduce expenditure сократить расходы

expense *n* трата, расход; статья расхода

business expense расходы предпринимателя; торговые издержки

entertainment expenses расходы на развлечения

incidental expenses побочные расходы

legal expenses судебные издержки

operating expenses эксплуатационные расходы

overhead expenses накладные расходы

travelling expenses командировочные расходы

at smb's expense за чей-л. счет

to curb/to curtail/to reduce/to cut down on expense урезать, сократить расходы

to defray expenses взять на себя расходы

to go to great expense пойти на значительные расходы

to incur an expense понести расходы

to put smb to great expense заставить кого-л. потратиться

to spare no expense не жалеть средств

experience *n* опыт

practical experience практический опыт

to acquire/to gain/to get experience приобрести опыт

learning experience полезный опыт обучения

expert *n* эксперт, специалист

expert appraisal экспертная оценка

expert body группа специалистов, экспертный совет

expert evaluation экспертная оценка

expert judge компетентный судья

expert knowledge компетентность

expert opinion мнение эксперта; *юр.* заключение экспертизы

expert witness *юр.* квалифицированный свидетель

great expert тонкий знаток

"self-styled" expert *ирон.* человек, считающий себя (крупным) специалистом

technical expert технический эксперт

expert at trouble-shooting *разг.* специалист по улаживанию конфликтов

expert in computer science эксперт по вычислительной технике

expertise *n* знания и опыт

technical expertise технические знания, компетенция

He has enough expertise to do the job.

expiration *n* окончание, истечение (*срока*)

What will he do at the expiration of his term of office?

expired *adj* истекший

expired year прошлый год, истекший год

expired calendar year истекший календарный год

explanation *n* объяснение, разъяснение; толкование

lucid explanation ясное объяснение

rational explanation разумное объяснение

to accept an explanation согласиться с (предложенным) объяснением

to offer an explanation дать/предложить (свое) объяснение

exploit *n* подвиг

heroic exploit героический подвиг

to perform an exploit совершить подвиг

exploitation *n* эксплуатация

commercial exploitation коммерческая эксплуатация

exploration *n* исследование

space exploration исследование космического пространства

explosive *n* взрывчатое вещество

to set off an explosive привести в действие взрывное устройство

explosive *adj* взрывчатый; взрывной; вспыльчивый

explosive situation взрывоопасная ситуация

exponent *n мат.* степень; истолкователь, приверженец (*теории и т.п.*)

exponent of Freudian psychiatry представитель психиатрии Фрейда

leading exponent of reforms ведущий теоретик реформ

expose *v* выставлять, подвергать действию; раскрывать секрет, разоблачать

to expose smb to danger подвергать кого-л. опасности

exposition *n* описание, изложение; толкование; выставка, экспозиция

to hold an exposition устроить экспозицию

expound *v* излагать, разъяснять

to expound one's theory разъяснять свою теорию

expropriate *v* экспроприировать, отчуждать

expulsion *n* исключение

expulsion from school исключение из школы

extend *v* простираться, тянуть; расширять (*постройку и т.п.*)

to extend a warm welcome направлять добрые пожелания; оказывать теплый прием

extension *n* расширение; распространение

to grant an extension продлить (*срок*)

extensive *adj* широкий, обширный

extensive privatization широкомасштабная приватизация

extensively *adv* в широких масштабах, экстенсивно

to privatize extensively осуществлять приватизацию в широких масштабах

extortion *n* вымогательство; назначение грабительских цен

to commit extortion пойти на вымогательство

to practise extortion заниматься вымогательством

extract *v* извлекать (*выгоду*)

to extract information выудить сведения

extraction *n* извлечение, добывание

family of Italian extraction семья итальянского происхождения

extradition *n* экстрадиция, выдача преступника (*другому государству*)

to oppose extradition выступать против экстрадиции

extraordinary *adj* очень странный; чрезвычайный

ambassador extraordinary чрезвычайный посол

extraordinary general meeting внеочередное общее собрание

extraordinary item особая статья (*бюджета*)

extraordinary profit баснословно высокая прибыль

extraordinary resolution чрезвычайная резолюция

extremist *n* экстремист

extremist forces силы экстремистов

eyeball-to-eyeball *n разг.* лицом к лицу; конфронтация, противоборство, политика конфронтации

eye-opener *n разг.* открытие, откровение

Her confession was a real eye-opener.

eyewash *n разг.* обман; чепуха

It's not eyewash. It's true.

eye-witness *n* очевидец, непосредственный свидетель

eye-witness to the crime свидетель преступления

eye-witness report репортаж с места событий

F

fabric *n* ткань, материя; изделие; структура, устройство

fabric of international relations структура международных отношений

social fabric (*of society*) общественные структуры (*общества*)

fabrication *n* выдумка; подделка, фальшивка; изготовление

outright/total fabrication явная выдумка

face *n* лицо; лик; внешний вид

to disappear from the face of the earth исчезнуть с лица земли

to fling in the face *перен.* бросать в лицо

to meet face to face встретиться с глазу на глаз

in the face of serious difficulties в условиях серьезных трудностей

on the face of it на первый взгляд

face-off (*тж.* **confrontation**) *n разг.* противостояние

face up *v* быть готовым к чему-л.; встретить смело

to face up to reality не спасовать перед действительностью, реальными фактами

face-lift *n разг. перен.* реорганизация учреждения, «наведение косметики»

facilitate *v* способствовать, помогать достижению (*чего-л.*)

to facilitate progress способствовать прогрессу

to facilitate the conclusion of a deal способствовать заключению сделки

to facilitate the realization of a project способствовать реализации проекта

to facilitate the UN operations способствовать проведению операций ООН

facilities *n pl* удобства; средства обслуживания; возможности; оборудование, технические средства; производственные мощности, сооружения

facilities for borrowing источники кредитования

facilities for training база для подготовки (*кадров*)

facilities intended for social needs объекты социального назначения

biological warfare facilities предприятия по производству биологических средств ведения войны

cultural and welfare facilities предприятия культуры и социального назначения

communal facilities предприятия общественного назначения

community facilities предприятия культурно-бытового обслуживания населения

educational facilities средства обучения

hotel facilities гостиничный комплекс

medical facilities медицинское оборудование

port facilities портовые сооружения

public health facilities учреждения общественного здравоохранения

recreational facilities аттракционы, площадки для игр

school facilities учебная база школы

to provide facilities предоставить средства/возможности

fact *n* факт

accepted/established fact установленный факт

first-hand facts данные из первых рук

incontestable fact неоспоримый факт

incontrovertible fact неопровержимый факт

indisputable fact бесспорный факт

to ascertain a fact установить факт

to check/to verify a fact проверить факт

to cite a fact ссылаться на факт

to collect/to gather facts собирать факты

to present the facts представить факты

fact-finding *n* расследование обстоятельств, установление фактов

fact-finding mission миссия по выяснению положения

fact-finding organ орган по выяснению положения

fact-finding trip/visit поездка/визит с целью выяснения положения

to carry out a fact-finding mission выполнить миссию по выяснению положения

faction *n* фракция

contending faction противостоящая кому-л. фракция

extremist faction фракция экстремистов

opposing faction фракция оппозиционеров

rebel faction «восставшая» фракция

to set up a faction создать фракцию

factor *n* фактор, движущая сила; комиссионер, агент, посредник

factor returns доходы факторов производства (*труда, капитала*)

factory *n* фабрика, завод

to manage/to operate/to run a factory управлять фабрикой/заводом

faculty *n* способность, дар; факультет; профессорско-преподавательский состав

law faculty юридический факультет

medicine faculty медицинский факультет

fad *n* причуда, фантазия

latest fad последняя мода

newest fad новейшая причуда

fag *n бр. сленг* сигарета; *амер. сленг, пренебр.* гомосексуалист

failed *adj* провалившийся

failed coup провалившийся переворот

failure *n* неуспех, неудача, провал; недостаток; банкротство (*предприятия*)

box-office failure кассовый крах

business failure банкротство предприятия

coup failure провал переворота

crop failure неурожай

power failure перебой в подаче электроэнергии

to experience a failure потерпеть неудачу

fair *n* ярмарка, выставка

annual fair ежегодная ярмарка

book fair книжная выставка

county fair окружная ярмарка

state fair ярмарка штата (*в США*)

trade fair торговая выставка

world's fair международная ярмарка

to organize a fair организовать ярмарку

fair-weather *adj* временный, неискренний, притворный

fair-weather friend ненадежный друг

faith *n* вера, доверие; вероисповедание

abiding faith постоянная вера

deep/strong/unshakable faith глубокая/непоколебимая вера

enduring/steadfast faith твердая вера

to accept smth on faith принимать что-л. на веру

to adhere to faith придерживаться веры

to have faith (*in*) верить (*во что-л.*)

to keep faith сохранять веру

to place one's faith (*in*) верить (*чему-л.*)

to practise faith придерживаться (*какой-л.*) веры

to show good faith искренне, по-настоящему верить

faithful *adj* верный, преданный; верующий, правоверный; правдивый

the party faithful верные курсу партии (*об избирателях*)

fall guy *n амер. сленг* жертва, козел отпущения

fallout *n* выпадение, осадок

radioactive fallout радиоактивные осадки

false front обманчивый вид

to put up a false front выдвинуть ложную версию

fame *n* слава, известность; репутация

international fame междунароное признание

to achieve/to attain/to win fame добиться славы

to seek fame стремиться к славе
familiarize *v* ознакомиться
to familiarize oneself (*with smth*)
　ознакомиться (*с чем-л.*)
family *n* семья
family allowance пособие много-
　детным семьям
family budget семейный бюджет
family contract семейный подряд
family lease семейная аренда
family living standards уровень
　жизни семьи
family planning планирование
　(размеров) семьи
family relief помощь семье (*о по-
　собиях и т.д.*)
family reunion/reunification воссо-
　единение семьи
family welfare охрана семьи; бла-
　гополучие семьи
"family of nations" «семья наро-
　дов» (*шутл.* о государствах –
　членах ООН)
family-style по-семейному
fan *n* болельщик, любитель
ardent fan страстный болельщик
far *adj* дальний, далекий
This problem is far from being
　solved. Эта проблема далеко еще
　не решена.
far-reaching *adj* далеко идущий
far-reaching aims далеко идущие
　цели/расчеты
far-reaching changes коренные пре-
　образования
far-reaching implications суще-
　ственные последствия
far-reaching political struggle чре-
　ватая последствиями полити-
　ческая борьба
far-reaching reform радикальная
　реформа
far-sighted *adj* дальновидный
far-sighted leader дальновидный
　лидер
far-sighted policy дальновидная
　политика

far-sighted use of resources рацио-
　нальное использование ресурсов
fascist *n* фашист
fascist criminal фашистский пре-
　ступник
fascist junta фашистская хунта
fascist threat угроза фашизма
fashion *n* мода
world of fashion мир моды
current fashions современная мода
latest fashions последняя мода
to set a fashion установить моду
to be in fashion быть в моде
to come into fashion стать модным,
　войти в моду
to go out of fashion перестать быть
　модным, выйти из моды
fashion show показ, демонстрация
　мод
fat *adj разг.* выгодный, доходный
fat cat *амер. перен.* «денежный ме-
　шок»
fatal *adj* роковой, фатальный, не-
　избежный; смертельный
fatal cause фатальная причина
fatal thread нить жизни/судьбы
it would be fatal to... было бы фа-
　тально...
fatalities *n pl* смерть, гибель
highway fatalities (*syn.* traffic fatal-
　ities) количество погибших в ре-
　зультате дорожных происше-
　ствий
to cause fatalities приводить к
　смерти (*о несчастных случаях*)
fate *n* рок, судьба, жребий, удел;
　гибель
inexorable fate неумолимая судьба
stroke of fate судьба, веление судь-
　бы
to meet one's fate идти навстречу
　своей судьбе
to seal smb's fate (окончательно)
　решить чью-л. судьбу
to tempt fate испытывать судьбу
fatigue *n* усталость; утомительная
　работа

F

battle/combat fatigue усталость от боя

to be in a state of complete fatigue быть в полном изнеможении

to feel fatigue чувствовать усталость

fault *n* недостаток, дефект; промах

human fault человеческая ошибка

to correct a fault исправить недостаток

to find fault (*with smb*) придираться (*к кому-л.*)

to overlook smb's faults не обращать внимания на чьи-л. недостатки

favour *n* благосклонность, расположение; одолжение, любезность

to curry favour (*with smb*) заискивать (*перед кем-л.*)

to do/to grant smb a favour проявлять благосклонность

to find favour in smb's eyes пользоваться благосклонностью со стороны кого-л.

to gain favour завоевать благосклонность

to lose favour потерять чье-л. благорасположение

to perform a favour (*for smb*) оказать (*кому-л.*) любезность

to vie for smb's favour состязаться с кем-л. за чье-л. расположение

favourite *n* фаворит

heavy favourite большой любимец

favourite son *амер.* любимец штата (*о политическом кандидате от того или иного штата США*)

feasibility *n*: feasibility study технико-экономическое обоснование

feasible *adj* выполнимый, осуществимый; возможный

It is not feasible to... Было бы нереально...

feat *n* подвиг; проявление ловкости

brave feat героический подвиг

brilliant/notable/noteworthy feat выдающийся подвиг

special feat особое событие, особый подвиг

to accomplish a feat совершить подвиг; достичь высот

feature *n* особенность, характерная черта, признак, свойство; газетная статья (*syn.* article, piece, sketch, column)

feature material публицистический материал, статья

feature *v* изображать; быть характерной чертой

to feature news on the front page напечатать новости на первой полосе

She was featured as a dancer.

federal *adj* федеральный, союзный

federal budget государственный, федеральный бюджет (*в США*)

federal chancellor федеральный канцлер

federal constitution федеральная конституция

federal government федеральное правительство

federal spending государственные расходы

federalism *n* федерализм

federate *v* объединяться на федеративных началах

to federate into an alliance объединиться на федеративных началах

federation *n* федерация, союз; объединение

to form a federation образовать федерацию

fee *n* гонорар, вознаграждение, плата; вступительный взнос

to charge a fee брать плату

to get a fat fee *разг.* получить большой гонорар

feeler *n амер. разг.* «пробный шар»

to put out/to throw out a feeler *разг.* зондировать почву

fellow *n* парень; член совета колледжа (*в Великобритании*)

fellow citizen соотечественник

research fellow стипендиат, занимающийся исследовательской работой (*в университете*)

teaching fellow коллега-преподаватель

fellowship *n* товарищество; корпорация; членство (*в научном обществе*); стипендия

to get one's fellowship получать стипендию (*напр., о творческом работнике в университете*)

fellow-traveller *n* попутчик; человек, сочувствующий политической партии, но не являющийся ее членом

feminism *n* феминизм

feminist *n* феминистка, феминист

devoted feminist ярый приверженец феминизма

radical feminist радикально настроенная феминистка

fence *n* забор, изгородь; фехтование; *сленг* притон для укрытия краденого

fence-mending *n амер. полит.* налаживание отношений (*напр., с избирателями*)

fence-sitting *n амер. разг.* сохранение нейтралитета; выжидательная политика

fervent *adj* горячий, жаркий; пылающий

fervent appeal страстный призыв

festival *n* празднество, фестиваль

dance festival фестиваль танца

drama festival фестиваль драматического искусства

film festival кинофестиваль

folk festival народный фестиваль, народное торжество, гулянье

music festival музыкальный фестиваль

to hold a festival проводить фестиваль

fête *n* празднество, праздник

church fête церковный праздник

to hold a fête устраивать празднество

fetish *n* фетиш; идол, кумир

to make a fetish (*of smth*) делать фетиш (*из чего-л.*)

They made a fetish of good grooming.

feud *n* междоусобица, наследственная вражда

blood feud кровная вражда

family feud семейная вражда

to stir up a feud разжигать междоусобицу

feudal *adj* феодальный

feudal fragmentation феодальная раздробленность

feudal institutions феодальные институты

feudal lord феодал

feudal sovereign феодал-суверен

feudal state феодальное государство

feudalism *n* феодализм

fever *n* жар, лихорадка; нервное возбуждение

high fever высокая температура; сильное возбуждение

mild/slight fever небольшой жар

fiasco *n* фиаско, провал, неудача

total/utter fiasco полное фиаско

to end in a fiasco завершиться провалом, потерпеть неудачу

fiction *n* вымысел, выдумка, фикция; беллетристика

pure fiction чистый вымысел

fidelity *n* верность, преданность, лояльность; точность

to swear fidelity клясться в верности

fidelity (*to smb*) верность, преданность (*по отношению к кому-л.*)

high (electronic) fidelity (HF, Hi-Fi) высокая верность звуковоспроизведения

field *n* область, сфера деятельности; поле действия; поле сражения

field advisers консультанты на местах (*напр., по программе помощи*)

field information officers сотрудники по вопросам информации на местах

F

field office периферийное отделение

field operations/work деятельность на местах (*по программе*)

field representatives представители на местах

field staff персонал на местах

field of activity сфера, область деятельности

field of nuclear energy область ядерной энергетики

fierce *adj* свирепый, лютый; сильный (*о буре*); горячий, неистовый; *разг.* неприятный

fierce competition жесткая конкуренция

fifth column «пятая колонна»

fight *n* бой; драка, спор; борьба; задор

bitter/desperate/fierce fight ожесточенная борьба

to pick a fight затеять драку

to provoke a fight спровоцировать борьбу, драку

to start a fight начать борьбу, драку

fight *v* бороться

to fight against unemployment бороться с безработицей, принимать меры против безработицы

fighter *n* боец, борец

fire fighter пожарник

fighting *n* борьба; бой, сражение; драка

hand-to-hand fighting рукопашный бой

street fighting уличные бои

to step up the fighting усиливать борьбу

figure *n* личность, фигура; изображение; иллюстрация

figure of merit *эк.* показатель качества (*продукции*)

double figures двузначные цифры

indicative planning figures ориентировочные плановые задания (ОПЗ)

filibuster *n амер. полит.* обструкционист; флибустьер

to carry on filibuster устраивать обструкцию в законодательном органе

to engage in filibuster заниматься обструкцией

filing *n* подшивка документов

to do filing подшивать документы

film *n* фильм, кино; пленка, легкий слой

film festival кинофестиваль

film footage метраж фильма

film library фильмотека

action film динамичный фильм

adult film фильм для взрослых

feature film художественный фильм

X-rated film фильм для взрослых

to censor a film подвергать цензуре (*содержание фильма*)

to make/to produce a film создавать фильм

to rate a film определять категорию фильма

to release a film выпускать фильм (*на экран*)

to review a film дать кинофильму оценку, написать рецензию

to shoot a film снимать фильм

The film was shot on location. Фильм был снят на натуре.

finals *n pl* решающая игра (*в соревновании*); выпускной экзамен

to take one's finals сдавать выпускные экзамены

finance *n* финансы, доходы

public finance государственные финансы

financial *adj* финансовый

financial assets финансовые активы/средства

financial backing (*syn.* financial support) финансовая поддержка

financial bankruptcy финансовое банкротство

financial constraint финансовое ограничение

financial contribution финансовый взнос

financial counselling консультирование по финансовым вопросам

financial imbalance финансовая неустойчивость

financial irregularities финансовые злоупотребления

financial leverage коэффициент соотношения заемного и собственного капитала

financial matter финансовая сторона дела

financial oligarchy финансовая олигархия

financial statement финансовый отчет

financial stocks акции финансовых институтов

financial troubles финансовые проблемы

financial year отчетный финансовый год

financing *n* финансирование

bond financing финансирование путем выпуска облигаций

consolidated financing совместное финансирование

debt financing финансирование путем привлечения заемного капитала

deficit financing финансирование посредством увеличения государственного долга

equity financing финансирование за счет собственных средств

findings *n pl* выводы

finger *v разг.* указать (*на кого-л., на что-л.*)

Pete fingered Marty as being the one who arrived first.

fink *n разг.* (*syn.* **stool pigeon**) информатор; стукач; доносчик

firm *n* фирма

contracting firm фирма-подрядчик

designing firm проектно-конструкторская фирма

mother/parent firm материнская фирма

multi-plant firm фирма, владеющая несколькими предприятиями

non-profit firm некоммерческая фирма

profitable firm рентабельная фирма

to establish an advertising firm учредить рекламную фирму

to manage/to operate/to run a firm управлять/руководить фирмой

first *adj* первый, ранний, начальный, первоначальный

first cost первоначальная стоимость

first option право преимущественной покупки

to come in first (*in a race*) прийти первым (*в предвыборной борьбе*)

first-rate *adj* первоклассный

fiscal *adj* фискальный, финансовый

fiscal controls финансовый контроль

fiscal control body финансовый контрольный орган

fish *v* ловить рыбу; *перен.* выуживать (*секреты и т.п.*)

to fish in troubled waters ловить рыбку в мутной воде

fish-bowl diplomacy дипломатия искусственного подыгрывания общественному мнению

fishing expedition комиссия, занятая поиском компромата

fishy *adj* неправдоподобный, выдуманный

fishy story неправдоподобная история

fit *adj* годный

fit for military service годный к военной службе

fitting *adj* уместный, подходящий

it is fitting to pay tribute (*to*) уместно воздать должное (*кому-л.*)

fix *n разг.* дилемма, затруднительное положение

to be in a fix попасть в затруднительное положение

to get a fix (*about drugs*) получить дозу (*наркотика*)

F

F

fix up *v* решить; организовать; устранить препятствия
to fix smb up with a good job устроить кого-л. на хорошую работу
flag *n* флаг, знамя, стяг
flag-raising ceremony церемония поднятия флага
flag state государство флага
flag state jurisdiction юрисдикция государства флага
flag vessel судно флага
to dip/to lower a flag приспустить флаг
to fly a flag вывесить флаг
to unfurl a flag распустить флаг
to wave a flag махать флагом
flag *v разг.* провалить экзамен
I'm afraid I flagged algebra.
flagrant *adj* ужасающий, вопиющий; позорный
flagrant injustice вопиющая несправедливость
flagrant violation of rights грубое нарушение прав
flamboyant *adj* цветистый, яркий; чрезмерно пышный
flamboyant style цветистый стиль
flame *n* пламя
flames of war пламя войны
to burst into flame вспыхнуть (*о чувствах*)
to kindle a flame раздувать, поддерживать пламя
to stir the flames *перен.* раздувать пламя
the Olympic flame Олимпийский огонь
flaming *adj* пылающий, яркий
flaming liberal решительно настроенный либерал
flaming optimism жизнеутверждающий пафос
flank *n* бок, сторона; *воен.* фланг
flank attack *воен.* атака на фланг
flank defence *воен.* прикрытие флангов; прикрытие фланговым огнем

to turn the enemy's flank обойти противника с фланга, обхитрить
on the left flank на левом фланге
flare *n* яркий свет, сияние; сигнальная ракета
to shoot up a flare подать световой сигнал
flare up *v* вспыхнуть; разразиться гневом
to flare up at the slightest provocation терять самообладание, вспыхивать по малейшему поводу
flash *n* вспышка, сверкание; мгновение; внешний показной блеск
news flash краткое информационное сообщение (*по радио, телевидению*)
in a flash в один миг
flash-point *n* температура вспышки
flash-point of tension предел напряженности (*в каком-л. регионе*)
flexibility *n* гибкость
to demonstrate/to show flexibility проявлять гибкость
flexible *adj* гибкий
flexible response гибкое реагирование
flexible transport безрельсовый транспорт
flight *n* полет; рейс; бегство
space flight космический полет
test flight испытательный полет
flight of funds утечка финансов (*напр., за границу*)
to take a flight совершить полет
flock *v* стекаться, держаться вместе, группироваться
The crowd flocked around the speaker.
flood *v* затоплять, наводнять
to flood the market with goods насытить, заполнить рынок товарами
flow *n* течение; поток, струя
cash flow движение наличных средств
commodity flows товарные потоки

gold flows движение золота

population flows миграционные потоки

product flows потоки продукции

shifts in commodity flows динамика товарных потоков

to regulate a flow регулировать поток (*чего-л.*)

The flow of traffic to the city is enormous.

fluctuate *v* колебать(ся), изменять(ся), быть неустойчивым (*о цене, спросе*)

the market fluctuates today на рынке отмечаются взлеты и падения, рынок неустойчив сегодня

His mood fluctuates with weather. Его настроение зависит от погоды.

fluctuation *n* колебание, изменение

fluctuations in employment колебания в уровне занятости

fluctuation in exchange колебание курса (*иностранной валюты*)

fluctuation in exports and imports колебания в экспорте и импорте

fluctuation of markets неустойчивость рынков

fluency *n* плавность, беглость (*речи*)

to acquire fluency (*in*) приобрести беглость (*в речи*)

to attain fluency in a foreign language добиться беглости в разговоре на иностранном языке

fluent *adj* гладкий, плавный; беглый (*о речи*)

fluent in English свободно говорящий по-английски

fluidity *n* плавность (*речи*); подвижность, изменчивость

fluidity in securities степень ликвидности ценных бумаг

fluidity of capital and labour мобильность капитала и труда

fly *v* летать

to fly a plane пилотировать самолет

flying colours флаги, вывешенные в честь праздника, победы и т.д.

with flying colours успешно, с блеском

She passed her exams with flying colours.

focal *adj* фокусный

focal point центр (*событий*), очаг

focal points of crisis очаги кризиса

focus *n* фокус

focus of tension источник напряжения

to bring smth into focus выдвинуть что-л. в центр внимания

to be in focus быть в фокусе, быть в центре событий

to be out of focus быть не в фокусе

it is time to focus our attention (*on*) пора сосредоточить наше внимание (*на чем-л.*)

fodder *n*: **cannon fodder** *перен.* «пушечное мясо»

foe *n* враг, противник, недоброжелатель

bitter/implacable foe непримиримый противник

formidable foe грозный противник

political foe политический противник

sworn foe заклятый враг

follow *v* следовать, идти (*за кем-л.*), следить; сопровождать

to follow a policy проводить политику/политический курс

to follow blindly/closely/faithfully слепо, строго придерживаться чего-л.

to follow in (smb's) footsteps идти по (чьим-л.) стопам

follow-up *adj* дополняющий

follow-up programme последующая программа

follow-up training дальнейшая подготовка кадров

to do a follow-up (*about a reporter*) продолжить раскрытие темы (*о репортере*)

fool *n* дурак, глупец, шут

to play the fool валять дурака, ставить себя в глупое положение

to make a fool (*of smb*) ставить (*кого-л.*) в глупое положение

footing *n* основание, фундамент, опора

equal footing равное основание

solid footing солидная основа, база

sure footing твердая основа, почва

unequal footing неравная основа

to be on friendly footing (*with smb*) быть на дружеской ноге (*с кем-л.*)

to place an area on a war footing переводить район (зону) на военное положение

to keep one's footing поддерживать/сохранять свое положение

to lose one's footing поскользнуться, оступиться; потерять точку опоры

forbid *v* запрещать, не позволять

to forbid categorically категорически запрещать

force *n* сила

force majeure форсмажорные обстоятельства

balance force reduction policy политика пропорционального сокращения вооруженных сил

driving force ведущая сила

task force специальная группа

Presidential Task Force специальная группа президента

vital force жизненно важная сила

use of force применение силы

to renounce the use of force отказываться от применения силы

to renounce the use of armed forces отказываться от применения вооруженных сил

to resort to force прибегать к силе

international peace-keeping forces международные силы по поддержанию мира

professional military forces профессиональная армия

foreign *adj* иностранный, зарубежный

foreign affairs иностранные дела

foreign aid policy политика помощи иностранным государствам

foreign assets and liabilities зарубежные активы и обязательства

foreign capital иностранный капитал

foreign capital market рынок иностранного капитала

foreign competition конкуренция со стороны иностранных государств

foreign consortia иностранные консорциумы

foreign currency account валютный счет

foreign currency expenditures валютные расходы

foreign currency holding резерв в иностранной валюте

foreign currency liability обязательства в иностранной валюте

foreign direct investment capital прямой иностранный инвестиционный капитал

foreign donor (*e.g. about a country*) иностранное государство-донор

foreign exchange иностранная валюта; иностранная фондовая биржа

to raise foreign exchange найти, собрать иностранную валюту

foreign income иностранный доход

foreign investments иностранные капиталовложения

foreign investment package пакет иностранных капиталовложений

foreign legion иностранный легион

foreign majority interest иностранный контрольный пакет акций

foreign national иностранный гражданин

Foreign Office Министерство иностранных дел (*Великобритании*)

foreign ownership иностранная собственность

foreign participation иностранное участие (*в деле, совместном предприятии*)

foreign policy внешняя политика

foreign policy adviser советник по вопросам внешней политики

foreign policy-making разработка внешнеполитического курса

foreign-relations committee комитет по международным отношениям

foreign rule иностранное господство

foreign service officer кадровый дипломат

foreign subsidiary иностранный филиал

foreign trade внешняя торговля

forerunner *n* предтеча, предвестник

foresee *v* предвидеть

foresight *n* предвидение, предусмотрительность

to have the foresight to provide (*for smth*) предвидеть ход развития событий, чтобы позаботиться (*о чем-л.*)

forlorn hope надежда, которой вряд ли суждено сбыться; *перен.* безнадежное предприятие

forward *adj* передний, передовой, прогрессивный

forward business срочные сделки

forward buying покупка на срок

forward contract срочный контракт

forward defence передовая оборона, оборона на передовых рубежах

forward planning перспективное планирование

forwarding agent экспедитор

foster *v* поощрять, благоприятствовать

to foster co-ordination способствовать координации

found *v* основывать

to found a monument заложить памятник

foundation *n* фундамент; основание, основа; создание, учреждение

foundation of a joint venture создание совместного предприятия

to lay a foundation заложить основу

to undermine a foundation подорвать базу

founder *n* основатель

founder of a party основатель партии

Fourth estate пресса, представители прессы, «четвертая власть»

framework *n* структура, рамки

framework agreement рамочное соглашение

conceptual framework концептуальная основа (*для соглашения и т.п.*)

within a framework в рамках

franchise *n полит.* право участвовать в выборах, право голоса

to exercise one's franchise осуществлять, реализовать свое право на участие в выборах

fraternity *n* братство, община; *амер.* студенческая организация

to join a fraternity вступить в общину

to join a college fraternity *амер.* вступить в студенческую организацию колледжа

fraternize *v* брататься; относиться по-братски

fratricide *n* братоубийство

fraud *n* обман, мошенничество; подделка; обманщик

election fraud подлог на выборах, мошенничество на выборах

to commit fraud обмануть; *разг.* надуть

to expose a vote fraud разоблачать мошенничество на выборах

to perpetrate a fraud пойти на обман, мошенничество

fraudulent *adj* обманный, мошеннический

fraudulent bankruptcy злостное банкротство

fraudulent gains незаконные доходы

fraudulent misrepresentation преднамеренное введение в заблуждение

fraudulent practices мошенничество, обман

fraudulent tax evader злостный неплательщик налогов

It is fraudulent to claim an exemption in this case. Было бы нечестно в данном случае требовать предоставления льгот.

fraught *adj* чреватый

The situation is fraught with danger.

freak *adj* необычный, неожиданный

freak result неожиданный результат

freak weather conditions необычные погодные условия

freak *n разг.* человек со странностями; фанат

film freak фанат кино

freak out *v сленг* одурманивать (*наркотиками*)

to freak out on drugs одурманивать себя наркотиками

free *adj* свободный; бесплатный

to be free to accept the proposal иметь возможность принять данное предложение

to get free of debt освободиться от долгов, выплатить долги

to set/to turn smb free освободить кого-л.

I got the ticket for free. Я получил этот билет бесплатно.

Meals were free (of charge). Кормили бесплатно.

free market system система свободного предпринимательства

the involvement of citizens in a free market system участие граждан в системе свободного предпринимательства

freedom *n* свобода

freedom fighter борец за свободу

freedom of assembly свобода собраний

freedom of the press свобода печати

freedom of religion свобода религии

freedom of speech свобода слова

freedom of worship свобода совести

to abridge/to curtail freedom ограничивать свободу

to defend political freedoms выступать в защиту политических свобод

to enjoy the freedom of speech пользоваться законом о свободе слова

to gain/to secure/to win freedom завоевывать свободу

to stand out for academic freedoms выступать за академические свободы

free hand свобода действий

to give smb a free hand предоставить свободу действий; развязать руки (*в каком-л. вопросе*)

The editor has a free hand to make changes in the text.

freeze *n* замерзание; замораживание (*как элемент политики*)

deep freeze глубокое замораживание (*напр., вооружений*)

hard freeze твердое замораживание (*фондов и т.п.*)

to get a freeze (*on smth*) подвергнуть замораживанию (*о вооружениях, ценах и т.п.*)

freeze *v* замораживать (*цены, зарплату*)

to freeze nuclear weapons замораживать ядерные вооружения

to freeze wages замораживать заработную плату

to freeze to death замерзнуть до смерти

freshman *n* первокурсник (*в колледже, университете*); новичок (*напр., в политике*)

friendly *adj* дружеский, дружески расположенный; дружественный
friendly atmosphere дружественная атмосфера
to maintain friendly atmosphere поддерживать дружественную атмосферу
friendship *n* дружба
close/firm friendship крепкая дружба
intimate friendship тесная, крепкая дружба
lifelong friendship дружба на всю жизнь
long friendship многолетняя дружба
strong/warm friendship прочная дружба
to break up friendship порвать дружеские отношения
to cement friendship укреплять дружбу
to cherish friendship беречь дружеские отношения
to cultivate friendship стараться поддерживать дружбу
to develop friendship укреплять, развивать дружбу
to promote international friendship содействовать развитию дружбы в мире, развивать дружбу между народами
to strike up a friendship (with) завязать дружбу
frighten *v* пугать, запугивать
to frighten smb into submission заставить, вынудить кого-л. подчиниться
fringe *n* край, кайма
lunatic fringe *амер. разг.* оголтелая реакция
on the fringes of society «в тени» общества, «на задворках» общества
fringe benefits дополнительные льготы (*помимо заработной платы*)
to get fringe benefits получать дополнительные льготы
to provide fringe benefits предоставлять дополнительные льготы

front *n* фасад, передняя сторона; *воен.* фронт
to be at the front of the campaign возглавлять кампанию, быть во главе кампании (*напр., избирательной*)
to spend a month at the front провести месяц на линии фронта
political front политический фронт
popular front народный фронт
united front объединенный, единый фронт
to present a united front представлять собой единый фронт (*о действиях ряда партий*)
front-bencher *n* член парламента, выражающий мнение оппозиции (*в Великобритании*)
front-runner *n* наиболее вероятный кандидат (*на победу на выборах*)
frontier *n* граница
to extend the frontiers of science расширять границы науки
front line линия фронта
on the front line на линии фронта
frown *v* смотреть неодобрительно, быть недовольным
to frown on this type of political behaviour не одобрять такой линии поведения (*о действиях того или иного политика*)
frozen *adj* замерзший
frozen capital замороженный, заблокированный капитал
fruit *n* плод; результат (*деятельности*)
forbidden fruit запретный плод
to enjoy the fruits of one's labour пользоваться плодами своего труда
fruition *n* осуществление (*надежд*)
to bring smth to fruition добиться конкретных результатов в чем-л.
to come to fruition созреть (*напр., о проекте, идее*)

F

frustrated *adj* разочарованный, расстроенный (*о планах и т.п.*), тщетный

frustrating *adj* приводящий в расстройство

It was frustrating for me to... Мне было крайне неприятно...

frustration *n* расстройство; фрустрация

to vent one's frustrations (*on*) изливать свою досаду (*на кого-л.*)

Life is full of frustrations.

fudge *v разг.* «состряпать»

to fudge on an issue «состряпать материал» по какому-л. вопросу

fugitive *n* беглец; беженец; дезертир

to track down a fugitive выследить беглеца

fugitive from justice беглец от правосудия

fulfilment *n* выполнение, исполнение, осуществление

sense of personal fulfilment чувство личного достижения

partial fulfilment (*of the requirements*) частичное выполнение (*требований*)

fumes *n pl* пары (*с сильным запахом*)

cigar fumes дым от сигар

gas fumes сильный запах газа

fun *n* шутка; веселье; забава

to have fun развлекаться

to make fun (*of smb*) насмехаться (*над кем-л.*)

to poke fun (*at smb*) подшучивать (*над кем-л.*)

function *n* функция, назначение; должностная обязанность

to perform a function выполнять свою служебную функцию

fund *n* фонд; капитал

fund raising мобилизация капитала

fund-raising campaign кампания по сбору денежных средств

contingency fund резерв для непредвиденных расходов; чрезвычайный фонд

emergency fund резервный фонд

government fund правительственный фонд

pension fund пенсионный фонд

secret fund секретный фонд

sinking fund амортизационный фонд

slush fund *амер. разг.* «фонд подкупа» (*т.е. деньги на цели подкупа*)

strike fund забастовочные средства

trust fund целевой фонд

It is our mutual fund. *амер.* Это наш паевой инвестиционный фонд.

to get short of funds остаться без денег

fundamental *adj* основательный, фундаментальный

fundamental freedoms основные свободы

fundamentals *n pl* основы; основное правило, принцип

fundamentals of economic relations основы экономических взаимоотношений

funky *adj* не новый, но годный к употреблению (*об одежде, машине и т.д.*); *разг.* странный, причудливый (*об идеях, явлениях и т.д.*)

furnish *v* снабжать, предоставлять; доставлять

to furnish with military assistance предоставлять военную помощь

to furnish with necessary information предоставлять необходимую информацию

fury *n* неистовство, гнев

pent-up fury сдерживаемый гнев, контролируемые эмоции

savage fury дикая злоба, необузданная ярость

unbridled fury необузданная злоба, неконтролируемые чувства

to vent one's fury излить свой гнев

fuse *n* плавкий предохранитель; запал; огнепроводный шнур; фитиль to blow a fuse *амер. разг.* сильно рассердиться

fusion *n* слияние, объединение

fusion bomb термоядерная бомба

fusion of political parties слияние, объединение политических партий

nuclear fusion ядерный синтез

fuss *n* суета, беспокойство

to kick up/to make a fuss *разг.* поднять шум, суматоху

futile *adj* бесполезный, тщетный; несерьезный, пустой

It is futile to speculate about this. Об этом бесполезно спорить.

futility *n* тщетность

It's an exercise in futility. Все это суета сует.

future *n* будущее

bleak future бесперспективное будущее

bright/promising/rosy future светлое будущее

unforeseeable future непредсказуемое будущее

the distant future далекое будущее

the immediate/near future ближайшее будущее

There is no future for him. Для него нет будущего.

fuzzy *adj* неясный, неопределенный

fuzzy approach (*to smth*) неясный подход (*к каким-л. вопросам*)

G

gadfly *n* овод; человек, постоянно причиняющий беспокойство (*напр., властям*)

The reporter was a constant gadfly to the government.

gadget *n пренебр.* безделица; ерунда

gaffe *n* (*syn. Fr.* **faux pas**) ложный шаг, оплошность, ошибка (*в поведении*)

to make a gaffe сделать неправильный ход

gain *n* прибыль, выгода

capital gains доходы от прироста капитала (*напр., в результате роста рыночной стоимости активов*)

substantial gains значительная прибыль

tangible gains осязаемые выгоды

gain *v* получать, приобретать; зарабатывать; добывать; извлекать пользу

to gain in experience приобретать новый опыт

to gain on нагонять; добиваться чьего-л. расположения

to gain on a fugitive догнать беглеца

to gain a considerable momentum набрать хорошие темпы

Privatization gained a considerable momentum. Приватизация набрала хорошие темпы.

to gain the release of hostages добиться освобождения заложников

to gain the upper hand взять верх

to gain a victory победить, добиться победы

gainful *adj* доходный, прибыльный

gainful employment оплачиваемая работа

gainful occupation прибыльное дело; оплачиваемая работа

gamble *v* играть в азартные игры

to gamble on smb's support рассчитывать на чью-л. поддержку

gambler *n* игрок (*особ. в азартные игры*), картежник; аферист

compulsive gambler заядлый игрок

inveterate gambler закоренелый, заядлый, неисправимый игрок

professional gambler профессиональный игрок

gambling *n* создание рискованных предприятий

G

compulsive gambling непреодолимая страсть к азартным играм

illegal gambling незаконные махинации

legal gambling законный риск (*о коммерческих операциях*); разрешенные законом азартные игры (*в некоторых странах*)

game *n* игра; *спорт.* партия; развлечение, забава

championship game борьба за звание чемпиона

close game равные шансы в игре

crucial game решающая партия

fair game честная игра, игра по правилам

game of chance дело случая

game of skill вопрос мастерства

to see through smb's game видеть мотивы действий другого человека

I know it's his con game. *амер.* Я знаю, что это чистый обман с его стороны.

to play the game *разг.* быть честным, справедливым, порядочным

to win a game победить, выиграть (*напр., совершив удачную сделку*)

gang *n* партия, бригада (*рабочих*); артель; смена; шайка, банда

gang leader бригадир (*рабочих*)

construction gang строительный отряд

press gang *шутл.* «акулы пера»

street gang уличная банда

work gang рабочая группа

to break up a gang (*syn.* to bust up a gang) *амер. разг.* разгромить банду

to form a gang образовать бригаду

to join a gang вступить в бригаду

This juvenile gang is rather dangerous. Эта молодежная банда весьма опасна.

gang up *v* выступать (*против*)

to gang up (*against smb, smth*) объединить силы (*в борьбе против кого-л., чего-л.*), вступить в сговор

gangster *n* (*syn.* **thug, cut-throat, bandit**) гангстер

gap *n* брешь; разрыв

communications gap нехватка информации

credibility gap кризис доверия

generation gap проблема поколений, проблема отцов и детей

inflationary gap дефицит, вызывающий инфляцию

missile gap отставание в ракетной технике

trade gap дефицит торгового баланса

to bridge/to close/to fill a gap закрыть брешь; ликвидировать дефицит

to face a credibility gap столкнуться с проблемой доверия

to leave a gap оставить брешь

gap between theory and application разрыв между теорией и ее практическим осуществлением

garage sale *амер.* распродажа подержанных вещей

to have/to hold a garage sale устроить распродажу подержанных вещей

gas *n* газ; *амер. разг.* бензин, горючее

gas guzzler автомобиль, потребляющий много бензина; «прожорливый» автомобиль

natural gas природный газ

gather *v* собирать(ся), скапливать(ся), снимать (*урожай*)

to gather information (*syn.* to collect information) собирать данные, информацию

gathering *n* собирание (*чего-л.*); комплектование; сборище; встреча

public gathering массовый митинг, массовое собрание, сборище social gathering общественное мероприятие

gauntlet *n* перчатка

to pick up the gauntlet принять вызов

to throw down the gauntlet бросить перчатку, вызов

gear *n* механизм, аппарат; приспособление

gear *v* сцеплять

to gear the economy to the tourist trade привязывать экономику к туризму

gear up *v* ускорять (*движение, развитие и т.п.*); нацеливаться

We are gearing up for increased production.

general *adj* общий, всеобщий, генеральный

general and complete disarmament всеобщее и полное разоружение

general census of the population всеобщая перепись населения

general partnership полное товарищество (*о предприятии*)

general principles of local self-administration общие начала местного самоуправления

general provisions (*of a contract*) общие положения (*контракта*)

generality *n* всеобщность; неопределенность; общие места

to speak in generalities говорить вообще, неопределенно, говорить общие фразы

generalization *n* обобщение; общее правило

broad/sweeping generalization очень широкое обобщение

valid generalization обоснованное обобщение

to make a generalization обобщать

generalize *v* обобщать, сводить к общим законам

generation *n* поколение

generation gap проблема поколений, проблема отцов и детей

the coming/next generation новое поколение; поколение, вступающее в жизнь

future generation (*syn.* the generation to come) будущее поколение

lost generation потерянное поколение

younger generation более молодое поколение

genocide *n* геноцид

to commit genocide совершать геноцид, проводить политику геноцида

geography *n* география

political geography политическая география

gesture *n* жест, телодвижение; мимика

imperious gesture высокомерный жест

to make a gesture сделать жест

get across *v* передать, довести до сознания

She tried to get her ideas across to us.

get ahead *v* преуспеть (*в бизнесе и т.п.*), продвинуться вперед (*в чем-л.*)

get along *v* ладить, сосуществовать, уметь построить отношения

getaway *n разг.* бегство, побег (*после совершения преступления*)

get kicks (*from smth*) *сленг* «балдеть» (*от чего-л.*)

get out of hand *разг.* отбиться от рук, стать бесконтрольным

ghetto *n* (*syn.* **shanty town**, **slums**) гетто

inner city ghetto гетто в самом центре города

urban ghetto городское гетто

ghost *n* привидение, призрак, дух; душа

ghost writer писатель-невидимка (*писатель, чьи книги издает кто-то другой под своим именем*)

gift *n* подарок; дар, способность

G

extravagant/lavish gift очень щедрый дар

generous gift щедрый дар

to heap/to lavish gifts (on smb) засыпать подарками (кого-л.)

to possess a gift for languages обладать способностью к языкам

to present a gift подарить

gifted adj одаренный

intellectually gifted умственно одаренный

physically gifted обладающий физическим совершенством, великолепно развитый физически

gimmick n разг. хитроумное приспособление

advertising/promotional gimmick рекламная уловка

girl n девочка, девушка

career girl девушка, избравшая своей целью карьеру

college girl студентка колледжа

pinup girl красотка, хорошенькая женщина

gist n суть, сущность; главный пункт

to get the gist (of smth) разобраться в сути (чего-л.)

give v давать; дарить

to give an advisory opinion выступить с консультативным заключением

to give the floor (to smb) дать слово (кому-л.)

to give the money предоставить, дать средства

to give way in a dispute уступить в споре

give away v распределять; выдавать (тайну, секрет)

to give away the shares by lottery распределять акции по лотерее

He made me promise not to give away his secret.

giveaway n разг. что-то раскрывающее (секрет, тайну)

give in v уступать, сдаваться

to give in to smb's demands уступить чьим-л. требованиям

given adj данный; склонный (к чему-л.)

given to exaggeration склонный к преувеличениям

give out v раздавать

to give smth out (to smb) раздавать что-л. (кому-л.)

gloat (over) v тайно злорадствовать

global adj глобальный

global security всеобщая безопасность

global survival сохранение жизни на земле

globe n мир, земной шар

to circle the globe ездить по всему миру

globetrotter n разг. человек, который много путешествует

gloom n мрак, темнота; подавленное настроение, уныние

deep gloom глубокий мрак

to express gloom over the situation мрачно оценивать сложившуюся ситуацию

glorious adj славный

glorious day восхитительный день

glorious victory славная победа

glory n слава

eternal/everlasting glory вечная слава

military glory военная слава

blaze of glory блеск славы

to achieve/to win glory добиться славы

to bask in one's glory упиваться славой

to be in one's glory процветать

to bring glory прославить

go-ahead n разг. сигнал к старту; прогресс; движение вперед

to give smb the go-ahead предоставить возможность, разрешить

to get the go-ahead (to proceed with smth) получить разрешение (на то, чтобы продолжать что-л.)

goal *n* цель

immediate goal ближайшая цель

long-range/long-term goal перспективная цель

ultimate goal высшая цель

to achieve/to attain/to reach a goal достичь цели

to set a goal ставить цель (*перед собой/кем-л.*)

go back *v* идти назад, отступать

to go back on one's promise in elections отказаться от своего обещания на выборах

God *n* Бог

to believe in God верить в Бога

to worship God совершать богослужение

in praise of God слава Богу; во славу Бога

go down *v* садиться (*напр., о солнце*)

to go down in history as... войти в историю как...

godsend *n* находка, удача

It's a real godsend. Вот это удача!

go forward *v* развиваться (*напр., о кампании*), продвигаться

to go forward with one's plans осуществлять свои планы

go-getter *n* энергичный человек; добытчик

gold *n* золото

pure/solid gold чистое золото

bar of gold слиток золота

to mine gold добывать золото

to prospect for gold искать золото

to strike gold находить золото

gold standard золотой стандарт

to adopt/to go off the gold standard принять/не использовать золотой стандарт

golden *adj* (сделанный) из золота; успешный

golden handshake *разг.* «золотое рукопожатие», щедрая компенсация для увольняемых сотрудников фирмы

golden opportunity *разг.* прекрасная возможность

golden wedding/*Am.* anniversary золотая свадьба

goods *n pl* товары

capital goods средства производства; товары производственного назначения

consumer goods *разг.* ширпотреб; потребительские товары

durable goods товары длительного пользования

manufactured goods промышленные товары, товары промышленного назначения

textile goods текстильные изделия

to have the goods (*on*) *разг.* иметь данные, улики (*против*)

goodwill *n* благорасположение (*клиентуры*), доброе имя фирмы (*как часть «невидимого» капитала*); цена фирмы; репутация и связи фирмы

to show goodwill проявлять доброжелательность, проявлять добрую волю

goof *n разг.* глупый человек, дурак; *амер.* глупая ошибка

goof off *v* (*syn.* **goof around**) *амер. разг.* попусту терять время, отказываться работать

Stop goofing off!

goof-proof *adj* (*syn.* **foolproof**) *разг.* с защитой от неправильного использования (*прибора и т.п.*)

gook *n* (*syn.* **tramp**) *амер. разг.* бродяга

goon *n разг.* глупый человек; *амер. разг.* закоренелый преступник, которого нанимают, чтобы запугивать людей или нападать на них

go out *v* выходить (*напр., в свет, общество*)

to go out into the world выйти в свет

government *n* правительство; управление; правление

government debt государственный долг

government enterprise госпредприятие

government intervention (*in the economy*) государственное вмешательство (*в экономику*)

government planning authority государственный плановый орган

government regulation государственное регулирование (*цен и т.п.*)

government revenues доход государства, поступления в государственную казну

government securities государственные ценные бумаги

government worker государственный служащий

local government органы местного самоуправления

provisional government временное правительство

puppet government марионеточное правительство

shadow government теневое правительство

to dissolve a government распускать правительство

to form a government образовать правительство

to head a government возглавлять правительство

to run a government *амер.* стоять во главе правительства

to subvert a government ниспровергать правительство

The purpose of this coalition government is... Цель данного коалиционного правительства в том, чтобы...

governor *n* губернатор

Every US state has an elected governor.

to elect smb governor избрать кого-л. на пост губернатора

grab *v* захватывать, присваивать

to grab smth схватить что-л.

grade *n* степень; ранг; класс; звание

excellent grade отличная оценка

high grade высокая оценка; высокий ранг

low grade низкое качество

mediocre grade среднее качество

to get a grade *амер.* получить оценку

to make the grade добиться своего, добиться успеха (*в жизни*)

graduate *n* окончивший учебное заведение, выпускник

college graduate выпускник колледжа

graduate *v* окончить учебное заведение

to graduate from college окончить колледж

graduate studies *амер.* учеба в аспирантуре

to pursue graduate studies заниматься в аспирантуре

graduate work *амер.* научно-исследовательская работа

to do graduate work заниматься научно-исследовательской работой

graduation *n* окончание учебного заведения; получение ученой степени

on graduation from college по окончании колледжа

graft *n* взятка; незаконные доходы

graft and corruption взяточничество и коррупция

hard graft взяточничество в крупных размерах

to do a graft брать взятки

grain *n* зерно

against the grain *перен.* против шерсти

to take smth with a grain of salt быть скептически настроенным

grant *n* субсидия, дотация, безвозвратная ссуда; грант

grant-in-aid субсидия в порядке помощи

grant of a benefit выдача пособия

grant of a loan выдача ссуды

grant of a power of attorney выдача доверенности

grant of representation разрешение на представительство

grant of separation предоставление развода

assistance in grant помощь в виде субсидий

capital grants денежные субсидии

education grant пособие на образование

government grant дотация со стороны правительства

installation grant подъемные (*при переезде на новое место работы*)

matching grant соответствующая дотация

research grant дотация, субсидия на научные исследования

social assistance grants пособия по социальному обеспечению

training grant грант, пособие на профессиональную подготовку

travel grant пособие на оплату путевых расходов

to award/to give a grant выдать пособие

grant *v* дарить, жаловать, предоставлять

to grant an allowance предоставлять скидку (*согласно контракту и т.п.*)

to grant the right предоставлять право

granted *adj*: to take smth for granted считать что-л. доказанным, не требующим доказательств

grants *n pl* дотации, субсидии

grants of assistance and services предоставление помощи и услуг

grapevine *n*: through the grapevine на основе слухов

graphics *n* графика

computer graphics компьютерная графика

grapple *v* схватиться; бороться, стараться преодолеть, решить (*проблемы, трудности и т.п.*)

to grapple with different issues решать различные проблемы

grass-roots *n амер.* простые люди, широкие массы

grass-roots *adj амер.* низовой, массовый; народный

grass-roots democracy *амер. разг.* демократия широких масс

grass-roots movement *амер.* массовое движение

at the grass-roots level в низах, на уровне народных масс

grass-roots opinion мнение широкой публики

to do much of the grass-roots work провести значительную работу среди масс

to go to the grass-roots *амер.* идти в народ

greeting *n* приветствие

cordial/friendly greeting сердечное/дружеское приветствие

sincere greeting искреннее приветствие

warm greeting теплое приветствие

warmest greetings самые горячие пожелания

to exchange greetings обменяться приветствиями

to extend greetings передать приветствия

to send official greetings официально поздравлять

grenade *n* граната

to launch a grenade бросить гранату

grief *n* горе

bitter/deep grief сильное горе

inconsolable grief безутешное горе

overwhelming grief огромное горе

to express grief выражать печаль

G

grievance *n* обида; повод для недовольства; жалоба

to air/to vent a grievance рассказывать о своей обиде, проблеме

to hear a grievance выслушать жалобу

grieve *v* огорчить, глубоко опечалить

to grieve deeply глубоко опечалить

grip *n* схватывание; хватка; власть; тиски

firm/strong grip железная хватка

iron grip железная хватка

loose/weak grip слабый контроль

to get a grip (*on the situation*) овладеть (*ситуацией*)

to lose one's grip потерять контроль

to relax one's grip ослабить контроль

to tighten one's grip усилить, ужесточить контроль

gross *adj* большой, объемистый, крупный; валовой

gross sale валовая выручка от продажи; валовая сумма продаж

ground *n* земля, местность; дно

ground atomic testing ядерные испытания над поверхностью земли

on shaky ground на зыбкой почве (*напр., о позиции человека, фирмы*)

to stand one's ground (*syn.* to stand one's own, not to give up) стоять на своем

grounding *n* посадка на мель; *тех.* заземление; обучение основам (*предмета*)

good grounding (*in*) хорошая подготовка (*в области*)

group *n* группа

ethnic group этническая группа

minority group национальное меньшинство, группа национального меньшинства

peer group равноценная группа (*напр., при сравнении*)

pressure group группа давления (*напр., на политику правительства*); группа влияния

social group социальная группа

special-interest group группа, отстаивающая свои особые интересы

splinter group отколовшаяся группа (*политиков*)

grow up *v* созревать, становиться взрослым

to grow up to be a politician стать политиком

grudge *n* недовольство, недоброжелательство

to bear/to harbor/to hold a grudge (*against smb*) иметь зуб (*против кого-л.*)

to nurse a grudge затаить недоброе чувство

guarantee *n* гарантия

to provide a guarantee давать гарантию

written guarantee письменная гарантия

guard *n* охрана, стража, караул

guard of honour почетный караул

to review the guard of honour устроить смотр почетному караулу

guerrilla *n* партизан

guerrilla base база партизан

guerrilla forces войска, силы партизан

guerrilla leader партизанский лидер

guerrilla movement партизанское движение

guerrilla operations партизанские операции

guerrilla organization партизанская организация

guerrilla warfare партизанская война; *воен.* десантно-диверсионные действия

armed guerrilla вооруженный партизан

guess *n* предположение, догадка

lucky guess счастливая догадка

to make a guess гадать

guest *n* гость

unexpected guest неожиданный гость

regular guest at a hotel человек, постоянно останавливающийся в данной гостинице

to have guests for dinner пригласить гостей на ужин

guide *n* проводник; руководитель

guidelines *n pl* директивы, руководящие положения

to draw up guidelines составить руководство

to follow guidelines следовать руководящим указаниям, принципам

to violate guidelines нарушать руководящие указания

guilt *n* вина, виновность, комплекс вины; грех

to bear guilt (*for smth*) быть виноватым (*в чем-л.*)

to establish (*smb's*) guilt установить (*чью-л.*) вину

to expiate one's guilt *книжн.* искупать вину

guilty *adj* виновный; преступный; виноватый

to find (*smb*) guilty признать, счесть (*кого-л.*) виновным

to plead guilty признать себя виновным

to pronounce (*smb*) guilty объявить (*кого-л.*) виновным

guise *n*: **under the guise of** под видом, маской

gun *n* орудие; пушка; пулемет; огнестрельное оружие; ружье

antiaircraft gun зенитное орудие

antitank gun противотанковое орудие

riot gun оружие против демонстрантов

to jump the gun *перен.* начать что-л. слишком рано, сунуться раньше времени

to point a gun (*at*) нацелить орудие

to turn a gun (*on smb*) повернуть оружие (*против кого-л.*)

gunpowder *n* черный порох

guts *n pl разг.* мужество, выдержка, сила воли; характер

to have the guts (*to do smth*) осмелиться (*сделать что-л.*)

gutter press *разг.* бульварная пресса

guy *n амер. разг.* парень

nice guy славный малый

gymnastics *n* гимнастика

to do gymnastics заниматься гимнастикой

H

haggle *v* затягивать дело, судить-рядить, торговаться (*о чем-л.*); придираться, находить недостатки

It's not worth haggling over a few pence.

half-price *n* полцены

to admit smb at half-price пропустить за полцены (*на спектакль и т.п.*)

halfway *adv* на полпути

to meet smb halfway пойти кому-л. навстречу; идти на взаимные уступки

halfway reforms половинчатые реформы

halt *n* привал, остановка

complete halt полная остановка (*фабрики и т.п.*)

to bring to a halt остановить, затормозить

to call a halt призывать к остановке

to grind a halt остановиться со скрежетом; *перен.* постепенно прекращаться

halt *v* останавливать(ся), делать привал; прекращать

to halt the nuclear arms race прекратить гонку ядерных вооружений

to halt tests приостановить испытания

hammer away (*at smth*) *v* упорно работать (*над чем-л.*)

to hammer away at a compromise/a difficult problem добиваться достижения компромисса/решения сложной проблемы

hamstring *n* подколенное сухожилие

hamstring *v перен.* резко ослаблять, подрезать (*крылья*); калечить

to hamstring the press давить на прессу, ограничивать свободу печати

hand *n* рука; власть, контроль

guiding hand руководитель

helping hand помощник

to lend a helping hand протянуть руку помощи

he is an old hand (*at smth*) он очень опытен (*в чем-л.*)

Hands up! Руки вверх! (*напр., при ограблении*); (*also*) **Stick 'em up!** (It's a robbery.)

hand back *v* вернуть (*что-л.*)

to hand the documents back (*to smb*) вернуть документы (*кому-л.*)

handbook *n* руководство; справочник; указатель

handbook for beginners руководство для начинающих

handcuffs *n pl* наручники

to put the handcuffs надеть наручники

to remove the handcuffs снять наручники

hand down *v* подавать сверху; передавать

to hand down a tradition передавать традицию

handle *n* ручка; удобный случай; предлог

to fly off the handle потерять над собой контроль

handling *n* обхождение, обращение

This matter requires delicate handling. Этот вопрос требует осторожного подхода.

handout *n амер.* подачка, милостыня; брошюра

to ask for a handout просить милостыню

hand out *v* выдавать

to hand out food to the needy выдавать продукты питания бедным

hand over *v* передавать

to hand over a criminal to the police передать преступника в руки полиции

handpicked *adj* выбранный, подобранный (*специально*)

handpicked politician политический деятель, кандидатура которого тщательно отобрана

She was handpicked to do the job. Ее специально отобрали для этой работы.

hang *v* вешать; выставлять (*картины*)

to hang around *разг.* тесниться; слоняться (*без дела*)

Hang in there! Не сдавайся! (Стой на своем!)

hang-dog politician *амер. разг.* политик-карьерист; прихлебатель

hanger-on *n амер. разг.* прихлебатель

happening *n* (*syn.* **occurrence, event, development, political happening**) событие, происшествие

harassment *n* беспокойство

police harassment притеснение со стороны полиции

sexual harassment сексуальные домогательства

to engage in harassment притеснять; приставать

harbour *n* укрытие; убежище

to blockade a harbour блокировать гавань

to clear a harbour выйти из гавани

harbour *v* питать, затаить (*чувство*)

to harbour nuclear ambitions лелеять надежды на обладание ядерным оружием

hard *adj* твердый, жесткий; крепкий, сильный; трудный, тяжелый

hard left твердо стоящий на позициях левых

This job will be hard for her. Для нее эта работа будет трудной.

She is very hard on herself. Она очень строго относится к себе.

to stick to a hard line придерживаться жесткого курса (*напр., в политике*)

hard-core *adj* закоренелый, явный

hard-core pornography явная порнография

hard-core unemployed хронические безработные

hard-liner *n разг.* твердолобый (*особ. в области политики*); не идущий на компромиссы

hardened *adj* застывший; закоренелый

hardened to suffering привыкший к страданиям

hard put (*to it, to do smth*) поставленный в затруднительное положение, стоящий перед проблемой

She was hard put to pay her rent.

She was hard put (to it) to explain her behaviour.

hardship *n* лишение, нужда; тяжелое испытание; трудность, неудобство

real hardship реальные трудности

to bear/to undergo hardship выносить лишения

to overcome a hardship переносить трудности

harm *n* вред, ущерб; зло, обида

grave/great/immeasurable harm неизмеримый, большой ущерб

irreparable harm непоправимый ущерб

grievous bodily harm серьезное телесное повреждение

to cause harm наносить ущерб

to undo harm исправить зло

There is no harm in ... Нет никакой беды в том, что ...

harmful *adj* вредный, пагубный, губительный; тлетворный

Is it harmful to health? Это вредно для здоровья?

harmonization *n* согласование, гармонизация

harmonization of texts согласование текстов (*напр., договора на разных языках*)

harmonize *v* приводить в гармонию, согласовывать (*тексты и т.п.*); соразмерять

to harmonize relations налаживать отношения

harmony *n* гармония, созвучие; согласие (*в позиции*)

in harmony (*with*) в согласии (*с*)

to achieve harmony добиться согласия, согласованности

harness *v* запрягать; обуздать; использовать (*напр., в качестве источника энергии*)

to harness nuclear energy «обуздать» ядерную энергию

harsh *adj* грубый, жесткий; шероховатый

harsh action суровые меры

to be too harsh слишком грубо обращаться

harvest *n* урожай

abundant/bountiful harvest обильный/богатый урожай

poor harvest плохой урожай

to reap a harvest собирать урожай

hassle *n* борьба

Getting a visa was a real hassle. Чтобы достать визу, пришлось преодолеть массу трудностей.

hat *n* шляпа

to throw one's hat into the ring принять вызов, заявить о своем участии (*в политической борьбе и т.п.*)

hatchet man наемный убийца; политикан, выполняющий грязную работу

hatred *n* ненависть

deep-rooted/implacable/intense hatred глубоко укоренившаяся/неукротимая/острая ненависть

violent hatred свирепая ненависть

virulent hatred яростная ненависть

consumed with hatred охваченный ненавистью

haul up *v* поднимать; привлекать к ответу

to haul smb up before a magistrate вызвать на отчет перед должностным лицом

haves *n pl разг.* имеющие, имущие (*в том числе о странах*); *ant.*

have-nots *n pl разг.* неимущие

to be a nuclear have-not *разг.* быть страной, не обладающей ядерным оружием

hawk *n* ястреб; *полит.* сторонник решительных, радикальных мер (*особ. в политической области*)

hard(-line) hawk ярый (явный) реакционер

hawkish *adj* воинственный

hawkish conservative консерватор правого толка, воинственный, воинственно настроенный консерватор

head *n* голова; глава; ведущее положение

head hunting поиск талантов (*напр., со стороны какой-л. фирмы*)

head of consular post глава консульства

head of State глава государства

to hold one's head high высоко держать голову

to stuff smb's head with ideas забить голову (какими-л.) теориями

headache *n* проблема, неприятность, помеха

to have a headache (*over smth*) столкнуться с проблемой (*в какой-л. области*)

headhunter *n* вербовщик талантов; человек, перекупающий опытных сотрудников

heading *n* заглавие, заголовок; направление, курс

under a heading под заголовком

headline *n* заголовок (*напр., газетный*)

banner headline аршинный заголовок

front-page headline заголовок, помещенный на первой странице

screaming headline сенсационный заголовок

The headline reads ... В газетном заголовке сообщается, что ...

It has been published in banner headlines. Газеты сообщали об этом аршинными заголовками.

headliner *n* «герой дня»; человек, имя которого на первых страницах газет

health *n* здоровье; целебная сила; благосостояние

good/robust health крепкое здоровье

to enjoy good health иметь хорошее здоровье

to promote good health способствовать укреплению здоровья

to recover one's health восстановить здоровье

healthy *adj* здоровый

it is healthy (*to do smth*) полезно (*сделать что-л.*)

heap *v* нагромождать; накапливать

to heap gifts (*on smb*) завалить (*кого-л.*) подарками, задарить

hearing *n* слушание, выслушивание; разбор (*дела*)

Congressional hearings слушания в Конгрессе

fair hearing справедливое рассмотрение (*дела*)

open/public hearing слушание в открытом заседании (рассмотрении)

pre-trial hearing предварительное слушание

to testify at a hearing выступать с показаниями при рассмотрении (*дела*)

heart *n* сердце; мужество, смелость, отвага; *перен.* очаг, центр

change of heart изменение отношения

heartbroken *adj* с разбитым сердцем; убитый горем

heat *n* жара, жар; раздражение, гнев; *спорт.* состязание, забег; стесненное положение (*в результате чьих-л. действий*)

to put the heat (*on smb*) *перен.* сжимать кольцо (*вокруг кого-л.*)

The police were putting the heat on him.

heaven *n* небо, небеса

to move heaven and earth прилагать максимум усилий

heavy *adj* тяжелый, сильный

heavy artillery тяжелая артиллерия (*в прямом и переносном смысле*)

heavy term of imprisonment длительный срок тюремного заключения

heavy *n разг.* негодяй; громила; отрицательный персонаж (*в кино*)

He is well-known for playing heavies in the movies.

hedge *v* огораживать изгородью, ограничивать; страховать (*от потерь*)

to hedge against contingencies предусмотреть меры на случай непредвиденных обстоятельств

hedging *n эк.* страхование от потерь, «хеджирование»

hegemony *n* гегемония

to try to achieve hegemony стремиться утвердить гегемонию

heir *n* наследник

immediate heir наследник по закону, прямой наследник

rightful heir наследник по закону

to fall heir to a large estate стать наследником огромного состояния

helicopter *n* вертолет

to pilot a helicopter пилотировать вертолет

hell-bent *adj* одержимый чем-л., добивающийся чего-л. любой ценой

hell-bent on balancing the budget стремящийся во что бы то ни стало добиться выравнивания бюджета

hell-bent-for-election politician политик, поставивший перед собой цель добиться победы на выборах во что бы то ни стало

help *n* помощь

big/great help огромная помощь

to be a big help to smb играть конструктивную роль

home help помощь на дому

"help wanted" «на работу требуются» (*объявление в газете*)

to give/to offer/to provide/to furnish help оказывать помощь

to seek help искать помощи

henchman *n разг.* пособник; приспешник (*напр., в политической сфере*)

heritage *n* наследство; наследие

cultural heritage культурное наследие

family heritage семейное наследство

priceless heritage бесценное наследие

religious heritage религиозное наследие

rich heritage богатое наследство

to cherish one's heritage беречь (полученное) наследие

to repudiate one's heritage отказываться от наследия

heroic *adj* героический

It was heroic of them to oppose the aggressor. Борьба с агрессором была актом героизма с их стороны.

heroism *n* героизм

to display heroism проявлять героизм

hesitancy *n* колебание, нерешительность

to show hesitancy проявлять признаки нерешительности

hesitant *adj* колеблющийся; нерешительный

to be hesitant (*about smth*) проявлять нерешительность (*в отношении чего-л.*)

hesitation *n* колебание, сомнение; нерешительность; неохота

momentary hesitation минутное колебание

to show hesitation проявлять колебание, колебаться

hidden *adj* укрытый, скрытый

hidden assets скрытые активы

hidden defect скрытый дефект

hidden economy теневая экономика

hidden inflation скрытая инфляция

hidden profit скрытая прибыль

hidden reserve (*of currency*) скрытый резерв (*валюты*)

hidden tax скрытый налог

hidden unemployment скрытая безработица

hideout *n разг.* укрытие, убежище

secret hideout секретное укрытие; тайный притон

hide out *v разг.* предоставлять укрытие

to hide out from the police скрываться от полиции

hierarchy *n* иерархия; *церк.* теократия

academic hierarchy иерархия в научном мире

church hierarchy церковная иерархия

corporate hierarchy корпоративная иерархия

military hierarchy военная иерархия

ruling hierarchy правящая иерархия

to rise in the hierarchy подняться на новую ступень в иерархии

high *adj* высокий; высший, главный, верховный; лучший; сильный

high-capacity мощный

high-class высококачественный

high credit максимально возможный кредит

high efficiency (*of an enterprise*) высокая эффективность (*предприятия*)

high farming интенсивное ведение сельского хозяйства

high finance крупные финансовые средства

high finish высокое качество отделки

high flyer опасная биржевая авантюра

high living standard высокий уровень жизни

high money крупный капитал

high office главная контора

high-power мощный (*напр., об оборудовании*)

high-priced labour высокооплачиваемый труд

high-priced security высоко котирующаяся ценная бумага

high seas открытое море

high technology новейшая технология

high treason государственная измена

high-level *adj* находящийся на высоком уровне

high-level conference конференция на высоком уровне

high-level confrontation конфронтация в верхах

high-level officials высокопоставленные лица/чиновники

high-priority *adj* первоочередной

high-priority military systems особо важные военные системы

high-ranking *adj* высокопоставленный

high-ranking manager высокопоставленный менеджер

high-ranking mortgage закладная высокого порядка

high-ranking officials (*syn.* administrators, higher-ups, top executives, brass hats, policy-makers) высокопоставленные должностные лица

high-risk *adj* рискованный, высокого риска (*об отдельных группах населения и т.п.*)

high-risk measure опасная мера
higher *adj* более высокий
higher bodies более высокие инстанции
higher chamber верхняя палата
higher command personnel вышестоящее командование
higher education высшее образование
higher educational establishment высшее учебное заведение
higher fiscal control body вышестоящий финансовый контрольный орган
higher-quality products изделия высокого качества
hijacking *n* воздушное пиратство, незаконный захват (*самолетов и т.п.*)
to carry out a hijacking осуществить незаконный захват
to foil a hijacking (*also* to thwart a hijacking) сорвать планы угона самолета
hike *n* (*also* **long hike**) длительная прогулка; экскурсия или путешествие пешком; пеший поход
short hike краткая прогулка
to go on a hike отправиться в пеший поход
hinder *v* мешать, препятствовать
The opposition leader tried to hinder the adoption of a resolution.
hint *n* намек; совет; налет, оттенок
broad/obvious hint явный намек
delicate/gentle/subtle hint тонкий намек
to drop a hint намекнуть
to take a hint понять намек
at the first hint of trouble при первом же намеке на трудности
hired *adj* сданный внаем, сданный напрокат
hired to work as ... нанятый на работу в качестве ...
hire out *v* сдавать внаем/в аренду
history *n* история

cultural history история развития культуры
economic history история развития экономики
life history биография
military history военная история
modern history современная история
natural history (*of events*) естественный ход (*событий*)
Sometimes history repeats itself. Иногда история повторяется.
to make history творить историю
to trace the history проследить историю (*развития*)
to try to rewrite the history пытаться переписать историю
hit *n разг.* успех
The play was a great hit.
hit *v* поражать; *сленг* грабить
hit man (*also* hired killer) *сленг* наемный убийца
to hit at (*about a newspaper*) нападать на (*о газетных статьях*)
to hit the headlines попасть в газетные заголовки (*о новостях*)
to hit where it really works ударить по самому больному месту
hitch *n* зацепка; задержка; заминка; помеха, препятствие
slight hitch (*in smb's plans*) небольшая заминка (*в чьих-л. планах*)
It went off without a hitch. Все прошло великолепно.
to do a hitch *амер. разг.* отслужить свой срок (*в армии*)
to sign up for another hitch *разг.* подписать контракт еще на один срок (*в армии*)
hoax *n* обман; мистификация
to perpetrate a hoax совершить обман
to play a hoax (*on smb*) обмануть (*кого-л.*)
hobby *n* хобби
to go in for a hobby увлекаться чем-л.
Her hobby is playing the piano.

Н

hock *v* закладывать, отдавать в заклад

hold *v* держать, владеть, иметь

to hold government employment состоять на государственной службе

to hold lid on the federal spending *разг.* не допускать перерасхода государственных средств

to hold office занимать должность

to hold smb's past (*against smb*) завести компромат (*на кого-л.*)

to hold onto power цепляться за власть

to hold to the terms of a contract (*syn.* to honour a contract) придерживаться условий контракта

to hold regular Committee meetings регулярно проводить заседания Комитета

to hold talks вести переговоры

The theory holds that ... Эта теория гласит, что ...

hold-the-line approach курс на удержание ситуации под контролем (*напр., о ценах и т.п.*)

hold back *v* задерживать, мешать, препятствовать (*карьере и т.п.*)

Lack of education held him back from promotion. Отсутствие (должного) образования мешало его продвижению по службе.

holdings *n pl* вклады; авуары; участки земли (*особ. арендованные*)

to diversify one's holdings разнообразить свои вклады

hold out *v* выдерживать, держаться до конца

to hold out for better terms настаивать на более выгодных условиях

to hold (*smth*) out предлагать (*что-л.*)

holdover *n* пережиток

This is a holdover from the old days. Это пережиток старого.

hold up *v* выставлять, показывать; поддерживать

to hold up as an example приводить в качестве примера

hold-up *n* налет, вооруженный грабеж; ограбление

to stage a hold-up устроить налет

hold-up man налетчик, бандит

hole *n* дыра, отверстие

to pick holes (*in smth*) придираться (*к чему-л.*)

holiday *n* праздник; выходной день

bank holiday праздник (*неприсутственный день*) для служащих банков, официальный праздник

to celebrate a holiday праздновать

to go on holiday отправиться в отпуск, отдыхать

home *n* дом, родина; метрополия

home affairs внутренние дела, события

home air-field *воен.* аэродром базирования

home crisis кризис в стране

home front ситуация в стране

Home Office министерство внутренних дел (*Англии*)

Home Secretary министр внутренних дел (*Англии*)

homicide *n юр.* убийца; убийство

to commit homicide совершить убийство

honesty *n* честность

to have the honesty to report (*about smth*) честно сообщить (*о чем-л.*)

honeymoon *n* медовый месяц

honeymoon period *амер. разг. журн.* благоприятный период затишья во взаимоотношениях между президентом и прессой (*обычно в первые дни президентства*)

honour *n* честь, слава; хорошая репутация, доброе имя

May I have the honour of your company? Вы окажете мне честь быть в вашем обществе?

honour *v* почитать, чтить; удостаивать

to be honoured as ... чтить как ...

hook *v* подловить, поймать
They hooked me on the car deal.
hooker *n амер. сленг* проститутка
hope *n* надежда
ardent hope горячая надежда
faint/slender/slight hope слабая надежда
high hope большая надежда
illusory hope иллюзия, тщетная надежда
unrealistic hope нереальное дело, нереальные мечты
to cherish/to entertain a hope лелеять надежду
to inspire/to stir up/to raise hopes давать надежду
hope *v* надеяться
to hope sincerely искренне надеяться
hopeful *adj* надеющийся, подающий надежды
to be hopeful that ... надеяться на то, что ...
hopeless *adj* безнадежный
hopeless seat место в парламенте, которое невозможно получить кандидату от той или иной партии (*из-за незначительного числа набираемых им голосов*)
horizon *n* горизонт; кругозор
to appear on the horizon появиться на горизонте
to broaden one's horizon расширить кругозор
horn *n* рог; рупор; рожок
to blow/to sound a horn подавать сигнал
to lock horns *разг.* войти в конфликт, схлестнуться
to take the bull by the horns взять быка за рога, взяться за дело
on the horns of a dilemma *перен.* между двух огней; в затруднительном положении
horror *n* ужас, отвращение
to express horror at the crime ужаснуться преступлению

horror-stricken *adj* охваченный ужасом
horse *n* лошадь, конь
dark horse *амер.* «темная лошадка» (*о неожиданно выдвинутом кандидате на выборах*)
horse opera *разг.* вестерн (*кино*)
The politician backed the wrong horse. Политик поставил не на ту карту.
to beat/to flog a dead horse решать уже решенный вопрос
to play the horses играть, держать пари, ставить на лошадей (*в скачках*)
to work like a horse *разг.* много работать, «вкалывать»
hospitality *n* гостеприимство, радушие
to abuse smb's hospitality злоупотреблять чьим-л. гостеприимством
to extend/to offer/to show hospitality оказывать гостеприимство
hospitality service служба приема гостей
host *n* хозяин; содержатель (*гостиницы*)
to play host выступать в роли хозяина
to play host to the Olympic Games принимать (у себя в стране) участников Олимпийских игр
hostage *n* заложник, залог
to hold as a hostage держать в качестве заложника
to take (*smb*) hostage взять (*кого-л.*) в качестве заложника
to take hostages брать заложников
hostel *n* общежитие
youth hostel молодежное общежитие
hostile *adj* враждебный
hostile attitude враждебное отношение
openly hostile (*to, towards*) открыто враждебный, занявший открыто враждебную позицию (*по отношению к*)

hostilities *n pl* военные действия

to open hostilities начать военные действия

to suspend hostilities приостановить военные действия

Hostilities have broken out. Боевые операции начались.

hostility *n* враждебность, враждебный акт

to arouse/to stir up hostility спровоцировать враждебное отношение

to express hostility выражать враждебность

hotbed *n* рассадник, очаг

hotbed of war очаг войны

hothead *n разг.* горячая голова (*о человеке*)

hot *adj* жаркий, горячий

hot line *разг.* прямая связь

to establish a hot line (*between*) установить прямую связь (*между*)

hot number *разг.* очень привлекательная женщина

Who is that hot number I saw you with last night?

hot paper *сленг* фальшивый чек

Tracy got caught passing hot paper.

hot potato *разг.* трудная проблема

I sure don't want to have to deal with that hot potato.

hot pursuit преследование по горячим следам

The border was crossed in hot pursuit of the terrorists. Пришлось пересечь границу при преследовании террористов по горячим следам.

hot rod *разг.* автомобиль, способный развивать очень высокую скорость (*напр., по личному заказу покупателя*)

My rod'll outrun yours any day.

hot skinny *разг.* внутренняя, секретная информация

I've got the hot skinny on Mary and her boyfriend.

hot spot горячая точка (*планеты*)

This area of the world has been turned into a hot spot.

hot stuff *разг.* очень способный, исключительный человек; человек, свысока относящийся к другим; знойная (*о женщине*)

hound *n* собака; *разг.* негодяй

autograph hounds *разг.* любители, собиратели автографов

hour *n* час

decisive hour решающий момент

office hours часы работы учреждения

visiting hours часы приема (*посетителей*)

More trains run during the peak hour. В часы пик движение на железной дороге гораздо более интенсивное.

house *n* дом

House of Commons, the Палата общин

house arrest домашний арест

house-to-house canvassing обход квартир (домов) во время избирательной кампании (*с целью агитации за кандидатов*)

house-to-house poll широкий опрос населения

hub *n* ось; центр внимания, интереса или деятельности

to be at the hub of the political activity *разг.* быть в центре политической деятельности

huddle *n* груда, куча; толпа; *амер. разг.* тайное совещание

to go into a huddle *разг.* сгруппироваться; тайно совещаться

human *adj* человеческий, людской

human dignity человеческое достоинство, достоинство личности

human environment окружающая среда

human institutions общественные институты

human interest story (*in a newspaper*) очерк для всех; газетная заметка, представляющая всеобщий интерес

human life человеческая жизнь

human resources людские ресурсы

human resources development развитие людских ресурсов (*т.е. подготовка кадров*)

human rights права человека

human settlement населенный пункт

It is only human to seek a better life. Каждый человек, естественно, стремится к лучшей жизни.

humane *adj* гуманный, человечный; гуманитарный (*о науке*); изящный (*о литературе*)

humane qualities человеческие качества

humanitarian *adj* гуманитарный

humanitarian effort гуманитарная деятельность

humanitarian help гуманитарная/гуманная помощь

humanity *n* человечество, человеческая природа, человеколюбие, гуманность, человечность

common humanity человечество

crime against humanity преступление против человечества

to display humanity проявлять человеколюбие

humiliation *n* унижение

abject humiliation крайнее унижение

to suffer humiliation испытывать чувство унижения, чувствовать себя униженным

humility *n* покорность, смирение; скромность

to demonstrate humility проявлять покорность

humour *n* юмор; нрав; настроение

bitter humour едкий, злой юмор

black humour черный юмор

deadpan humour бесстрастный юмор

dry humour сдержанный юмор

earthy humour житейский, грубый юмор

subtle humour тонкий юмор

wry humour юмор (с элементами сарказма)

in a good humour в хорошем настроении

hung jury *амер.* состав присяжных, не достигших согласия

hung parliament положение в парламенте, когда невозможно принятие решений, т.к. ни одна из партий не получила большинства

hurdle *n спорт.* препятствие, барьер (*тж. перен.*)

high hurdle высокое препятствие

low hurdles незначительные барьеры

to clear/to take a hurdle преодолеть препятствие

to knock down a hurdle сбить барьер

hurl *v* швырять

to hurl money сорить деньгами

hustings *n pl парл.* избирательная кампания; трибуна на предвыборном митинге

to go out on the hustings начать агитационную кампанию

hustle *n* толкотня, сутолока; энергия, бешеная деятельность

hustle and bustle суета сует

to get a hustle (*on*) *амер. разг.* быстро развивать деятельность

hustle *v* торопиться, суетиться; заставить действовать быстро

The police hustled a prisoner into a cell. Полиция поспешила посадить арестованного в карцер.

hustler *n сленг* жулик, мошенник

hybrid *n* смешанная форма владения имуществом

hybrid institution учреждение смешанного типа

hymn *n* церковный гимн, псалом

hymn to freedom гимн свободе
to chant/to sing a hymn to freedom (вос)петь хвалу свободе
hypnosis *n* гипноз
under hypnosis под гипнозом
hypnotism *n* гипнотизм
to practise hypnotism применять гипноз
hypocrisy *n* лицемерие
to display hypocrisy проявлять лицемерие
hypocritical *adj* лицемерный
to be hypocritical (*about smb, smth*) поступать лицемерно (*в отношении кого-л., чего-л.*)
hysteria *n* истерия
mass hysteria массовая истерия
to produce hysteria вызывать истерию
to whip up hysteria подхлестнуть истерию
hysterics *n* истерика
fit of hysterics истерический приступ

I-am-the-law attitude *разг.* позиция «я здесь хозяин»
ice *n* лед; мороженое
to break the ice наладить отношения, начать изменения, улучшать атмосферу (*напр., в обществе*)
to cut no ice/not much ice (*with*) не иметь влияния (*на кого-л.*); не произвести впечатления (*на кого-л.*)
on thin ice в опасной обстановке; рискуя жизнью
idea *n* идея, представление
bright/brilliant idea блестящая идея
crazy idea сумасбродная идея
fantastic idea необычайная/фантастическая идея
far-fetched idea притянутый за уши аргумент, навязанная идея (*напр., на основе догм*)

ingenious idea оригинальная мысль
strange idea странная мысль
stupid idea неумная мысль
to develop an idea развивать идею
to entertain an idea продумывать, рассматривать идею с разных сторон; носиться с мыслью
to favour an idea поддерживать идею, предпочитать (*что-л.*)
to hit upon an idea *разг.* натолкнуться, набрести на мысль
to "market" ideas *разг.* «продавать» идеи, рекламировать
to package an idea *разг.* «украсить» идею, умело подать идею (*букв.* «упаковать»)
ideal *n* идеал
high ideals высокие идеалы
lofty ideal высокий, возвышенный идеал
noble ideals благородные идеалы
to realize an ideal претворять в жизнь идеал
idealistic *adj* идеалистический
to be idealistic (*about*) быть идеалистом (*в чем-л.*)
identification *n* опознание
means of identification средства опознания
positive identification *юр.* идентификация с положительным результатом
to make an identification опознать; устанавливать личность
identify *v* опознавать
to identify the intruder to the police сообщить о нарушителе полиции
to identify oneself as a friend отнести себя к числу друзей
He is identified with the liberals. Его деятельность отождествляется с деятельностью либералов.
identity *n* тождественность; подлинность
to establish smb's identity установить личность

It is a case of mistaken identity. Это тот случай, когда одного человека приняли за другого.

ideological *adj* идеологический

ideological adversary идейный противник, соперник

ideological commitment идейность

ideological disarray (*in the ranks of*) идейный разброд (*в рядах*)

ideological subversion идеологическая диверсия

ideology *n* идеология

to embrace ideology исповедовать идеологию

to espouse an ideology (*of*) придерживаться (*какой-л.*) общей линии

idle *adj* незанятый; безработный

to stand idle (*e.g. about machinery*) простаивать (*об оборудовании*)

idol *n* идол, кумир

fallen idol низвергнутый кумир

national idol национальный идол

popular idol всеобщий идол

to worship an idol поклоняться какому-л. идолу

idolize *v* идеализировать, рассматривать в качестве кумира

to be idolized as a movie star поклоняться кинозвезде

ignorance *n* невежество; неведение; незнание

abysmal ignorance крайнее невежество

blissful ignorance блаженное неведение

total ignorance абсолютное, полнейшее невежество

to betray ignorance показывать свое незнание

to show ignorance (*about/of*) не знать, показывать незнание (*в области*)

in ignorance (*of smth*) не зная (*чего-л.*)

ill-advised *adj* неблагоразумный

ill-disposed *adj* злой, недоброжелательный

ill-feeling *n* неприязнь, враждебность

to stir up ill-feeling вызывать неприязнь

illiteracy *n* неграмотность, безграмотность

functional illiteracy функциональная неграмотность

widespread illiteracy широко распространенная неграмотность

to eradicate/to eliminate/to stamp out the illiteracy искоренять неграмотность

illiterate *n* неграмотный (*человек*)

illusion *n* иллюзия; обман чувств, мираж

optical illusion оптическая иллюзия

to cherish an illusion питать иллюзию

to create/to produce an illusion создавать иллюзию

to dispel an illusion развеять иллюзию

illustration *n* иллюстрация

to give/to offer/to provide an illustration привести пример

ill-will *n* злая воля

to bear/to harbor ill-will (*towards smb*) питать вражду, неприязнь

image *n* изображение; копия; образ, имидж; символ

spitting image вылитый портрет; разительное сходство

tarnished image подмоченная репутация

imagination *n* воображение, фантазия; творческая фантазия

vivid/creative imagination живое/творческое воображение

to defy smb's imagination превзойти все ожидания

to excite/to fire imagination волновать воображение

to use one's imagination придумывать, выдумывать

imbalance *n* отсутствие равновесия, неустойчивость

serious imbalance between our import and export trade

I

imbued *adj* насыщенный, пропитанный

imbued with a fighting spirit пронизанный духом борьбы

immaturity *n* незрелость

to display immaturity проявлять незрелость

immediate *adj* немедленный, прямой

immediate accounting срочный учет

immediate advantage прямое преимущество

immediate annuity немедленная рента

immediate ceasefire немедленное прекращение огня

immediate delivery немедленная, срочная поставка

immediate effect немедленный эффект

immediate knowledge сведения из первоисточника, из первых рук

immerse *v* погружать, окунать

deeply immersed in work целиком погруженный в работу, сильно увлекшийся работой

immigrant *n* иммигрант, переселенец

illegal immigrant незаконный иммигрант

immunity *n* иммунитет; освобождение (*от платежа*)

active immunity активный иммунитет

diplomatic immunity дипломатический иммунитет

to acquire immunity приобрести иммунитет

impact *n* удар, толчок; импульс; столкновение, коллизия; влияние, воздействие

dramatic impact резкое воздействие

emotional impact эмоциональное влияние

strong impact сильное влияние

to have an impact (*on*) оказывать влияние, воздействие (*на кого-л.*)

impasse *n* тупик

to break an impasse выйти из тупика

to reach an impasse зайти в тупик

Negotiations have reached an impasse. Переговоры зашли в тупик.

impatient *adj* нетерпеливый

impatient at the delay не терпящий задержки

impeach *v* брать под сомнение, бросать тень; обвинять

to impeach (*smb*) for taking bribes обвинять (*кого-л.*) во взятках

impeachment *n* привлечение к суду (*особ. за государственное преступление*); импичмент

impelled *adj* вынужденный

to be impelled to intercede быть вынужденным ходатайствовать

imperative *adj* повелительный, властный; обязывающий, императивный; настоятельный

implant *v* вселять, внедрять; внушать

to implant respect for democracy внушать уважение к демократии

implementation *n* претворение в жизнь, осуществление

implicate *v* вовлекать, вмешивать

to implicate (*smb*) in a scandal впутать (*кого-л.*) в скандал

implication *n* вовлечение; причастность, соучастие; скрытый смысл, значение

derogatory implication *юр.* положение, умаляющее что-л. (*напр., права*)

subtle implication тонкий намек

implicit *adj* подразумеваемый, скрытый

This idea is implicit in the contract. Эта мысль имеется в виду в договоре (*в имплицитной форме*).

implied powers подразумеваемые полномочия (*напр., на основе положений конституции*)

impressive *adj* впечатляющий, волнующий

impressive gains впечатляющие успехи

improve *v* улучшать(ся), совершенствовать(ся)

to improve relations улучшить отношения

improvement *n* улучшение

distinct/marked/substantial improvement явное улучшение

to bring about an improvement добиться улучшения, совершенствования

to show an improvement обнаруживать признаки улучшения (*о ситуации*)

impudence *n* дерзость, наглость; бесстыдство

brazen impudence вызывающая наглость

impulse *n* толчок, побуждение; порыв

irresistible impulse неодолимый порыв

to curb an impulse обуздать стремление

to feel an impulse (*to do smth*) порываться (*сделать что-л.*)

to resist an impulse устоять, удержаться от желания

inability *n* неспособность, невозможность

inability to pay неплатежеспособность

inaccuracy *n* неточность; ошибка

glaring inaccuracy вопиющая ошибка

inadequate *adj* не отвечающий требованиям, недостаточный, несоразмерный, неадекватный

inadequate to the occasion неспособный справиться с ситуацией

The supply is inadequate to meet the demand. Поставки недостаточны, чтобы удовлетворить спрос.

inaugural *adj* вступительный

inaugural address речь на торжественном открытии

inaugural speech (*syn.* inauguration speech) речь по случаю торжественного вступления в должность (*напр., президента*)

incident *n* инцидент

funny incident смешной случай

painful incident прискорбный инцидент

touching incident волнующий эпизод

to cover up an incident скрывать происшествие

to provoke an incident послужить причиной инцидента, происшествия

It is a border incident. Это пограничный инцидент.

incident occurred/took place инцидент имел место

incite *v* возбуждать, подстрекать; побуждать

to incite to rebellion подстрекать к бунту

incitement *n* подстрекательство; побуждение, стимул

incitement to boycott подстрекательство к бойкоту

income *n* доход, заработок, поступления

income bracket группа населения по размерам дохода

income distribution распределение доходов

income from abroad доход из-за границы

income from commercial activity доходы, поступления от торговой деятельности

income from interest доход от процентов

incomes in kind доходы в натуральной форме

income of proprietors доходы собственников

income retention удержание дохода от распределения по акциям

income scale шкала распределения доходов

income statistics статистика доходов

income stock доходная акция

income stream поток доходов

income tax подоходный налог

I

income tax obligations обязательства по подоходному налогу

income tax return декларация о подоходном налоге

income taxed at source доход, облагаемый налогом у источника

income tax exempt освобожденный от налогообложения

to earn an income получать доход

to live beyond/within one's income жить не по средствам/по средствам

incommunicado *adj* лишенный права переписки и общения

to hold (*smb*) incommunicado держать (*кого-л.*) взаперти и без права переписки

incompetent *adj* некомпетентный, несведущий

to be incompetent to judge (*about smth*) не обладать достаточными знаниями, чтобы судить (*о чем-л.*)

incomplete *adj* неполный; несовершенный; незаконченный

incorporation *n* объединение; инкорпорация; регистрация, оформление в качестве юридического лица

incorporation of amendments включение поправок (*в текст договора*)

increase *n* возрастание, рост; увеличение, прибавление, размножение

large/sharp/sizable increase огромный рост

moderate increase умеренный рост

slight increase незначительный рост

steady increase постоянный рост

to be on the increase возрастать, увеличиваться

increased *adj* возросший

increased human deprivations усилившиеся человеческие страдания

increased tension возросшее напряжение

incumbency *n* пребывание в должности (*напр., в государственном учреждении*)

incumbent *adj* занимающий должность в данное время; *книжн.* возложенный (*об обязанностях и т.п.*)

incumbent president нынешний президент

incur *v* навлекать; подвергаться (*чему-л.*); потерпеть (*убытки*)

incurrence *n* взятие на себя обязательств

net incurrence of liabilities сальдо взятых на себя обязательств

incursion *n* вторжение, нашествие; внезапное нападение, налет, набег

armed incursion вооруженное вторжение

to make an incursion (*into an enemy territory*) вторгнуться (*на территорию противника*)

indebted *adj* находящийся в долгу

deeply indebted сильно задолжавший

indemnification *n* возмещение

to pay indemnification выплатить возмещение

indemnification fund компенсационный фонд

indemnity *n* возмещение, компенсация

to pay an indemnity платить компенсацию

independence *n* независимость

independence movement движение за независимость

Independence Day *амер.* День независимости (*национальный праздник США*)

independent *adj* независимый

independent foreign policy независимая внешняя политика

independent state независимое государство

in-depth *adj* глубокий, подробный

in-depth discussion детальное обсуждение

in-depth interview подробное интервью

in-depth report детальный, обстоятельный доклад

in-depth review подробный обзор, анализ

in-depth studies глубокие исследования

index *n* индекс; показатель

subject index предметный указатель

to compile an index составить указатель

index to economic progress показатель экономического прогресса

indicate *v* указывать

to indicate reasons указывать причины

indication *n* указание; признак, симптом

There is every indication that ... Налицо все признаки того, что...

indicative *adj* указывающий, показывающий, свидетельствующий

indicative of the new changes свидетельствующий о новых переменах

indict *v* обвинять (*по обвинительному акту*)

The Jury indicted him for robbery.

indictment *n* обвинительный акт

stinging indictment резкий обвинительный акт

sweeping indictment обвинение по многим статьям

to hand up an indictment вручить обвинение

to issue an indictment выносить обвинение

to try a case on indictment рассматривать дело в связи с обвинением

to waive the indictment отказываться от обвинительного акта

indifference *n* безразличие, равнодушие; беспристрастность

marked indifference (*concerning/to/towards smb, smth*) явное безразличие (*в отношении кого-л., чего-л.*)

to feign indifference прикидываться равнодушным

to show indifference показывать/демонстрировать свое безразличие

indignation *n* негодование, возмущение

burning indignation страстное негодование

public indignation публичное возмущение

righteous indignation справедливое негодование

to arouse indignation вызывать негодование

to express indignation выражать негодование

to feel indignation at gross injustice негодовать в связи с вопиющей несправедливостью

indignity *n* пренебрежение, оскорбление; унижение

to inflict an indignity нанести оскорбление

to suffer indignities терпеть оскорбления

indirect *adj* непрямой, косвенный

indirect costs косвенные издержки

indirect tax косвенный налог

indiscreet *adj* неблагоразумный; неосторожный; несдержанный

It was indiscreet of him to do that. С его стороны это было неосторожно (неразумно).

indiscretion *n* неблагоразумный поступок

to commit an indiscretion совершить неблагоразумный поступок

indiscriminate *adj* неразборчивый, не делающий различий; огульный

indiscriminate bombing бомбардировка без выбора целей

indiscriminate methods of warfare методы ведения военных действий без каких-л. правил

indiscriminate shooting беспорядочная стрельба

indispensable *adj* необходимый; обязательный

indispensable to life необходимый для жизни

indisputable *adj* бесспорный

indisputable fact непреложный факт

individual *adj* индивидуальный, личный

individual policy личный страховой полис

individual proprietorship личная собственность

individual *n* личность

individualism *n* индивидуализм

rugged individualism ярко выраженный индивидуализм

indoctrinate *v* знакомить с какой-л. теорией; внушать (*мысли*)

indoctrination *n* обучение; внушение идей

inducement *n* побуждение, побуждающий мотив

to provide an inducement to work harder стимулировать человека к более упорному труду

to offer a strong inducement создать сильный стимул

induct *v* официально вводить в должность

to induct into the armed forces *амер.* призывать на военную службу

indulge *v* позволять себе удовольствие

to indulge in the luxury купаться в роскоши

indulgence *n* снисхождение; терпимость; потакание

to ask for (*smb's*) indulgence просить снисхождения (*у кого-л.*)

industry *n* промышленность, индустрия; кустарный промысел; отрасль промышленности

cottage industry надомное производство

defence industry оборонная промышленность

heavy industry тяжелая промышленность

high-tech industry промышленность с высоким уровнем технологии

light industry легкая промышленность

smokestack industry отрасли промышленности, загрязняющие окружающую среду (*напр., черная металлургия и т.п.*)

tourist/travel industry туристический бизнес, туризм

trucking industry *амер.* автотранспортные компании

to build up/to develop an industry создавать/развивать промышленность

industry sprang up возникла отрасль

The government often regulates an industry. Правительство часто регулирует деятельность отрасли.

branch of industry отрасль промышленности

infancy *n* ранняя стадия развития, период становления

This branch of industry is still in its infancy. Эта отрасль еще только в стадии зарождения.

infantry *n* пехота

motorized infantry мотопехота

infer *v* заключать, делать вывод

to infer a conclusion from the facts делать вывод из фактов

inference *n* вывод, заключение; предположение

to draw an inference делать вывод

inferior *adj* подчиненный, младший по чину

inferior in rank младший по чину, рангу

infiltrate *v* просачиваться, проникать

to infiltrate into the enemy lines проникать в расположение войск противника

inflation *n эк.* инфляция

inflation rate темпы инфляции

cost-push inflation инфляция, обусловленная ростом издержек производства

creeping inflation ползучая инфляция (*т.е. развивающаяся медленными темпами*)

double-digit inflation инфляция с двузначным числом

galloping inflation галопирующая инфляция

open inflation открытая инфляция

rampant inflation «свирепствующая» инфляция

runaway inflation безудержная инфляция, гиперинфляция

suppressed inflation подавленная инфляция

uncontrolled inflation неконтролируемая инфляция

to cause inflation вызывать инфляцию

to curb/to control inflation обуздывать/сдерживать инфляцию

inflationary gap дефицит, вызывающий инфляцию

inflict *v* наносить (*напр., удар, рану и т.п.*)

to inflict heavy losses наносить тяжелые потери

influence *n* влияние, действие; воздействие

bad/baleful/baneful influence дурное влияние

far-reaching influence глубокое влияние

good influence благотворное влияние

moderating influence умиротворяющее воздействие

negative influence отрицательное влияние

positive influence положительное влияние

powerful/profound/strong influence сильное влияние

unwholesome influence нездоровое влияние

sphere of influence сфера влияния

to bring/to bear influence оказывать влияние

to come under smb's influence попасть под чье-л. влияние

to exert influence оказывать влияние

to flaunt one's influence бравировать своим влиянием

to peddle influence *сленг* спекулировать своим авторитетом

to use one's influence использовать свое влияние

to wield influence обладать влиянием; пользоваться своим влиянием

influential *adj* влиятельный, важный

He is influential in politics. Он играет важную роль в политике.

inform *v* сообщать, информировать, уведомлять

to inform the police (*about, of smth, smb*) сообщать полиции (*о чем-то, о ком-то*)

informal *adj* неформальный; неофициальный; разговорный (*стиль*)

informal visit неофициальный визит

to be informal (*with smb*) держаться неофициально (*с кем-л.*)

information *n* информация

information explosion информационный взрыв

classified/confidential information конфиденциальная информация

detailed information детальная информация

first-hand information информация из первоисточников

inside information внутренняя информация (*т.е. известная только работникам фирмы*)

I

misleading information информация, вводящая в заблуждение

reliable information надежная информация

second-hand information информация из косвенных источников

secret information секретная информация

to classify information засекречивать информацию

to collect/to gather information собирать сведения

to cover up/to suppress information скрывать информацию

to declassify information рассекречивать данные

to dig up/to find information раскапывать/находить информацию

to divulge information разглашать сведения

to extract information извлекать информацию

to feed information into a computer ввести данные в компьютер

to furnish/to give/to offer information предоставить информацию

to leak information позволить информации «просочиться», допустить утечку информации

to withhold information не сообщать информацию

informative *adj* информационный, информирующий

informed *adj* проинформированный

to keep (*smb*) informed держать (*кого-л.*) в курсе дела

informer *n* информатор

police informer осведомитель полиции, доносчик

infraction *n* нарушение (*правил, закона*)

minor infraction незначительное нарушение

to commit an infraction идти на нарушение

infringe *v* нарушать (*закон, авторское право*)

to infringe the provisions of a treaty нарушать положения договора

to infringe on (*smb's*) competence посягать на (*чьи-л.*) полномочия

to infringe on the interests покушаться на (*чьи-л.*) интересы

to infringe on (*smb's*) rights покушаться на (*чьи-л.*) права

infringement *n* нарушение (*закона и т.п.*), посягательство

infringement of (*smb's*) rights нарушение (*чьих-л.*) прав

infuriated *adj* разъяренный

to be infuriated to discover that... прийти в ярость, узнав о том, что...

infuriating *adj* приводящий в ярость

It is infuriating to pay such extravagant prices for inferior merchandise. Возмутительно, когда столь высокие цены запрашивают за продукцию невысокого качества.

infuse *v* вливать, вселять

to infuse new life вдохнуть новую жизнь

ingenuity *n* изобретательность, искусность, мастерство

human ingenuity человеческая изобретательность

ingrained *adj* врожденный; укоренившийся; проникающий, пропитывающий

deeply ingrained прочно укоренившийся

ingratiate *v* снискать (*чье-л.*) расположение

to ingratiate oneself with the boss втереться в доверие босса

ingratitude *n* неблагодарность

base ingratitude черная неблагодарность

to demonstrate ingratitude показать (*свою*) неблагодарность

ingredients *n pl* составные части

The book has all the ingredients of a best-seller. В книге есть все задатки того, чтобы она стала бестселлером.

inherent *adj* присущий, неотъемлемый; прирожденный

inherent dignity of the human person достоинство, присущее человеку

inherent powers подразумеваемые полномочия (*напр., на основе конституции*)

inherent right неотъемлемое право

inhumanity *n* бесчеловечность, жестокость

inimical *adj* враждебный, недружелюбный

inimical interests сталкивающиеся интересы

initial *v* парафировать (*в международном праве*)

to initial an agreement парафировать соглашение

to initial the text of a treaty парафировать текст договора

initial *adj* начальный, первоначальный

initial expenses первоначальные расходы

initial investment первоначальные капиталовложения

initial outlay затраты на приобретение

initial point исходная точка

initial position начальное положение

initial premium первый страховой взнос

initial price первоначальная цена

initial public offering первичное публичное предложение ценных бумаг

initial settlement date первый расчетный день

initial share первая акция

initial surplus первоначальный излишек

initial value начальная величина

initiate *v* вводить (*в должность*); посвящать (*в тайну*)

to initiate a series of disarmament proposals выступить с рядом инициатив в области разоружения

to initiate a dialogue завязать диалог

to initiate proceedings *юр.* возбудить дело

to initiate a proposal (*syn.* to put forward a proposal) выдвинуть предложение

to initiate the students (*into some problems*) раскрыть студентам (*какие-л. вопросы*)

initiation *n* принятие, введение в общество; посвящение (*в тайну*); зарождение, начало

initiation into a fraternity *амер.* введение в организацию

to conduct an initiation проводить посвящение

initiative *n* почин, инициатива

business initiative деловая инициатива

private initiative частная инициатива

to exercise/to show/to take initiative проявить инициативу

to stifle initiative задушить инициативу

injunction *n* предписание, приказ; *юр.* судебный запрет

permanent injunction постоянное предписание

temporary injunction временное предписание

to grant/to hand down/to issue an injunction издать приказ

injunction to prevent picketing судебный запрет на пикетирование

injure *v* ушибить, ранить

to injure badly сильно ранить (*человека*); нанести большой ущерб (*имуществу*)

injury *n* вред, повреждение, порча; рана, ушиб; несправедливость; обида

injury prevention недопущение травм, профилактика травматизма

bodily injury телесное повреждение

fatal injury смертельное телесное повреждение

industrial injury производственная травма

serious/severe injury серьезное повреждение

slight injury легкая рана, легкое повреждение

to inflict an injury нанести повреждение

to receive/to suffer/to sustain an injury получить повреждение

injustice *n* несправедливость

blatant/gross injustice вопиющая несправедливость

to commit an injustice совершить несправедливость

to do an injustice причинить вред/допустить несправедливость

ink *n* типографская краска; чернила

indelible ink несмываемые чернила

inland *adv* вглубь/внутри страны

to travel inland путешествовать по стране

inner *adj* внутренний

inner city *амер.* центр города

inner-party democracy внутрипартийная демократия

innocence *n* невинность, чистота; невиновность; простота

with an air of injured innocence с видом оскорбленной невинности

to prove one's innocence доказать свою невиновность

innocent *adj* невинный

innocent passage мирный проход (*напр., судов через канал*)

innovation *n* нововведение, новшество

innovation firm инновационная фирма

innovation in production новшество в сфере производства

daring innovation смелое новаторство

innovative *adj* изобретательный, способный к нововведениям

innovative programmes новаторские программы

innuendo *n* косвенный намек; инсинуация

He conveyed his thoughts by innuendo.

to cast/to make an innuendo сделать косвенный намек

to make an innuendo to the effect that ... дать понять, что ...

in-plant training (*syn.* **on-the-job training**) профессиональная подготовка без отрыва от производства

input *n* ввод (*информации*)

labour inputs затраты труда, трудоемкость

inquest *n юр.* дознание, следствие

coroner's inquest расследование, проводимое коронером

to conduct/to hold an inquest проводить расследование

inquiry *n* наведение справок; вопрос; расследование

to conduct an inquiry проводить расследование

to launch an inquiry начать расследование

inroads *n pl* нашествие, вторжение; нападки

to make inroads (*on the freedom of the press*) нападать (*на свободу печати*)

inside *n* внутренняя сторона; изнанка

to have the inside располагать секретными данными

ins-and-outs (*situation*) *амер. разг.* «то у власти, то без власти» (*о какой-л. партии*)

insight *n* проницательность, способность проникновения в суть
deep insight глубокое проникновение
to gain an insight проникнуть (*в суть*)
to have an insight знать (*о сути*)
to provide an insight создать условия для проникновения в сущность явления
insignia *n* знаки отличия, ордена
military insignia воинские знаки отличия
insinuate *v* намекать; постепенно вводить
to insinuate oneself into smb's good graces незаметно втираться (*в общество*), незаметно завоевывать доверие
insinuation *n* инсинуация; намеки
to make an insinuation выступить с инсинуациями
insist *v* настаивать, настойчиво утверждать
to insist positively (*on smth*) решительно настаивать (*на чем-л.*)
insistence *n* настойчивость, упорство, настойчивое требование
dogged/firm/stubborn insistence настойчивое требование
insolvency *n* банкротство, несостоятельность
to force into insolvency заставить (*кого-л.*) объявить себя несостоятельным
inspection *n* осмотр, освидетельствование; инспектирование
inspection board комиссия по инспектированию
inspection certificate акт технического осмотра
close/thorough inspection внимательный осмотр
cursory inspection беглый осмотр/просмотр
visual inspection визуальный осмотр

to carry out an inspection проводить осмотр
inspector *n* инспектор
customs inspector таможенный инспектор
fire inspector пожарный инспектор
health inspector инспектор по здравоохранению
mine inspector инспектор в области горных разработок
police inspector полицейский инспектор
inspiration *n* вдохновение
spark of inspiration искра вдохновения, блестящая идея
install *v* официально вводить в должность; помещать, устраивать
to install (*smb*) as president (официально) ввести (*кого-л.*) в должность президента
installation *n* введение в должность; устройство на место; установка; объект
installation grant пособие на устройство (*напр., при поступлении на работу в международную организацию*)
fixed installations стационарные установки
military installations военные установки/объекты
naval installations установки ВМС, военно-морские объекты
port installations портовые сооружения
instalment *n* очередной взнос (*при уплате в рассрочку*); отдельный выпуск
instalment buying покупка в рассрочку
instalment plan план покупки в рассрочку
to buy (*smth*) on the instalment plan покупать (*что-л.*) в рассрочку
instance *n* пример, отдельный случай; требование

I

in isolated instances в отдельных случаях

instigate *v* побуждать, подстрекать; провоцировать, раздувать

to instigate (*smb*) to do smth провоцировать (*кого-л.*) на какие-то действия

instigation *n* подстрекательство

at smb's instigation по чьему-л. подстрекательству

instill *v* исподволь внушать

to instill respect for the law внушать уважение к закону

instinct *n* инстинкт, природное чутье, интуиция

herd instinct стадное чувство

human instinct свойственный человеку инстинкт

maternal instinct материнский инстинкт

predatory instinct хищнический инстинкт

the instinct to survive инстинкт к выживанию

institute *n* институт; установленный закон, обычай

research institute научно-исследовательский институт

to study at an institute учиться в институте

to work at an institute работать в институте

institute *v* устанавливать, вводить; учреждать, основывать

to institute an action возбуждать иск

to institute divorce proceedings возбуждать дело о разводе

to institute legal proceedings назначать судопроизводство

institution *n* учреждение; установленный закон

institutions of parliamentary democracy институты парламентской демократии

charitable institution благотворительная организация

educational institution учебное заведение

financial institution финансовое учреждение, заведение

penal institution трудовая колония, тюрьма

philanthropic institution филантропическое заведение

social institution социальный институт

state-supported institution учреждение, поддерживаемое государством

institution of marriage институт брака

to endow an institution обеспечить учреждение средствами для получения постоянного дохода

institutional population лица, находящиеся в учреждениях закрытого типа (*напр., в тюрьмах*)

institutionalized *adj* узаконенный; находящийся, действующий в рамках существующей практики

institutionalized practice узаконенная практика

instruct *v* инструктировать

instruction *n* обучение, инструктаж; директива

to conduct instruction проводить инструктаж

to give/to provide instruction провести инструктаж

to provide advanced instruction in English обучать английскому языку на продвинутых курсах

instructions *n pl юр.* поручение в отношении ведения дела, указания

verbal instructions устные указания

written instructions письменные указания

instructive *adj* поучительный

It will be instructive to do this. Было бы поучительно сделать это.

instructor *n* инструктор, руководитель; преподаватель

to work as an instructor работать в качестве преподавателя/инструктора

instrument *n* орудие; инструмент; прибор, аппарат

instrument for keeping peace средство поддержания мира

instrument of control инструмент контроля

instrument of debt долговое обязательство

instrument of foundation акт об учреждении (*напр., компании*)

instrument of pledge закладная

instrument of power мандат

instrument of ratification ратификационная грамота

musical instrument музыкальный инструмент

to play an instrument играть на инструменте

instrumental *adj* служащий средством достижения (*чего-л.*)

Her help was instrumental in tracking down a criminal.

insubordination *n* неподчинение, неповиновение; непокорность

insubordination to authority неповиновение властям

insult *n* оскорбление; обида; выпад (*против кого-л.*)

vicious insult злобный выпад

to fling/to hurl an insult (*at*) наброситься на кого-л. (*с нападками*)

to swallow an insult «проглотить» оскорбление

stream of insults поток брани/оскорблений

insurance *n* страхование

accident insurance страхование от несчастного случая

motor-car insurance страхование легковых автомобилей

disability insurance страхование на случай нетрудоспособности

to provide insurance создать возможность для страхования

to sell insurance продать страховку

insure *v* страховать, застраховать

to insure one's life (*for a sum of*) застраховать свою жизнь (*на какую-л. сумму*)

insurrection *n* восстание; мятеж, бунт

to crush/to quell/to suppress an insurrection подавить, разгромить восстание

to foment/to stir up an insurrection побуждать, подстрекать к восстанию

intangible property неосязаемые активы

integrated *adj* интегрированный

integrated approach комплексный подход

integrated control общий контроль

integrated personality цельная натура

integrated school *амер.* смешанная школа (*т.е. с десегрегацией в обучении*)

integrated services комплексные, всесторонние, разнообразные услуги

integration *n* интеграция

economic integration экономическая интеграция

to try to achieve an integration into the world economy попытаться интегрироваться в мировую экономику

integrity *n* прямота, честность; целостность

This career diplomat can be characterized as a person of high integrity.

national integrity национальная целостность

territorial integrity территориальная целостность

to display/to show integrity проявлять честность

to have the integrity not to do smth обладать достаточной честностью, чтобы не совершить чего-л.

I

intellect *n* интеллект, ум, рассудок; умнейший человек

keen intellect острый, живой ум

person of keen intellect умнейший человек, интеллектуал

intelligence *n* сведения, информация; разведка; ум; интеллект

great/keen/high intelligence высокий уровень умственного развития, развитой ум

to have the intelligence to see through smb's scheme обладать достаточной проницательностью, чтобы разгадать чей-л. замысел

intelligence estimate разведсводка

intelligence officer сотрудник разведки, офицер разведки, разведчик

intelligence service разведывательная служба

intensification *n* усиление, интенсификация

intensification of propaganda усиление пропаганды

inter-agency *adj* межведомственный

inter-agency committee межведомственная комиссия

inter-agency task force межведомственная рабочая группа

intercommunal *adj* межобщинный

intercommunal talks межобщинные переговоры

intercontinental *adj* межконтинентальный

intercontinental ballistic missile межконтинентальная баллистическая ракета

intercontinental ballistic launcher пусковая установка межконтинентальных ракет

inter-country *adj* относящийся к взаимоотношениям между странами

inter-country programming программирование по странам (*т.е. составление программ помощи для различных стран*)

intercourse *n* общение, деловая связь

diplomatic intercourse дипломатические контакты

social intercourse социальные связи

intercultural *adj* относящийся к различным культурам

intercultural experience опыт развития культурных связей (*между странами и т.п.*)

interdisciplinary *adj* междисциплинарный, комплексный; касающийся двух или более дисциплин

interdisciplinary approach междисциплинарный подход

interdisciplinary seminar объединенный семинар

interest *n* интерес, заинтересованность

academic interest научный, академический интерес

keen interest пристальный интерес

national interest национальный интерес

passing interest мимолетный интерес

profound interest глубокий интерес

public interest общественный интерес, интерес со стороны широких кругов общественности

vested interests закрепленные законом имущественные права; капиталовложения; крупные предприниматели

This is a story of great human interest.

to arouse/to generate interest (*in smth*) вызывать интерес (*к чему-л.*)

to hold smb's interest (*e.g. about the performance of an actor*) завладеть вниманием публики

to manifest/to show interest проявлять интерес

to revive interest возродить интерес

to take an interest (*in a project*) заинтересоваться (*проектом*)

to hold only a minority interest держать пакет акций, не позволяющий осуществлять контроль

The interest wanes. Интерес ослабевает.
This interest group is well-known in
the community. Эта группа, вы-
ражающая интересы определенных кругов, здесь широко изве-
стна.
interested *adj* заинтересованный
interested in politics проявляющий
интерес к политике
interests *n pl* круги; интересы; группа лиц, имеющих общие инте-
ресы
to advance/to further one's interests
действовать в собственных интересах
to have worldwide interests иметь
деловые интересы во многих
странах мира
to defend/to guard one's interests
ограждать интересы
to promote one's commercial interests бороться за свои коммерческие интересы
to look after the interests (*of smb*) позаботиться о (*чьих-л.*) интересах
It serves their interests to have
stability in the area. Достижение
стабильности в этом районе
вполне отвечает их интересам.
interference *n* вмешательство
unwarranted interference неоправ-
данное вмешательство
interim *n, adj* временный, промежуточный
interim agreement временное соглашение
interim arrangement временная
договоренность
interim audit промежуточный
аудит
interim chairman временный председатель
interim dividend промежуточный
дивиденд
interim interest промежуточный
процент

interim measure предварительный
показатель
interim order временное распоряжение
interim payment предварительный
платеж
interim provision временное постановление
interim receiver временный управляющий конкурсной массой
interim relief временное пособие
interim report предварительный
доклад
interim resolution временная резолюция
in the interim тем временем
interlibrary loan межбиблиотечный
абонемент
to borrow a book on an interlibrary
loan получить книгу по межбиб-
лиотечному абонементу
interlude *n* антракт; промежуточный эпизод
musical interlude интерлюдия
intermarriage *n* брак между людьми разных рас, национально-
стей
intermarry *v* породниться; вступать
в смешанные браки
intermediary *n* посредник
He served as an intermediary in the
labour-management dispute.
to be an intermediary between the
warring factions выступать в
роли посредника между вражду-
ющими группировками
intermediate *adj* промежуточный;
вспомогательный
intermingle *v* смешивать, переме-
шивать
to intermingle with the crowd сме-
шиваться с толпой
internal *adj* внутренний
internal market внутренний рынок
internal payment внутренний платеж
internal profit внутрифирменная
прибыль

I

internal rate of return внутренняя ставка дохода

internal revenue tax *амер.* налог на внутренние доходы

internal settlement внутрифирменный расчет

internal shareholding участие в акционерном капитале компании

internal sources of financing внутренние источники финансирования

internal tariff внутренний тариф

internal trade внутренняя торговля

internal transaction внутрихозяйственная операция; бухгалтерская проводка

international *adj* международный

international civil service международная гражданская служба

international commercial arbitration международный торговый арбитраж

international commitments международные обязательства

international commodity agreements международные товарные соглашения

international community международное сообщество

International Court of Justice Международный суд

International Covenant on Civil and Political Rights Международный пакт о гражданских и политических правах

International Development Association Международная ассоциация развития

international institutions международные организации

international instrument международный акт, международный документ

international instrumentalities международные средства

International Monetary Fund (IMF) Международный валютный фонд (МВФ)

international political situation международная политическая обстановка

international relations международные отношения

international treaty law международное договорное право

international trusteeship system международная система опеки

international unit of currency международная денежная единица

international watercourses международные водные пути

internship *n* интернатура

to serve one's internship *амер.* учиться в интернатуре

interplay *n* взаимодействие

At the modern political scene the interplay of political forces is very complex.

interpose *v* ставить между; выставлять; становиться между

to interpose between/among размещать (*напр., силы*) между

interposing *adj* вклинивающийся (*о силах и т.п.*)

interposing force силы, разделяющие войска (*двух стран*)

interpret *v* объяснять, толковать, интерпретировать

to interpret a text интерпретировать текст

interpretation *n* интерпретация

interpretation of a text интерпретация текста

liberal/loose interpretation свободное/широкое толкование

strict interpretation of the law строгое толкование закона

to make an interpretation интерпретировать, давать толкование

interpreter *n* интерпретатор, истолкователь; переводчик (*устный*)

conference interpreter переводчик конференций

court interpreter переводчик суда

simultaneous interpreter переводчик-синхронист

interrogatory *n* вопрос; допрос; опросный лист (*для фиксации показаний*)

to serve as an interrogatory служить в качестве опросного листа

interruption *n* перерыв; прерывание; заминка, задержка

interruption of a meeting перерыв в работе заседания, совещания

interruption of a transmission перерыв в передаче; разрыв связи

interstate *adj* находящийся между штатами

interstate treaties договоры между штатами (*в США*)

intervene *v* вмешиваться, вступаться; происходить, иметь место (*за какой-л. период времени*)

to intervene in smb's affairs вмешиваться в чьи-л. дела

to intervene with the authorities спорить с властями

intervention *n* интервенция; вмешательство

armed intervention вооруженное вмешательство

government intervention вмешательство со стороны правительства

military intervention военное вмешательство

surgical intervention хирургическое вмешательство

intervention in the internal affairs вмешательство во внутренние дела

intervention in economy (государственное) вмешательство в экономику

interventionism *n* теория активного государственного вмешательства (*напр., в экономику страны*)

interventionist *n* интервент; сторонник интервенции

interventionist policy политика вмешательства (*напр., в экономику страны*)

interview *n* интервью

exclusive interview эксклюзивное интервью

job interview интервью в связи с поиском работы (*напр., в отделе кадров*)

personal interview личное интервью

taped interview записанное на пленку интервью

telephone interview интервью по телефону

television interview телеинтервью

to conduct an interview проводить интервью

to give/to grant an interview дать интервью

interview *v* интервьюировать

to interview smb for a job провести интервью в связи с подачей заявления о приеме на работу

intimation *n* указание, сообщение; намек

to give an intimation намекнуть

intimidate *v* пугать, запугивать, устрашать

to intimidate smb into doing smth заставить кого-л. сделать что-л.

intolerance *n* нетерпимость

some signs of racial intolerance некоторые признаки расовой нетерпимости

to put an end to the racial intolerance положить конец расовой нетерпимости

to stir up intolerance создавать нетерпимость

intrigue *v* интриговать

to intrigue (*against smb*) завязывать интригу, интриговать (*против кого-л.*)

introduce *v* вводить, вставлять; привносить; применять

to introduce new methods вводить новые методы

I

to introduce a policy приступать к осуществлению политики

introduction *n* введение; нововведение

formal introduction формальное представление

to make an introduction (*to a book, etc.*) написать введение (*к книге и т.п.*)

to serve as an introduction служить в качестве вводной части

letter of introduction рекомендательное письмо

intrude *v* вторгаться; входить без приглашения

to intrude on smb's privacy нарушить чье-л. уединение

intrusion *n* вторжение; появление без приглашения

intrusion into the enemy territory вторжение на территорию противника

intrusion on smb's time посягательство на чье-л. время

to make an intrusion вторгнуться

intuition *n* интуиция

by intuition по интуиции, интуитивно

invasion *n* вторжение

to launch an invasion осуществить вторжение

to repel/to repulse an invasion отразить вторжение

invention *n* изобретение; выдумка; изобретательность

ingenious invention оригинальное изобретение

to come up with an invention придумать, изобрести что-л.

to market an invention продать изобретение

to patent an invention запатентовать изобретение

inventory *n* опись, инвентарь; товары, внесенные в инвентарь

to make an inventory провести инвентаризацию

invest *v* помещать, вкладывать деньги, капитал

to invest heavily in municipal bonds помещать значительную часть капитала в муниципальные облигации

to invest surplus funds in stocks вкладывать дополнительные средства в акции

to invest smb with authority наделить кого-л. полномочиями

invested *adj* помещенный (*о капитале*); облеченный

invested with broad powers облеченный широкими полномочиями

investigation *n* расследование, следствие; научное исследование

cursory/perfunctory investigation поверхностное расследование

impartial investigation беспристрастное расследование

painstaking investigation трудоемкое, тщательное расследование

police investigation расследование, проводимое полицией

to launch an investigation into charges (*of*) начать расследование (*в области*)

to make an investigation производить расследование

On closer investigation we discovered that ... При более внимательном изучении дела нами было установлено, что ...

The incident is under investigation. Этот вопрос расследуется.

investigator *n* исследователь, испытатель; следователь

government investigator следователь со стороны правительства

private investigator частный следователь

investment *n* помещение денег, капиталовложение

bad/poor investment неудачное капиталовложение

direct investment прямые инвестиции

foreign investment зарубежные капиталовложения

good investment хорошее помещение капитала, перспективные капиталовложения

long-term investment долгосрочные инвестиции

lucrative/profitable investment выгодные капиталовложения

overseas investments зарубежные капиталовложения

solid investment крупные инвестиции

to make an investment in oil stocks вкладывать капитал в нефтяные акции

investment company инвестиционная компания

investment counselling консультирование по проблемам инвестирования

investor *n* вкладчик

heavy/large investor крупный инвестор

small investor мелкий вкладчик

invisible *adj* невидимый, незримый; неразличимый; незаметный

invisible exports невидимые статьи экспорта

invisible imports невидимые статьи импорта

"invisible" government «невидимое правительство» (*напр., о влиянии отдельных структур в стране*)

invitation *n* приглашение; объявление торгов

invitation for bids объявление о торгах

invitation to tender приглашение (*фирмам*) выдвигать свои условия (*на торгах*)/участвовать в тендере

formal/informal invitation официальное/неофициальное приглашение

to extend/to send an invitation направить приглашение

to send out invitations рассылать приглашения

to spurn an invitation с презрением отвергать приглашение

invite *v* приглашать

to invite cordially любезно приглашать

involve *v* влечь за собой, приводить (*к чему-л.*); вовлекать

to involve (*smb*) in a project вовлекать (*кого-л.*) в осуществление проекта

to get involved (*with smth, smb*) связаться (*с чем-л., кем-л.*), стать участником (*чего-л.*)

involved *adj* вовлеченный

involved parties участвующие стороны (*напр., в споре*)

involvement *n* запутанность, затруднительное положение; вовлечение, участие

irons *n pl* стремя

to put smb into irons заковать в кандалы, надеть кандалы

irony *n* ирония

with a touch of irony с некоторой иронией

It was a tragic irony that ... Трагическая ирония состояла в том, что ...

irreconcilable *adj* непримиримый, противоречивый, несовместимый

The positions of the parties seemed to be irreconcilable.

irresponsible *adj* не несущий ответственности; безответственный

It was irresponsible of him to speak to reporters.

irrevocable *adj* бесповоротный; окончательный, неотменяемый

irrevocable decision окончательное решение; решение, не подлежащее отмене

irritation *n* раздражение, гнев

to express irritation выразить раздражение

to feel irritation чувствовать раздражение

issue *v* выпускать; пускать в обращение деньги

to issue a certificate выдавать сертификат

to issue a loan выдавать ссуду

to issue a manifesto издавать манифест

to issue a patent выдавать патент

to issue a policy выдавать страховой полис

to issue a power of attorney выдавать доверенность

to issue a promissory note выдавать долговое обязательство

to issue a prospectus издавать проспект о новом выпуске акций

to issue a share выпускать акцию

to issue a statement делать заявление

issued capital (*syn.* issued share capital) выпущенный акционерный капитал

issue *n* выпуск, издание; спорный вопрос, предмет обсуждения

bond issue выпуск облигаций

burning issue (*in today's society*) злободневный вопрос (*в современном обществе*)

collateral issue побочный вопрос, сопутствующий вопрос

currency issue *эк.* денежная эмиссия

dead issue вопрос, утративший свою значимость

divisive issue вопрос, вносящий разлад

equity issue *эк.* выпуск акций

government issue *амер. разг.* казенный образец; *амер.* солдат

political issue политический вопрос

sensitive issue деликатный вопрос

substantive issue вопрос по существу

The point at issue is ... Предметом обсуждения является ... (Суть дела в том, что ...)

to force the issue (*for discussion*) навязать вопрос (*для дискуссии*)

to publish an issue опубликовать номер (*газеты, журнала*)

to take issue (*with smb on smth*) начать спорить (*с кем-л. о чем-л.*)

item *n* статья (*в газете, списке, балансе*); пункт, параграф; штука

budget item бюджетная статья

collector's item (*syn.* collector's piece) предмет коллекционера, предмет из коллекции

item of information информация, отдельные сведения

item referred (*to*) вопрос, отнесенный (*к ве́дению*)

This newspaper item is very interesting. Эта газетная заметка очень интересна.

itinerary *n* маршрут, путь; путеводитель

tentative itinerary предварительный туристский маршрут

to prepare an itinerary разработать/подготовить маршрут (*для туристов*)

J

jackpot *n карт.* банк; куш, самый крупный выигрыш в лотерее; «джекпот» (*в игре*); *амер.* сленг затруднительное положение

to hit the jackpot преуспеть (*в чем-л.*)

jail *n* (*also goal Br.E.*) тюрьма, тюремное заключение

to break out of jail *амер.* совершить побег из тюрьмы

to go to jail попасть в тюрьму

to send to jail отправить в тюрьму

to serve time in jail отбывать срок в тюрьме

jailbreak *n амер.* побег из тюрьмы

to attempt a jailbreak пытаться совершить побег из тюрьмы

to make a jailbreak совершить побег из тюрьмы

jam *n* сжатие; загромождение, затор

traffic jam «пробка», затор (*в уличном движении*)

to be in/to get into a jam оказаться в затруднительном положении/попасть в переделку

jargon *n* жаргон, непонятный язык, тарабарщина; специальный язык (*науки*)

A legal secretary should be able to understand the jargon of law.

to speak in jargon говорить на узкоспециальном языке

to speak in professional jargon говорить на профессиональном языке

It is a kind of technical jargon. Это своего рода технический язык.

jaunt *n* увеселительная прогулка, поездка

to go on a jaunt отправиться в увеселительную прогулку

jawboning *n разг.* предупреждение с угрозами

jet fighter реактивный истребитель

jet set *разг.* избранные, элита

job *n* работа; задание; предприятие; дело

job action невыход на работу (*о действиях рабочих и служащих*)

job expectations надежды на трудоустройство

job interview интервью, собеседование в связи с поступлением на работу

job placement определение специалиста на работу

job profile профиль работы

job security гарантия работы, гарантия рабочего места; обеспеченность работой

job seniority накопленный трудовой стаж (*в фирме*)

jobs plan план увеличения занятости

to do a job выполнять работу

to take on a job взять какую-л. работу

This is a backbreaking job. Это очень тяжелая работа.

to do a hatchet job (*on smb*) подвергать (*кого-л.*) резкой критике

I think it is a put-up job. Я думаю, что все это инсценировка.

to do a job on smb *сленг* поколотить, избить (*кого-л.*); издеваться (*над кем-л.*)

jockey *v* обманывать, надувать

to jockey (*for smth*) использовать все средства для достижения (*чего-л.*)

join *v* соединять, присоединять(ся)

to join in singing a song петь всем вместе

to join the army вступить в армию

to join (*smb*) in a drink присоединиться (*к кому-л.*), чтобы поднять бокал

to join hands with each other (*in some kind of solidarity*) взяться за руки (*в знак солидарности*)

joint *adj* объединенный, общий, совместный

joint action совместные действия; *юр.* совместный иск

joint business (*also* joint venture) совместное предприятие

joint committee объединенный комитет

joint communique совместное коммюнике

joint defence arrangements совместные оборонительные мероприятия

joint flight of astronauts совместный полет космонавтов

joint leadership совместное, коллективное руководство

joint owner совладелец

joint sitting совместное заседание

joint-stock capital акционерный капитал

joint venture (JV) совместное предприятие

J

joint ventures' facilities объекты совместных предприятий

joint venture's own money собственные средства совместного предприятия

joint venture's products продукция совместного предприятия

joint ventures' taxation налогообложение совместных предприятий

to set up/to establish a joint venture создать, учредить совместное предприятие

journal *n* журнал

fashion journal (*also* fashion magazine) журнал мод

professional journal профессиональный журнал

scholarly journal научный журнал

issue of a journal выпуск журнала

to edit a journal редактировать журнал

to publish a journal издавать журнал

to put out a journal выпускать журнал

to subscribe to a journal подписаться на журнал

journalese *n разг.* газетный штамп, газетный язык

journalism *n* журналистика; стиль (*журналистики*)

advocacy journalism стиль журналистики, отличающийся ясно выраженной позицией

yellow journalism (*syn.* gutter journalism) «желтая пресса»

journalistic *adj* характеризующийся наличием газетных штампов

judge *n* судья; арбитр; ценитель, знаток

fair/impartial judge беспристрастный судья

judgement *n* (*also* judgment) приговор, решение суда; суждение; мнение, оценка

to pass judgement (*on smb*) выносить приговор (*в отношении кого-л.*)

to reserve one's judgement оставаться при своем мнении

to sit in judgement судить, оценивать

jump *n* прыжок, скачок; резкое повышение (*напр., цен*)

to jump a gun *разг.* начать действовать преждевременно

to make a jump (with a parachute) прыгнуть (с парашютом)

to make a triple jump сделать тройной прыжок

water jump прыжок в воду

jump off *v* соскочить

to jump off to a good start сделать хороший старт (*в карьере*)

juncture *n* момент, точка; положение дел, стечение обстоятельств

at this juncture в данных обстоятельствах

jungle *n* джунгли; густые заросли, дебри

tropical jungle тропические джунгли

law of the jungle закон джунглей

junior college *амер.* колледж с двухгодичным курсом обучения

junket *n амер.* пирушка, празднество; пикник

to go on a junket отправиться в увеселительную поездку

junta *n* хунта

military junta военная хунта

government by junta правление хунты

jurisdiction *n* юрисдикция

to have jurisdiction (*over a case*) осуществлять юрисдикцию (*над данным делом*)

under the jurisdiction под юрисдикцией

within a jurisdiction в рамках юрисдикции

jurisdictional *adj* относящийся к юрисдикции

jurisdictional strike «юридическая забастовка» (*напр., в знак протеста против каких-л. действий администрации*)

jurisprudence *n* юриспруденция
juror *n* присяжный; член жюри; человек, принесший присягу
alternate juror дополнительный член жюри
prospective juror присяжный заседатель по делу, которое подлежит рассмотрению
to challenge a prospective juror ставить под сомнение правомочность будущего члена жюри
jury *n* присяжные; жюри (*по присуждению наград*)
hung/deadlocked jury жюри, зашедшее в тупик
grand jury большое жюри (*присяжные, решающие вопрос о подсудности данного дела*)
petit jury «малое» жюри
to charge/to instruct a jury инструктировать присяжных
to dismiss a jury распустить присяжных
to empanel a jury составлять список присяжных
to fix/to corrupt a jury подкупать жюри; подкупать присяжных
to serve on a jury выполнять функции присяжного заседателя
to swear in a jury приводить к присяге
jury trial суд присяжных
to waive a jury trial отказываться от суда присяжных
just *adj* справедливый
just and favourable remuneration справедливое и щедрое вознаграждение
just and lasting peace справедливый и прочный мир
justice *n* справедливость; правосудие
divine justice божественная справедливость
frontier justice *амер. разг.* самосуд
poetic justice идеальная справедливость

summary justice суммарное судопроизводство
miscarriage of justice судебная ошибка
travesty of justice пародия на правосудие
to administer justice отправлять правосудие
to bring a criminal to justice отдать преступника под суд
to mete out justice воздавать должное
to obstruct justice препятствовать правосудию, воздвигать преграды на пути правосудия
to pervert justice извращать правосудие
to temper justice with mercy проявить снисхождение при отправлении судопроизводства
justification *n* оправдание; оправдывающие обстоятельства
to find justification найти оправдание
justified *adj* оправданный; справедливый; правомерный
Justified in assuming that... Вполне можно предположить, что...
justify *v* оправдывать, находить оправдание, извинять, объяснять
to justify one's actions оправдывать свои действия
juvenile *adj* юный, юношеский
juvenile delinquency преступность несовершеннолетних

=== К ===

keen *adj* живо интересующийся чем-л., увлекающийся чем-л., страстно желающий чего-л.; острый, напряженный (*о борьбе, соревнованиях*)
keen on politics интересующийся политикой
keep *v* держать, не отдавать

to keep away (*from smth*) держаться в стороне (*от чего-л.*)

to keep in touch (*with*) поддерживать контакт(ы) (*с*)

to keep out of a quarrel не ссориться

to keep pace (*with smb*) не отставать (*от кого-л.*)

to keep peace поддерживать мир

to keep a secret to oneself хранить тайну

to keep smb busy подбрасывать кому-л. работу, занимать кого-л. (*чем-л.*)

to keep up (*with smb*) быть на одном уровне (*с кем-л.*)

keep abreast *v* быть в курсе

to keep abreast of the news знать новости, быть в курсе новостей

keep ahead *v* оставаться впереди

to keep ahead of one's commercial rivals опережать своих конкурентов по бизнесу

keep aloof *v* держаться поодаль, отчужденно

to keep aloof from others держаться на определенном расстоянии от других

keeping *n* владение, содержание; хранение, охрана; присмотр

in keeping with regulations в соответствии с правилами

key *n* ключ; разгадка; код

key currency ключевая валюта

key industry главная/ключевая отрасль

key job важнейший участок (*работы*)

turn-key project проект «под ключ»

to hold the key to a mystery иметь ключ к разгадке тайны

keynoter *n* основной докладчик, оратор

kick *n разг.* пинок, удар

to get a kick out (*of smth*) *сленг* находить удовольствие (*в чем-л.*)

kid around *v* дурачиться

kid gloves деликатное обращение с людьми (*букв.* перчатки из тонкой кожи)

kid-glove diplomacy тонкая дипломатия

kill *n* добыча (*на охоте*); убийство

to make a kill убить, поразить (*жертву и т.п.*)

kill *v* убивать, уничтожать

killed in action павший в бою

to kill two birds with one stone достичь двойного результата одним действием (*ср.* одним ударом двух зайцев убить)

killer *n* убийца; *амер.* бандит, гангстер

killer amendment *разг.* поправка к договору, фактически срывающая возможность его ратификации

killer satellite *разг.* спутник, уничтожающий другой спутник

king *n* король, царь, монарх

despotic king деспот-монарх

popular king популярный (*в народе*) король

strong king сильный монарх

The king abdicated the throne. Король отрекся от трона.

to crown a king провозглашать королем

to depose/to dethrone a king низложить короля

to proclaim smb king объявить кого-л. королем

kingdom *n* королевство

kiss *n* поцелуй, лобзание

kiss of death *перен.* поддержка (*политика*) со стороны нежелательной личности

kiss-off *n разг.* увольнение; отказ (*в просьбе*)

to give smb a kiss-off *амер. сленг* дать отставку кому-л.

kit *n* набор, комплект; комплекс (*учебных пособий и т.п.*)

background information kit папка информационных материалов

education kit набор учебных материалов, набор учебников

first-aid kit пакет первой помощи

instruction kit информационный комплект (*о материалах, брошюрах и т.п.*)

science kit комплект научных материалов

survival kit набор средств для выживания

travelling kit набор самых необходимых принадлежностей для путешественника/туриста

kite *n* воздушный змей; хищник; мошенник; *сленг* наркоман

to fly a kite *амер. разг. полит.* зондировать почву (*напр., дипломатически*)

kite-flying *n* запуск воздушных змеев; *амер. разг.* зондирование почвы

knocking-up *n англ. разг.* кампания с целью убедить сторонников кандидата принять активное участие в голосовании

knock off *v* (*smth*) прекратить делать (*что-л., напр., работу*)

Let's knock off early today.

knockout *adj* потрясающий, сногсшибательный

knockout *n спорт.* нокаут; *амер. разг.* соглашение между участниками аукциона не повышать цены; необыкновенная вещь; *амер. разг.* сногсшибательный успех, сенсация

technical knockout технический успех

to score a knockout добиться успеха

knot *n* узел; союз, узы; затруднительное положение

Gordian knot гордиев узел

to loosen a knot ослабить узел; *перен.* разрядить (*ситуацию*)

to tie a knot завязать узел

to tighten a knot закрепить узел

to undo a knot развязать узел

know *v* знать

to know by heart знать наизусть

to know smth inside out знать что-л. вдоль и поперек (*на своем участке деятельности*)

to know which end is up *разг.* знать что к чему

know-how *n* ноу-хау; умение, знание дела; секрет производства

know-how of modern industry ноу-хау современной промышленности

the know-how to do the job знания, необходимые для выполнения работы

to buy the know-how покупать ноу-хау

to have the necessary know-how обладать необходимыми знаниями

to possess the know-how обладать ноу-хау

to sell the know-how продавать ноу-хау

knowledge *n* знания

knowledge box *разг. ирон.* голова, «котелок»

direct knowledge непосредственные знания

extensive knowledge обширные знания

inside knowledge знание (*чего-л.*) изнутри (*напр., на основе опыта работы внутри фирмы*)

rudimentary knowledge элементарные знания

superficial knowledge поверхностные знания

thorough knowledge глубокие знания

to have fluent knowledge of English бегло говорить по-английски

to have enough knowledge (*about smth*) достаточно знать (*о чем-л.*)

It is common knowledge that... Всем известно, что...

knowledgeable *adj разг.* хорошо осведомленный; умный

К

knowledgeable person умный, начитанный человек

known *adj* известный

known as a patron of arts известный как покровитель искусств

knuckle under *v* быть вынужденным подчиниться

label *n* ярлык (*тж. перен.*); этикетка, бирка; помета (*в словаре*)

under a label под названием

usage label помета об узусе (*в словаре*)

to bear/to carry/to have a label числиться в той или иной категории

to pin a label (*on smb*) наклеить ярлык (*на кого-л.*), приклеить ярлык, отнести к какой-л. категории

labour *n* (*US* **labor**) труд, работа; усилие; рабочий класс

labour administration управление вопросами труда

labour aristocracy рабочая аристократия

labour code кодекс законов о труде

labour dispute трудовой конфликт, спор

labour exchange биржа труда

labour input затраты труда, трудоемкость

labour legislation трудовое законодательство

labour management организация труда; управление кадрами

labour market рынок рабочей силы

labour market dispute конфликт на рынке труда

labour relations отношения между трудом и капиталом

labour's economic struggle экономическая борьба рабочего класса

labour union профсоюз, тредюнион

to curb the power of labour unions ограничивать полномочия профсоюзов

to foster the activities of labour unions способствовать деятельности профсоюзов

forced labour принудительный труд

hard labour тяжелая, каторжная работа

migrant labour рабочие-мигранты

seasonal labour сезонный труд

skilled labour квалифицированный труд, квалифицированные кадры, рабочие

slave labour рабский труд

Slave labour is outlawed. Рабский труд вне закона (запрещен).

unskilled labour неквалифицированный труд, неквалифицированные рабочие

to do/to perform labour выполнять работу

international division of labour международное разделение труда

the Labour Party *англ.* лейбористская партия

to be engaged in unfair labour practices практиковать несправедливую рабочую политику

labourer *n* неквалифицированный рабочий, чернорабочий

common labourer разнорабочий

immigrant labourer рабочий-эмигрант

lack *n* недостаток, нужда; отсутствие (*чего-л.*)

for lack of fuel из-за нехватки топлива

lacking *adj* испытывающий недостаток

badly lacking испытывающий острый недостаток

totally/utterly lacking абсолютно отсутствующий

ladder *n* лестница

ladder to success путь, ведущий к успеху (*в жизни*)

social ladder социальная лестница
lag *n* отставание, запаздывание
lag in income отставание в доходах
lag in the flow of goods запаздывание в потоке товаров
cultural lag отставание в культуре
time lag запаздывание во времени;
  временной лаг
lag behind *v* отставать
to lag behind in work отставать в
  работе
lamb *n* ягненок, барашек; овечка
sacrificial lamb жертвенный ягненок
lame *adj* хромой, увечный, пара-
  лизованный; неубедительный;
  неудовлетворительный; неправильный, «хромающий» (*напр.,
  о стиле письма*)
lame duck беспомощный человек;
  неэффективный бизнес; *амер.
  разг.* человек, дорабатывающий
  последние дни на избранной
  должности; организация или
  правительство, срок полномочий которых скоро истекает
lame duck appointment назначение
  на пост в самые последние дни
  пребывания у власти
lame duck period последние дни
  пребывания в занимаемой должности
lame duck president президент,
  полномочия которого скоро ис-
  текают
lamppost *n*: between you, me and the
  lamppost строго между нами
land *n* земля, суша; почва; страна,
  государство
land conservation охрана земель
land distribution распределение
  земли
land estate system система земельной собственности
land forces *воен.* сухопутные войска
land nationalization национализа-
  ция земли

land ownership земельная собственность; владение землей
land ownership pattern характер
  земельной собственности
land policy политика в области земельной собственности
land reform земельная реформа
land reform policy политика в области земельной реформы
land tenure system система земле-
  пользования
land use землепользование
public land use policy политика,
  ориентированная на общественное землепользование
no man's land ничейная земля
land-based *adj* базирующийся на
  земле
land-based forces силы наземного
  базирования
land-based launcher пусковая установка наземного базирования
land-based resources ресурсы, до-
  бываемые на суше
landed *adj* земельный, относящийся к земле
landed aristocracy земельная аристократия
landed classes помещики, землевла-
  дельцы
land-locked *adj* замкнутый сушей;
  не имеющий выхода к морю
land-locked country страна, не имеющая выхода к морю
land-locked waters замкнутые сушей воды
landslide *n* оползень, обвал; *амер.*
  крупная победа на выборах,
  блестящая победа
language *n* язык; речь; *разг.* брань;
  стиль
bad language сквернословие, ругательство
native language родной язык
source language язык источника
spoken language разговорная форма языка

L

target language язык изучения, язык перевода

written language письменный язык, письменная форма языка

language allowance надбавка (*к окладу*) за знание иностранного языка

language and vocational training языковая и профессиональная подготовка

language training facilities база языковой подготовки

language of a paragraph формулировка пункта

to acquire the knowledge of a foreign language овладеть иностранным языком

to butcher a language коверкать, портить язык

to enrich a language обогащать язык

to learn a language научиться языку

to master a language овладеть языком

to purify a language очищать язык (*напр., от вульгаризмов и т.п.*)

to speak a language говорить на языке

to speak English говорить по-английски

to use a language использовать, употреблять язык

languish *v* слабеть, чахнуть, вянуть; томиться, изнывать; тосковать

to languish in prison чахнуть в тюрьме

lapse *n* упущение, ошибка, промах; описка; отклонение от нормы поведения; ход (*времени*)

lapse in judgement ошибочное решение

large *adj* большой, широкий

to be at large быть на свободе

The prisoner is now at large. В настоящее время заключенный на свободе.

She is an assembly woman at large. Она член конгресса и обладает широкими полномочиями.

by and large в общем

large-scale *adj* крупномасштабный

large-scale infusion of technology широкое внедрение технологий

lark *n* жаворонок; шутка, забава

He did it just for a lark. Он сделал это шутки ради.

lash *v* хлестать, стегать; нападать; ударить сильно или неожиданно

The speakers lashed into the government because of a poor state of economy.

to lash a crowd into fury разгневать толпу, привести народ в волнение

lashing criticism резкая критика

to lash back (*against smb*) нападать на кого-л. (*в ответ на какие-л. действия*)

to lash back at one's critics отражать нападки критиков

lash out *v* ударить, наброситься; разразиться бранью

to lash out (*against smb*) наброситься (*на кого-л.*)

last *adj* последний, окончательный; прошлый

to be the last to speak at a meeting последним выступить на совещании, собрании

to come in last in a race прийти последним в гонках

at long last в конце концов

last-ditch effort последнее, отчаянное усилие

last word последнее слово

to have the last word in the argument оставить за собой последнее слово в споре

last *v* продолжаться, длиться; сохраняться

A meeting lasted from ... to ... Встреча продолжалась с ... до ...

latch *v* запирать

latchkey *n* ключ от внешней двери (*дома, квартиры*)

latchkey child ребенок работающих родителей, который возвращается один из школы домой

late *adj* поздний, запоздалый; недавний, последний
to be late in doing (*smth*) поздно сделать (*что-л.*)
to be late in filling the tax return опоздать с заполнением налоговой формы
latent *adj* скрытый, латентный
latent (hidden) unemployment скрытая безработица
lather *n* пена, мыло
to work oneself into a lather *разг.* работать на износ, «замаяться»
latitude *n* широта; свобода, терпимость
to allow latitude давать свободу выбора
laudable *adj* похвальный
It was laudable of you to do just that. Похвально, что вы поступили таким образом.
laugh *n* смех, хохот
hearty laugh смех от души
sardonic laugh *книжн.* сардонический смех
subdued laugh подавленный смех
for a laugh ради потехи
to have the last laugh (*on smb*) высмеять того, кто раньше смеялся над тобой, смеяться последним
laugh *v* смеяться, рассмеяться
to laugh in one's sleeve тайно насмехаться над кем-л.
laughing-stock *n* посмешище
to make a laughing-stock of smb выставить кого-л. на посмешище
launch *v* начинать, пускать в ход
launch a campaign развертывать кампанию
laundry *n* прачечная
laundry list перечень (*нужд, потребностей*)
laurels *n pl* лавры, почести
to rest on one's laurels почить на лаврах; пожинать лавры
lavish *adj* щедрый, расточительный

lavish with praise щедрый на похвалы
He is quite lavish in donating money. Он весьма щедр в своих пожертвованиях средств.
lavish *v* быть щедрым; расточать
to lavish gifts (*on smb*) завалить подарками (*кого-л.*)
law *n* закон; право
law and order правопорядок
law of demand/supply закон спроса/предложения
law of the sea морское право
law of treaties международное договорное право
to adopt/to enact/to pass a law принять закон
to annul/to repeal/to revoke a law отменять, аннулировать закон
to break/to violate a law нарушить закон
to challenge a law оспаривать закон
to declare a law unconstitutional объявить закон неконституционным
to draft a law разрабатывать проект закона
to flout a law попирать закон, глумиться над законом
to follow the spirit and the letter of the law следовать духу и букве закона
to interpret a law толковать закон
to lay down the law устанавливать, формулировать закон
to obey/to observe a law соблюдать закон
to promulgate a law обнародовать закон
to test a law испытывать закон, проверять действенность закона
club law *разг.* «закон джунглей»
unwritten law неписаный закон
zoning law закон о зонировании
enforcement of law проведение закона в жизнь

L

Enforcement of the law is a serious matter. Претворение законов в жизнь – это серьезное дело.

generally recognized rules of international law общепризнанные нормы международного права

It is important to observe the licensing laws in trade. В торговле важно соблюдать положения о лицензиях.

Courts (often) resort to the interpretation of the law. Суды (часто) прибегают к истолкованию законов.

Do you know anything about the antitrust laws in this country? Вам известно что-нибудь об антитрестовских законах в этой стране?

under the law по закону

in the eyes of the law в глазах закона

laws and regulations законы и постановления

lax *adj* слабый, вялый

to be lax in enforcing the law не проявлять должной решительности в проведении законов в жизнь

lay *v* класть; возлагать (*надежды и т.п.*)

to lay one's soul bare открыть свою душу

to lay the basis (*for smth*) заложить базу, основы (*чего-л.*)

lay-away plan *амер.* план накоплений

to buy smth on the lay-away plan *амер.* купить что-л. за счет сбережений

layoff *n амер.* приостановка, сокращение производства; увольнение (*рабочих и служащих*)

The arms race policies are causing layoffs in some industries.

lay off *v* увольнять

to be laid off from job быть уволенным с работы

lay out *v* выкладывать, располагать (*напр., товары*)

lead *n* руководство, инициатива; пример, указания, директива; передовица (*в газете*)

lead agency ведущее учреждение

to assume/to take the lead возглавлять, быть впереди

to build up one's lead укреплять положение лидера

to follow smb's lead идти за лидером (*в политике, экономике*)

to give up the lead отказаться от роли лидера

to lose the lead потерять лидерство

to maintain the lead сохранять роль лидера

I think this company has a commanding lead in the area of oil export. Думаю, что в области экспорта нефти фирма сохраняет ведущие позиции.

Is this company playing the lead? Компания лидирует в этой области?

lead down *v* руководить, вести

leader *n* лидер, руководитель; ведущий актер; передовая статья (*в газете*); *эк.* ведущий экономический показатель

block leader страна – лидер блока

charismatic leader *амер.* популярный, харизматический лидер

civil rights leader лидер движения борцов за гражданские права

community leader видный деятель общины

congressional leader лидер Конгресса

floor leader *амер.* организатор партии или партийной фракции (*в Конгрессе, законодательном органе*)

Labour leader *англ.* лидер лейбористской партии

legislative leader лидер в области законодательных инициатив; политик, проявляющий законодательную инициативу majority leader лидер большинства

military leader военный руководитель

opposition leader лидер оппозиции

political leader политический лидер

troop leader *воен.* командир разведывательной роты

What firm is the leader in prices now? Какая фирма лидирует в ценах в настоящее время?

I think he is a born leader in politics. Мне кажется, что в политике он прирожденный лидер.

leadership *n* руководство, руководящая роль; превосходство (*в какой-л. области*)

collective leadership коллективное руководство

democratic leadership лидеры демократической партии (*США*); лидеры-демократы

legislative leadership законодательная инициатива

to assume/to take on/to take over the leadership взять на себя руководящую роль

to relinquish the leadership отказываться от руководящей роли

leading *adj* ведущий, руководящий, передовой; выдающийся

leading advocate главный поборник

leading article передовая статья, передовица

leading case *юр.* (*руководящий*) судебный прецедент

leading champion of peace выдающийся борец за мир

leading counsel главный адвокат стороны

leading edge *разг.* главное преимущество в конкурентной борьбе

leading edge market рынок передовых технологий

leading figure главная фигура

leading force ведущая сила (*в обществе*)

leading hand *разг.* бригадир

leading organs (*of a party*) руководящие органы (*какой-л. партии*)

leading position руководящая позиция

leading scientists видные ученые

leading security ведущая ценная бумага

leading social democrats выдающиеся социал-демократы

leading supplier of weapons главный поставщик оружия

leading underwriter главный поручитель-гарант

leaf *n* лист, листва

to turn over a new leaf *перен.* перевернуть страницу, начать новую жизнь

leaflet *n* листок; листовка; брошюра

propaganda leaflets пропагандистские листовки

to drop propaganda leaflets (*from a plane*) разбрасывать листовки (*с самолета*)

league *n* (*syn.* **club, association**) лига

league of football teams лига футбольных команд

the League of Nations *ист.* Лига Наций

to form a league сформировать, создать лигу

in league with (*about teams*) в лиге (*о командах*)

leak *n* течь; утечка (*информации*)

to stop a leak (*e.g. of secrets*) прекратить утечку (*данных, секретов и т.п.*)

leak *v* просачиваться (*об информации*); передавать (*информацию*); организовать утечку (*информации*)

They leaked the news to the press.

leak out *v* просачиваться (*об информации*)

The news leaked out to the press. Новости просочились в печать.

lean *v* наклоняться, прислоняться

to lean on friends for help обратиться к друзьям за помощью

L

leap *v* прыгать, скакать, перепры-
гивать
to leap at an opportunity ухватиться
за возможность (*сделать что-л.*)
learning *n* изучение, учение
higher learning высшее образование
programmed learning программи-
рованное обучение
lease *n* аренда, сдача внаем; наем
mining lease аренда на разработ-
ку полезных ископаемых
off-shore oil leases аренда на прибрежные нефтяные залежи
A lease expires/runs out very soon.
Срок аренды очень скоро истекает.
under a lease взятый в аренду
on life lease в пожизненной аренде
to hold land under a lease взять зем-
лю в аренду
to lose a lease потерять право на
аренду
to renew a lease возобновить аренду
to take a lease взять в аренду
leases and management contracts
контракты на заключение аренды и управление
lease *v* сдавать/брать в аренду
to lease property (*from smb*) взять
собственность в аренду (*у кого-л.*)
lease out *v* сдавать в аренду
to lease out property (*to smb*) отдать
собственность в аренду (*кому-л.*)
leash *n* поводок (*напр., для собаки*)
to hold in leash держать на привязи
to strain at the leash стремиться
вырваться
least *adj* наименьший, малейший
the least developed countries наименее развитые страны
leave *n* разрешение, позволение;
отпуск; *воен.* увольнение
annual leave ежегодный отпуск
maternity leave отпуск по беремен-
ности и родам
research leave отпуск на ведение
научных исследований

sabbatical leave отпуск, предостав-
ляемый каждый седьмой год
(*напр., для научной работы*)
sick leave отпуск по болезни
leave of absence отпуск
to give a leave предоставить отпуск
to go on leave пойти в отпуск
to take a leave взять отпуск
leave (left) *v* покидать, оставлять
The film left me cold. *разг.* Этот
фильм не взволновал меня.
The flood left them homeless. В результате наводнения они стали
бездомными.
The war left her an orphan. Война
сделала ее сиротой.
We left the decision up to her.
lecture *n* лекция; нотация, настав-
ление
to attend a lecture посетить лек-
цию, присутствовать на лекции
to deliver a lecture прочесть лек-
цию, выступить с лекцией
to give smb a lecture прочитать
нотацию (*кому-л.*)
lecture tour лекционная поездка,
лекционное турне
lecturer *n* лектор; преподаватель
(*колледжа, университета*)
senior lecturer *англ.* доцент
left, the *n полит.* левые
The left demand... Левые требуют...
the extreme left левые экстремисты
the far left крайнее крыло левых
movement to the left (*about the
actions of politically minded people*)
движение влево
to have a swing to the left качнуться
влево (*напр., о политических силах*)
to vote left голосовать за левых,
отдать свои голоса левым
left-wing *adj полит.* левый, относящийся к левому крылу
left-wing Conservatives (*syn. разг.*
Tory wets) левые консерваторы,
консервативно настроенные
элементы

left-wing opposition левая оппозиция

left-wing party партия левых

left-wing policies политика, курс левых

left-winger *n* левый; член левого крыла (*партии*), сторонник партии левых, сторонник (*коренных*) преобразований

the platform of left-wingers платформа левых

leg *n* нога; подставка, стойка

The company is on its last legs as far as its economic position is concerned.

to get a leg up (*on smth*) *амер. разг.* управлять ситуацией

legacy *n* наследство; наследие

lasting legacy сохраняющееся наследство

to hand down a legacy передать наследство

legal *adj* юридический, правовой

legal-aid society *амер.* общество по оказанию правовой помощи лицам с низким уровнем доходов

legal entity (*syn.* juridical person) юридическое лицо

legal protection правовая защита

legal tender законное платежное средство

Is it legal to do that? Будет ли законно поступать таким образом?

legalized *adj* узаконенный, легализованный

legalized gambling легализованные азартные игры

legalized sale разрешенная продажа

legally *adv* законно

legally binding юридически обязательный (*документ, положение и т.п.*)

legally binding international instrument международный документ, имеющий обязательную юридическую силу

legate *n* легат, папский посол

legation *n* дипломатическая миссия

to send a legation (*to another nation*) направить дипломатическую миссию (*в другую страну*)

legend *n* легенда; надпись

living legend «живая легенда», кумир, выдающаяся личность

popular legend популярная легенда

to become a legend стать легендой, стать героем

legislation *n* законодательство, законодательная деятельность, законотворческая деятельность

emergency legislation чрезвычайное законодательство

labour legislation трудовое законодательство

progressive legislation прогрессивное законодательство

remedial legislation закон, устраняющий дефекты существующего права

social legislation социальное законодательство

to draft legislation составлять проект закона, законов

to enact/to pass legislation принять закон(ы)

to pass legislation on privatization принять законы о приватизации

to repeal legislation отменить закон(ы)

to vote down legislation провалить закон(ы)

legislative *adj* законодательный

legislative act законодательный акт

legislative authority законодательная власть

legislative decree законодательный декрет

legislative effect законодательная роль

legislative house законодательный орган

legislative machine законодательный аппарат

L

legislative measures законодательные меры

legislative officer представитель законодательной власти

legislative order законодательный порядок, законодательный регламент

legislative powers законодательные полномочия, власть

legislature *n* законодательная власть, законодательный орган

bicameral legislature двухпалатный законодательный орган

to convene a legislature созвать законодательный орган

to dismiss a legislature (*syn.* to dissolve a legislature) распустить законодательный орган

legitimacy *n* законность; законнорожденность

to challenge/to question the legitimacy (*of*) поставить под вопрос законность (*чего-л.*)

to confirm the legitimacy подтвердить законность

to establish the legitimacy установить законность

legitimate *adj* законный; законнорожденный

legitimate government законное правительство

legitimate heir законный наследник

legitimate pursuit преследование на основе закона

Is it legitimate to do this?

legitimately *adv* законно

leg-man *n* репортер, добывающий факты, но не описывающий их

legwork *n амер. разг.* работа репортера по сбору данных, информации (*о чем-л.*)

leisure *n* досуг, свободное время

at one's leisure в свое свободное время

lend *v* давать взаймы, одалживать, ссужать

to lend the money (*to smb*) давать взаймы деньги (*кому-л.*)

to lend itself (*to*) годиться, быть подходящим (*для*)

The book lends itself to film adaptation.

lend-lease *n* ленд-лиз, передача взаймы или в аренду

lend-lease aid помощь в рамках программы по ленд-лизу

length *n* длина; расстояние; продолжительность

to describe (*smth*) at great length описывать (*что-л.*) с большими подробностями

to go to great lengths (*to do smth*) ни перед чем не останавливаться, идти на всё

to keep (*smb*) at arm's length держать (*кого-л.*) на расстоянии

leniency *n* мягкость, снисходительность

to show leniency проявлять мягкость

lenient *adj* снисходительный

lenient towards/with мягкий, либеральный (*напр., по отношению к подсудимому*)

lesson *n* урок

to learn a lesson извлечь пользу; получить хороший урок

let *v* позволять, разрешать; выпускать из рук; отпускать

let smb or smth alone оставить (*кого-л.*) в покое; не трогать (*чего-л.*)

let in *v* впускать

to let smb in on a secret посвятить кого-л. в тайну

let off *v* освободить

She was let off with a small fine. Она отделалась небольшим штрафом.

let out *v* сдавать

to let out rooms to students сдавать комнаты студентам

letter *n* письмо

letter of attorney письменная доверенность

letter of credit аккредитив
letter of guarantee гарантийное письмо
letter of recall отзывная грамота
letter of transmittal препроводительное письмо
business letter деловое письмо
fan letter письмо от почитателя
follow-up letter ответное письмо
love letter любовное послание
poison-pen letter письмо анонимщика
Is it a certified letter? Это письмо зарегистрировано?
It is a special-delivery letter.
level *n* уровень
level of living уровень жизни
level of the working capital fund размер фонда оборотных средств
at a level на уровне
at the highest levels на высших уровнях
federal level федеральный уровень
international level международный уровень
local level местный уровень
on the level честный, правдивый
Are you on the level?
to reach a certain level достигнуть определенного уровня
leverage *n* действие рычага; средство для достижения цели; влияние (*особ. политическое*); власть
to get more leverage получить дополнительные полномочия
to use leverage использовать политическое влияние
liability *n* ответственность; обязательство; задолженность, долг
full/limited liability полная/ограниченная ответственность
to assume full liability for debts в полной мере нести ответственность за долги
to assume/to accept/to acknowledge liability (*for*) признавать ответственность (*за*)

to incur liabilities взять на себя обязательства
to take on a liability принять на себя ответственность
liable *adj* ответственный; обязанный
to be liable (*to smb for smth*) быть ответственным (*перед кем-л. за что-л.*)
liaison *n* (любовная) связь; *воен.* связь взаимодействия
to establish liaison установить взаимодействие
to maintain liaison поддерживать взаимодействие
liar *n* лгун, лжец
incorrigible liar неисправимый лгун
outright liar откровенный лжец
lib *n* движение за социальное равенство и справедливость
women's lib/liberation движение за права женщин
liberal *n* либерал
knee-jerk liberal «мягкий» либерал
staunch liberal «стойкий» либерал
liberate *v* освобождать
liberation *n* освобождение
liberty *n* свобода
civil liberties гражданские свободы
to stand up for political liberty выступать за политическую свободу
to take liberties (*with smb*) позволять себе вольности (*с кем-л.*)
Are you at liberty to give us the official information? Вы могли бы поделиться с нами официальной информацией?
library *n* библиотека
law library библиотека юридической литературы
lending library библиотека, которая выдает книги на дом; абонемент
mobile library передвижная библиотека
municipal library муниципальная библиотека

L

public library публичная библиотека

reference library библиотека справочной литературы

research library научная библиотека

university library университетская библиотека

to build up a library создавать, формировать библиотеку

to computerize a library компьютеризировать библиотеку

license n разрешение, лицензия; патент

driver's license водительское удостоверение, права (*водителя*)

liquor license разрешение на продажу спиртных напитков

marriage license разрешение на вступление в брак

license to sell разрешение на продажу

to apply for a license обратиться с просьбой о выдаче лицензии

to grant, to issue a license выдать лицензию

to receive a license получить лицензию

to renew a license возобновить лицензию

license v разрешать, давать разрешение (*на что-л.*)

to be licensed (*to do smth*) получить разрешение, лицензию (*на что-л.*)

She is licensed to practise nursing.

lie n ложь, обман

blatant lie наглая ложь

deliberate lie намеренная ложь

web of lies паутина лжи

lie-detector test проверка на детекторе лжи (*в целях проверки правильности показаний*)

to administer a lie-detector test проверять на детекторе лжи

to fail a lie-detector test не пройти проверку на детекторе лжи

to pass a lie-detector test пройти проверку на детекторе лжи

to take a lie-detector test согласиться на проверку на детекторе лжи

lie down v принимать без спора

to lie down on the job *разг.* не утруждать себя на работе, работать спустя рукава

life n жизнь, существование; образ жизни

exciting life деятельная, интересная жизнь

lonely life одинокая жизнь

monastic life монашеский образ жизни

peaceful life мирная жизнь

quiet/serene life спокойная жизнь

turbulent life беспокойная жизнь

to lead a hectic social life вести беспорядочный образ жизни

to live a happy married life счастливо проживать в браке

to be easy-going in private life не обременять себя в личной жизни, ко всему относиться легко в личной жизни

lifeboat n спасательная шлюпка

to launch a lifeboat спустить на воду спасательную шлюпку

life insurance страхование жизни

to take out life insurance застраховать жизнь (*в страховом обществе*)

life-line n спасательная веревка; *перен.* спасательный круг (*то, от чего зависит жизнь человека*)

lifestyle n стиль жизни

That's his lifestyle. Это его стиль жизни.

lifetime n продолжительность жизни, целая жизнь

to devote a lifetime (*to smth*) посвятить свою жизнь (*чему-л.*)

It will last a lifetime. Это продлится целую жизнь.

lift n (*Am.* **elevator**) лифт; *перен.* вдохновение

to give smb a lift подбросить кого-л. (*на машине*)

Your kind words gave me a real lift.
Ваши слова искренне вдохнови-
ли меня.

likeness *n* сходство; портрет
striking likeness поразительное
сходство
to bear a likeness иметь сходство,
быть похожим

liking *n* симпатия, расположение
to take a liking испытывать расположение

limelight *n* часть сцены у рампы;
свет рампы
in the public limelight в центре внимания, на виду (*у общественности*), в фокусе
to hold the limelight оставаться в
центре внимания

limit *n* граница, предел; *юр.* срок
давности
age limit возрастной предел
speed limit (*on the roads*) предельная скорость (*на дороге*)
weight limit весовой предел
to exceed a limit превысить предел
to push to the limit довести до предела
to set/to put/to place a limit установить, определить предел

limit *v* ограничивать; ставить предел; служить пределом
to limit oneself (*to smth*) ограничи-
ваться (*чем-л.*)

limitations *n pl* ограничения
budgetary limitations бюджетные
ограничения, ограниченные
возможности бюджета
financial limitations ограниченные
финансовые возможности
within certain limitations в определенных пределах
to put limitations ввести ограничения

limited *adj* ограниченный
limited in resources стесненный в
ресурсах
That country is limited in its resources.

limited ownership владение соб-
ственностью с ограниченной
ответственностью
limited partnership командитное
товарищество; товарищество с
ограниченной ответственностью

limits *n pl* пределы
off limits *амер.* вход воспрещен
within reasonable limits в разумных
пределах

line *n* линия, черта; контур; поведение
picket line линия пикета
police line цепочка полицейских
to introduce a new line of goods
предложить новую партию (ас-
сортимент) товаров
to read between the lines читать
между строк
to rehearse one's lines учить свою
роль, репетировать
there is a thin line (*between*) (*между ...*) проходит тонкий водораздел

liner *n* лайнер, пассажирский па-
роход или самолет
luxury liner лайнер класса люкс
ocean liner океанский лайнер
passenger liner пассажирский лайнер
transatlantic liner трансатланти-
ческий лайнер

lingo *n* специальный жаргон, профессиональная фразеология;
сленг язык (*обычно иностранный*)
to speak the lingo употреблять спе-
циальную фразеологию

lining *n* облицовка
silver lining *перен.* луч надежды
Every cloud has a silver lining. *посл.*
Нет худа без добра.

link *v* соединять
The events are linked with each other.

link up *v* соединять
to link up with smb's forces соеди-
няться с силами других

L

Lion *n разг.* член клуба Lions Club (международная организация бизнесменов и филантропов)

lip *n* губа; *разг.* дерзость, дерзкая болтовня

on everyone's lips на устах у всех

stiff upper lip *разг.* мужество, присутствие духа

listed securities ценные бумаги, котирующиеся на фондовой бирже

live up to *v* жить по принципам; быть достойным; оправдать (*чьи-л. надежды*)

to live up to smb's expectations отвечать чьим-л. ожиданиям

living *n* средства к существованию; жизнь, образ жизни

to earn one's living зарабатывать себе на жизнь

to make a living зарабатывать на жизнь

high living высокий уровень жизни

standard of living уровень жизни

to enjoy a high standard of living иметь высокий уровень жизни

load *n* нагрузка

capacity load предельная нагрузка

heavy load тяжелая нагрузка

light load легкая нагрузка

to carry a load (*about a plane, rocket, etc.*) нести, выдерживать нагрузку

to lessen a load *перен.* уменьшить нагрузку; облегчить долю

load *v* нагружать

to load a ship to full capacity нагрузить судно до отказа

loaded *adj разг.* пьяный; одурманенный наркотиком

loan *n* заем, ссуда

loan against government guarantee ссуда под правительственную гарантию

loan against pledge ссуда под залог

loan against security ссуда под ценную бумагу

loan against shares ссуда под акции

interest-free loan беспроцентный заем

long-term loan долгосрочный заем

low-interest loan заем, ссуда под низкий процент

short-term loan заем, ссуда на короткий срок, краткосрочная ссуда

to float a loan размещать заем

to make a loan сделать заем

to negotiate a loan вести переговоры о получении ссуды

to pay off/to repay a loan выплатить ссуду

to raise a loan получить ссуду

to secure a loan взять взаймы

to underwrite a loan гарантировать размещение кредита

loan applicant лицо, обращающееся за ссудой

loan financing финансирование путем привлечения займов

lobby *n* кулуары (*напр., парламента, конгресса*); *собир.* лобби

lobby group группа лоббистов (*занимающаяся продвижением выгодного для определенных кругов проекта, закона и т.д.*)

farm lobby группа, отстаивающая интересы фермеров, «фермерское лобби»

oil lobby группа, отстаивающая интересы нефтяных акционеров, «нефтяное лобби»

lobby *v* «обрабатывать» членов парламента (*конгресса*), выступать за чьи-л. интересы

to lobby actively быть активным лоббистом

to lobby against higher taxes активно выступать против повышения налогов

to lobby for выступать за, «обрабатывать» кого-л.

lobbyism *n* политика обработки конгрессменов в пользу какого-л. законопроекта

lobbyist *n* лоббист

local *adj* местный

local government body местный орган управления

local politician местный политический деятель

local politics местная политика

local property tax местный налог на недвижимость

local self-government местное самоуправление

location *n* определение места; обнаружение, нахождение; местонахождение, расположение

at an undisclosed location в неустановленном месте

to shoot a film on location снимать фильм на натуре

lodge *n* домик, сторожка, будка

masonic lodge масонская ложа

motor lodge помещение для автомобилей

lodge *v* размещать, дать помещение, приютить

to lodge a complaint подать жалобу

to lodge money (*with*) класть деньги (*в банк*)

to lodge securities as collateral сдать ценные бумаги (*в банк*) в качестве обеспечения

lodgings *n pl* снимаемая/сдаваемая комната, квартира

to seek lodgings искать комнату, квартиру

logjam *n* затор, препятствие

legislative logjam отставание в принятии законов

to break up/to clear a logjam *перен.* расчистить/устранить завал

logrolling *n амер. разг.* взаимная поддержка, взаимные услуги (*в политике*)

loner *n амер.* политик-одиночка; политик, идущий своим курсом

long-distance *n* междугородный телефонный разговор

to call long-distance позвонить по междугородному телефону

long knife (*syn.* **assassin**) *сленг* убийца

Some long knife showed up, but Marty took him out before he made his move.

long haul перевозка на дальние расстояния

long shot *разг.* рискованное дело, предприятие

not by a long shot абсолютно нет

long-term *adj* долгосрочный, длительный

long-term bonds долгосрочные облигации

long-term policy дальновидная политика

long-term projection долгосрочное прогнозирование

longer-term effects более длительное воздействие

look *n* взгляд; вид, наружность

to take a second look (*at smth*) вновь постараться оценить (*что-л.*)

look *v* смотреть, глядеть; осматривать; выглядеть; *перен.* быть внимательным

to look someone in the eye/face смотреть (прямо) в глаза кому-л.

look ahead *v* смотреть вперед, планировать будущее

look around *v* оглядеться

to look around for a job искать работу

look back *v* оглядываться, вспоминать прошлое

to look back at the past вспоминать прошлое, оглядываться назад

look forward (to) *v* смотреть вперед; ждать с нетерпением (*чего-л.*)

look out *v* быть настороже

Look out for burglars! Берегитесь грабителей (взломщиков)!

loophole *n* лазейка, увертка

tax loophole налоговая лазейка

to close a loophole закрыть лазейку

to find a loophole найти лазейку

loose *adj* свободный, ненатянутый

to let/to set/to turn smb loose освободить кого-л., развязать кого-л., развязать руки кому-л.

loot *n* добыча, трофеи; *амер. сленг* украденные товары, вещи

loss *n* потеря, утрата

loss of a job потеря рабочего места

loss of an order потеря заказа

loss of profits потеря прибылей

loss on exchange потери на валютном обмене

heavy losses тяжелые потери

irreplaceable/irreparable losses невосполнимые потери

light losses легкие потери

revenue losses потери в доходах

windfall losses непредвиденные потери

to inflict losses вызвать потери

to offset/to recoup losses компенсировать потери

to suffer/to sustain losses нести потери

lost *adj* потерянный

irretrievably lost потерянный безвозвратно

totally lost полностью утраченный

lot *n* жребий; *перен.* участь, доля

happy lot счастливая доля, счастье

sorry lot плачевная доля

It fell to her lot to break the sad news. Именно ей пришлось сообщать печальные новости.

used-car lot площадка для старых автомобилей

a lot of (*also* lots of) много, масса

to draw lots тянуть жребий

lottery *n* лотерея

to hold a lottery проводить лотерею

love *n* любовь

to inspire love возбудить любовь

to send one's love (*to smb*) передать привет (*кому-л.*)

low-key *adj* приглушенный, неяркий, незаметный, скромный

Let's try to keep this low-key so as not to upset the family.

low-key critique приглушенная критика

low profile *перен.* в тени

to keep a low profile держаться в тени

loyal *adj* верный; лояльный

the loyal opposition лояльная оппозиция

loyalist *n* верноподданный

loyalty *n* верность, преданность; лояльность

deep-rooted/strong loyalty прочная лояльность

divided loyalties преданность и тем и другим

party loyalty преданность партии

unshakeable loyalty непоколебимая верность

He shows unswerving loyalty to his friends. Он абсолютно предан своим друзьям.

to command loyalty иметь преданных друзей

to swear loyalty клясться в верности

luck *n* удача

to bring luck приносить удачу

to trust to luck довериться удаче

to try one's luck (*at smth*) попытать счастья (*в чем-л.*)

Better luck next time. В следующий раз повезет (получится).

We had bad luck (to do smth). Нам не повезло ...

lucrative *adj* приносящий большие деньги, прибыльный

lunatic fringe *амер. разг.* фанатичные приверженцы (политического) курса, «бешеные»; махровая реакция

luxury *n* роскошь

luxuries *pl* предметы роскоши

luxury articles предметы роскоши

luxury goods дорогие товары

pure luxury чистая роскошь

to enjoy luxury жить в свое удовольствие

lynching *n* линчевание

◄═══ **M** ═══►
---

machine *n перен.* организационный аппарат, механизм (*напр., ведения переговоров*)

to operate/to run a machine *перен.* управлять политическим аппаратом

machinery *n* оборудование; аппарат (*государства*)

administrative machinery административный аппарат

disarmament machinery механизм разоружения, механизм проведения политики разоружения

law-enforcement machinery механизм проведения законов в жизнь

negotiations machinery механизм ведения переговоров

propaganda machinery пропагандистский аппарат

to operate/to run machinery управлять (*каким-л.*) механизмом

to set up machinery for negotiations учредить механизм (для) ведения переговоров

magazine *n* периодический журнал

alumni magazine *амер.* журнал, издание университета или колледжа

fashion magazine журнал мод

glossy magazine журнал рекламного типа

illustrated magazine иллюстрированный журнал

popular magazine популярный журнал; журнал, имеющий большой тираж

magic *n* магия, волшебство; очарование

to perform magic совершать, творить чудеса

The medicine worked as if by magic. Лекарство оказалось чудодейственным.

magistrate *n* судья (*преим. мировой*), член городского магистрата (*в Англии*)

police magistrate *амер.* председатель полицейского суда

magnetism *n* магнетизм

personal magnetism личное обаяние

mail *n амер.* почта

piece of mail почтовая корреспонденция

fan mail почта почитателей (*кинозвезды и т.п.*)

by return mail обратной почтой

mail order заказ на товар с доставкой по почте

mail-order advertising реклама посылочной торговли

mail-order business посылочная торговля

mail-order company/firm/house компания посылочной торговли

mail-order trading посылочная торговля

mainstream *n* основное направление, главная линия (*в политике и т.п.*)

in the mainstream of politics в основном политическом русле

maintain *v* поддерживать; удерживать; сохранять

maintenance *n* поддержка, поддержание; сохранение; ремонт

health maintenance поддержание здоровья

preventive maintenance профилактический ремонт

routine maintenance текущий ремонт

majesty *n* величие; величество (*титул*)

His Majesty Его Величество

Her Majesty Ее Величество

major *v амер.* специализироваться по какому-л. предмету (*в колледже*)

He majored in journalism.

major *adj* большой, старший, главный

major weapons основные виды оружия, основные виды вооружения и боевой техники

majority *n* большинство; *юр.* совершеннолетие

foreign majority interest иностранный контрольный пакет акций

majority government правительство большинства

majority leader руководитель группы большинства

majority ownership (*in a company*) контрольный пакет акций

majority party партия большинства

majority rule правление большинства

majority shareholder держатель контрольного пакета акций

majority shareholding контрольный пакет акций

large majority значительное большинство

narrow/slim majority незначительное большинство

vast/overwhelming majority подавляющее большинство

the silent majority молчаливое большинство

in the majority of cases в большинстве случаев

to hold/to have a majority иметь большинство

to receive a majority (*of votes, etc.*) получить большинство (*голосов и т.д.*)

to reach one's majority *юр.* достичь совершеннолетия

make *n* производство, работа; изделие; продукция, выработка

to be on the make *разг.* заниматься чем-л. с корыстной целью; делать карьеру, продвигать свои дела

make *v* делать, совершать, сделать

to make an award выносить решение (*напр., в арбитражном суде*)

to make an inventory делать/производить переучет товаров

to make an order делать заказ

to make a profit получать прибыль

to make a request подавать запрос

to make available предоставлять в распоряжение

to make available for inspection предъявлять для осмотра

to make available to the public делать (*что-л.*) общедоступным

to make smb an offer сделать кому-л. предложение

to make oneself understood объяснить свою позицию

to make out a check выписывать чек

making *n* составление (*чего-л.*)

new concept in the making выработка новой концепции

maladministration *n* некомпетентная администрация

malice *n* злоба; *юр.* злой умысел

with malice aforethought со злым умыслом

to bear malice затаить злобу

malpractice *n юр.* противозаконное действие; злоупотребление доверием

legal malpractice противозаконные действия

professional malpractice незаконная профессиональная практика

man *n* человек; мужчина

man of straw *амер. разг.* фиктивный претендент (*напр., на какую-л. выборную должность*)

man on horseback *амер. разг.* завоеватель; военный диктатор

self-made man человек, сам сделавший себя

yes-man подхалим

manage *v* руководить, управлять, заведовать; стоять во главе

to manage a business руководить предприятием

management *n* управление, заведование; менеджмент

management buyout выкуп компании менеджерами

management development мероприятия по повышению квалификации в области менеджмента
management expenses управлен-
ческие расходы, расходы в области менеджмента
management of state affairs решение государственных вопросов
efficient management эффективное
управление
scientific management научные методы руководства
The business is under new management.
manager *n* менеджер
area manager ответственный за
операции компании в каком-л.
регионе
business manager коммерческий
директор
campaign manager руководитель
кампании
credit manager начальник кредит-
ного отдела
general manager генеральный управляющий, директор предприятия
hotel manager директор отеля, гостиницы
office manager руководитель конторы
sales manager коммерческий директор, руководитель службы
сбыта
service manager ответственный за
обслуживание
stage manager оформитель сцены
works manager (*syn.* production
manager) директор по производству
managerial *adj* директорский, управленческий, административ-
ный
managerial training подготовка
менеджеров
managerial and vocational training
управленческо-профессиональ-
ная подготовка

Managing Director директор-распорядитель, коммерческий директор
mandate *n* мандат, наказ
mandate (*over*) полномочия (*по
вопросу о*)
under a mandate под мандатом
to carry out a mandate выполнять
наказ (избирателей); реализовать свои полномочия
to give a mandate предоставить
полномочия (*кому-л.*)
mandate *v* передавать под мандат
The constitution mandates that...
Конституция требует, чтобы...
mandatory plan обязательное плановое задание
to give a mandatory plan установить обязательное плановое задание
manhunt *n* полицейская облава,
преследование
to organize a manhunt организовать полицейскую облаву, преследовать беглеца
manifesto *n* манифест
political manifesto политический
манифест
to issue a manifesto издать манифест
manipulation *n* манипуляция
manipulation of public opinion ма-
нипулирование общественным
мнением
manipulation(s) on the stock exchange биржевые спекуляции;
работа биржи
manned *adj* управляемый челове-
ком (*о космическом корабле*)
manned space flight пилотируемый
космический полет
manpower *n* рабочая сила; личный
состав
manpower resources трудовые ресурсы
map *n* карта (*географическая*)
to wipe (*smth*) off the map стереть
с лица земли

M

map *v* наносить на карту; чертить
to map the causes of poverty определить причины бедности
map out *v* составлять план, планировать
to map out a programme составлять план, программу
march *n* марш, поход
peace march марш мира, марш сторонников мира
march *v* маршировать, двигаться походным порядком; вести (*отряд*) строем
to march against выступать против
marching orders (*syn. Am.* walking papers) уведомление об увольнении (*с работы*), увольнение; *воен.* приказ на марш
margin *n* поле (*страницы*); край; полоса, грань; предел
large/wide margin широкие поля (*на странице*)
narrow margin узкие поля
margin of safety запас прочности
marginal *adj* написанный на полях; находящийся на краю (*чего-л.*); предельный
marginal case неясный случай
marginal costs предельные затраты, предельные издержки производства
marginal measures незначительные, второстепенные меры
marginal notes заметки на полях
marginal profitability предельная рентабельность
marginal seat (*also* marginal constituency) *брит.* «ненадежное место» (*в парламенте*), переходящее от одной партии к другой
marionette *n* марионетка
to manipulate a marionette манипулировать марионеткой
mark *n* метка, знак
to leave one's mark in history оставить след в истории, попасть в историю

The bullet found its mark. Пуля попала в цель.
to hit the mark поразить цель
market *n* рынок; сбыт; спрос
The market is active. На рынке хороший спрос. (Рынок активен.)
The market is depressed. Дела на рынке идут вяло.
The market is falling. Цены на рынке падают.
The market is rising. Цены на рынке повышаются.
The market is steady. Цены на рынке держатся.
to capture a market захватить рынок
to create a market создавать рынок
to monopolize a market монополизировать рынок
to play the market спекулировать на бирже; играть на рыночных ценах
A new computer has just come out on the market. На рынок только что поступила новая модель компьютера.
buyer's market рынок покупателя; рыночная конъюнктура, выгодная для покупателя
seller's market рынок продавца; рыночная конъюнктура, выгодная для продавца
market forces рыночные силы
influence of market forces влияние рыночных сил
market share доля рынка
to expand one's market share увеличить свою долю на рынке
marriage *n* брак; замужество, женитьба
common-law marriage *англ.* брак, основанный на общем праве
interracial marriage смешанный брак
mixed marriage смешанный брак
marriage of convenience брак по расчету

to annul a marriage аннулировать брак

to break up a marriage разрушить брак

to enter into a marriage сочетаться браком, скрепить себя брачными узами

to perform a marriage ceremony совершать брачную церемонию

to propose a marriage предложить вступить в брак, сделать предложение

martial *adj* военный

martial law военное положение

to declare a state of martial law объявить военное положение

to impose/to invoke martial law ввести военное положение

to suspend martial law приостановить действие военного положения

martyrdom *n* мученичество

to suffer martyrdom жить жизнью мученика, страдать

mask *n* маска, слепок

surgical mask хирургическая маска

mass *n* масса; груда; множество; большое количество

mass (communication) media средства массовой информации (СМИ)

mass public organizations массовые общественные организации

mass rally массовое сборище; массовый митинг

mass strike массовая забастовка

mass unemployment массовая безработица

massacre *n* (*syn.* **slaughter, carnage, butchery, killing**) массовое убийство, резня, побоище; кровавая расправа, бойня

to perpetrate a massacre устроить резню

massive *adj* массивный

massive efforts огромные усилия

massive layoffs *амер.* массовые увольнения

massive military strike массированный военный удар

massive nuclear attack массированный ядерный удар

massive protest массовый протест

massive repressions массовые репрессии

massive retaliation массированное возмездие

master *n* хозяин, владелец, господин

grand chess master гроссмейстер

master plan генеральный план

match *n* состязание, матч; достойный противник

championship match матч чемпионата

crucial match решающий матч

play-off match повторная игра после ничьей

return match ответный матч, ответная игра

wrestling match соревнование по борьбе

М

match *v* подбирать под пару, сочетать; подходить (*напр., по цвету, размеру и т.д.*)

to match a political rival не уступать своему политическому противнику

to match smb in political art не уступать кому-л. в области политического искусства

matching *adj* подходящий, соответствующий

matching contribution параллельный взнос

material *n* материал

promotional material рекламный материал, реклама, буклеты

reading material (*syn.* reading matter) литература для чтения

writing materials письменные принадлежности

to collect/to gather material собирать материал (*для статьи, книги*) material well-being материальное благосостояние, благополучие

maternal *adj* материнский

maternal and child health/care забота о здоровье матери и ребенка

maternal love материнская любовь

matrimony *n* супружество, брак

in the state of matrimony в состоянии брака

matter *n* вещество; *филос.* материя; материал

matter for reading материал для чтения

matter of life and death вопрос жизни и смерти

matter of personal opinion вопрос личного мнения

petty/trifling matter пустяк, пустяковый вопрос

pressing matter безотлагательное дело, срочный вопрос

It is no easy matter to find ... Нелегко установить ...

It is a matter of great importance. Это очень важный вопрос.

to be an expert in matters of finance быть экспертом в финансовых вопросах

to take matters into one's own hands взять дела в свои руки

What's the matter with you? Что с вами? (Что случилось?)

matter *v* иметь значение

It does not matter to me. Для меня это неважно.

maturity *n* зрелость; завершенность; *ком.* наступление срока платежа

to reach maturity наступать (*о сроке платежа*)

max and relax *сленг* отдыхать, балдеть

I spent four hours maxin' and relaxin' on the beach today.

maxim *n* сентенция, афоризм

It is a valid maxim that competition increases productivity.

maximize *v* увеличивать до предела

to maximize proceeds from privatization извлекать максимально возможные доходы от приватизации

maximum *n* максимум; максимальное значение

to set a maximum установить максимум

meanest *adj школьн. сленг* изумительный, самый замечательный

That's the meanest car I've ever seen.

meaning *n* значение

basic meaning основное значение

double meaning двоякое значение, двусмысленность

figurative meaning переносное значение

literal meaning буквальное значение

referential meaning референциальное значение

in the accepted meaning of the word согласно общепринятому значению слова

meaningful *adj* многозначительный, выразительный

meaningful contacts полезные контакты

meaningful dialogue конструктивный/плодотворный диалог

meaningful talks плодотворные/полезные переговоры

means *n* средство

effective means эффективное средство

to have the means to buy... располагать необходимыми средствами, чтобы купить ...

to live beyond one's means жить не по средствам

by all means непременно, во что бы то ни стало

by no means никоим образом, ни в коем случае

measure *n* мера; мероприятие

coercive measures принудительные меры

drastic measures радикальные меры

preventive measures профилакти-
ческие меры

punitive measures карательные меры

retaliatory measures ответные меры
(*напр., в случае нападения*)

to carry out measures осуществлять
меры

to take measures принимать меры

measures taken to ensure ... меры,
предпринятые с тем, чтобы ...

medal *n* медаль; орден

to earn a medal for bravery быть на-
гражденным медалью за храб-
рость

to give/to award a medal наградить
медалью

meddle *v* вмешиваться (*во что-л.*)

Don't meddle in their affairs. Не
вмешивайтесь в их дела.

media *n* (*also* **mass media**) средства
массовой информации (СМИ)

media analysis анализ деятельности СМИ

media blitz внезапная массирован-
ная кампания со стороны СМИ

media education обучение с помощью СМИ

media event малозначимое событие, раздуваемое СМИ

media leaders руководители СМИ

media practitioners работники
СМИ

media research изучение методов
работы СМИ

news media средства информации

mediate *v* посредничать; служить
связующим звеном; занимать
промежуточное положение

to mediate between быть посредни-
ком между

mediation *n* посредничество

international mediation международное посредничество

to go to mediation выступать в качестве посредника

to offer mediation предлагать свои
посреднические услуги

to offer labour mediation предлагать посредничество в области
разрешения трудовых споров

to set up a mediation commission
учредить посредническую комиссию

meditation *n* (*also* **meditations**) раз-
мышление, раздумье; созерца-
ние; медитация

to go in for meditation предавать-
ся размышлениям, созерцанию

to practise meditation практиковать медитацию

medium *n* средство, способ сообщения информации, форма искусства

Television can be a medium of instruction for people.

meet *n амер.* встреча, соревнование
(*команд и т.п.*)

track-and-field meet легкоатлети-
ческие соревнования

to organize a meet организовать
соревнование

meet *v* встречать(ся)

to meet face to face столкнуться
вплотную

to meet smb halfway пойти кому-л.
навстречу

to meet (*smb*) head-on столкнуться, схлестнуться (*с кем-л.*)

to meet one's commitment выполнять взятое на себя обязательство

to meet requirements выполнять
требования, отвечать требованиям (*напр., о качестве товара*)

to meet with an accident потерпеть
аварию

Nice meeting you. Рад с вами по-
знакомиться. (*фраза, которую
говорят при знакомстве*)

meeting *n* собрание, заседание,
митинг; встреча; *спорт.* игра

meeting in camera *юр.* заседание при
закрытых дверях

meeting of minds *юр.* совпадение
воли сторон

M

clandestine meeting тайная встреча, секретное заседание

mass meeting массовый митинг

open meeting открытое заседание, собрание

private meeting закрытое заседание; неофициальная встреча

protest meeting митинг протеста

public meeting массовый митинг

shop-floor meeting цеховое собрание; собрание рядовых работников (*завода, конторы*)

It was a business meeting of partners. Это была деловая встреча партнеров.

to adjourn a meeting закрывать заседание, разойтись

to arrange a meeting организовать собрание

to break up a meeting прервать работу заседания

to call/to convene a meeting созвать собрание

to chair a meeting председательствовать на собрании

megaphone *n* мегафон, рупор

to speak through a megaphone говорить через рупор

mellow out *v амер. сленг* успокоиться

Would you mellow out? There's no need to get so upset.

melting pot плавильный тигель (котел); *тж. перен.*

America has been a melting pot since the beginning.

to put into a melting pot *амер.* подвергнуть(ся) коренному изменению

member *n* член; участник, партнер

active member активный член

associate member младший член

card-carrying member член партии, владеющий партбилетом

charter member *амер.* учредитель

life member пожизненный член (*напр., суда*)

ranking member сотрудник высокого ранга

union member член профсоюза

He is a corresponding member of the Russian Academy of Sciences. Он член-корреспондент Российской академии наук.

to admit new members принимать новых членов

This state is a member country of the UN. Эта страна является государством – членом ООН.

membership *n* членство; члены; членский состав

associate membership ассоциативное членство

full membership полное членство

honorary membership почетное членство

individual membership индивидуальное членство

life membership пожизненное членство

to apply for membership подать заявление о принятии в члены

to grant membership предоставить возможность стать членом

memo *n* (*also* **memorandum**) меморандум, (памятная) записка

confidential memo(randum) секретный меморандум

diplomatic memo(randum) дипломатическая нота; меморандум

inter-office memo(randum) внутренний меморандум

official memo(randum) официальная записка

private memo(randum) секретный меморандум, меморандум для служебного пользования

to prepare a memo(randum) подготовить меморандум

to send around a memo(randum) разослать записку

I made a memo on my memo pad to phone my father on Sunday.

M

memoirs *n pl* мемуары, воспоминания; ученые записки (*общества*)
to write one's memoirs писать свои мемуары
memorial *n* памятник; записка, заметка
war memorial памятник погибшим в войне
to build/to erect a memorial строить/возводить памятник
to unveil a memorial открыть памятник
memory *n* память
blessed memory благословенная память
sacred memory священная память
to honour/to venerate smb's memory почтить чью-л. память
dedicated to smb's memory посвященный чьей-л. памяти
to commit (*smth*) to memory заучивать, запоминать (*что-л.*)
menace *n* угроза, опасность
to constitute a menace составлять угрозу
mend *v* починить, отремонтировать; выздороветь
to mend (*one's*) fences загладить вину; исправить ошибку; сгладить эффект плохого поступка
mercenary *n* наемник
foreign mercenary иностранный наемник
to employ foreign mercenaries нанимать иностранных наемников
army of mercenaries армия наемников
merchandise *n* товары
assorted merchandise товары, относящиеся к различным категориям
first-class merchandise первоклассный товар
high-quality merchandise товар высшего качества
to buy merchandise покупать товар

to carry a line of merchandise иметь товарную группу (*в ассортименте торгового предприятия*)
to order merchandise заказывать товар
mercy *n* милосердие, милость; прощение
at the mercy of беззащитный (*против кого-л. или чего-л.*)
divine mercy божественное милосердие
infinite mercy безграничное милосердие
to beg for mercy просить пощады
to have a mercy (*on*) проявлять милосердие (*в отношении кого-л.*)
to show mercy (*towards*) быть милосердным (*к кому-л.*)
merge *v* поглощать (*напр., более мелкие компании*), сливать(ся)
to merge several companies into a major corporation слить ряд компаний в крупную корпорацию
merger *n* поглощение; слияние, объединение (*компаний*)
to effect a merger осуществить слияние
merit *n* заслуга, достоинство
intrinsic merit внутренняя ценность
relative merits сравнительная ценность
on the basis of merit по существу
to decide a case on its merits судить по существу дела
mess *n* беспорядок, кутерьма, путаница; неприятности
to clear up a mess очистить; разобраться (*в проблемах*); выяснить (*недоразумение*)
to make a mess напутать; напортить; провалить все дело
to clear up (*also* to sweep up) a mess привести дела в порядок
officers' mess офицерская столовая
mess about (*Am.* **around**) *v* бездумно проводить время

M

He spent all day messing about.

mess with *v амер.* ссориться, раздражать плохим поведением

Don't mess with me, boy, or you'll be sorry!

message *n* сообщение, донесение; письмо, послание

clear message ясное сообщение, сообщение открытым текстом

coded message закодированное сообщение

garbled message сообщение, искажающее факты

to convey a message передать сообщение

to deliver a message выступить с сообщением, сообщить что-л.

to get a message получить сообщение, послание

to leave a message with the secretary передать информацию секретарю

to receive the message получить сообщение

to relay a message ретранслировать сообщение

to send/to transmit a message передавать сообщение (*по радио*)

to unscramble a message расшифровать сообщение

mete out *v* выделять, распределять

to mete out justice следовать принципам правосудия, следовать принципам справедливости, воздать по заслугам

method *n* метод, способ; прием; система, порядок

infallible method устаревший метод

modern/up-to-date method современный/новейший метод

obsolete method устаревший метод

refined/sophisticated method утонченный метод

sound method разумный подход

unorthodox method необычный метод, подход

to adopt a method принять метод

to employ/to use a method применять метод

to give up the method отказаться от метода

microphone *n* микрофон

to speak into a microphone говорить в микрофон

middle ground средняя позиция, половинчатая позиция; центризм

middle-of-the-roader *n амер.* человек (политик), занявший центристскую позицию

midstream *n* середина реки

in midstream *перен.* посередине, «в центре», на центристской позиции

migrate *v* мигрировать, переселяться; совершать перелет (*о птицах*)

migration *n* миграция (*населения, птиц*)

annual migration ежегодная миграция

mass migration массовая миграция, массовое переселение

mileage *n* расстояние (*в милях*)

political mileage *амер. перен.* политический опыт

militia *n* милиция; *ист.* народное ополчение

to call out militia вызвать милицию

to mobilize militia мобилизовать силы милиции

milking *n разг.* выкачивание средств, ресурсов

mill *n* мельница; фабрика, завод

flour mill мельница

lumber mill *амер.* лесопильный завод

paper mill бумажная фабрика

rolling mill прокатный стан

textile mill текстильная фабрика

to go through the mill *разг.* приобрести опыт в трудных условиях; познать (*жизнь*) на своей шкуре

I think it is a propaganda mill.

mind *n* разум; умственные способности; ум, память; воспоминание

disciplined mind дисциплинированный ум

inquiring/inquisitive mind пытливый ум

keen/sharp mind острый, проницательный ум

one-tract mind (*e.g. in politics*) прямолинейный подход

quick mind острый ум; сообразительный человек

scientific mind аналитический склад ума

uncluttered mind четкий/логичный/ рациональный ум, незамутненный ум

in one's subconscious mind подсознательно

What's on your mind? О чем вы думаете?

to give smb a piece of one's mind высказать кому-л. свое отрицательное отношение

I'll give him a piece of my mind if he dares come here again!

meeting of the minds *юр.* совпадение воли сторон

never mind *разг.* ничего (страшного), пустяки, не стоит обращать внимание

Oh, never mind. Nobody really cares anyway.

mindful *adj* помнящий; внимательный (*к обязанностям*); заботливый

mindful of his obligations помнящий о своих обязательствах

mine *n* рудник, копь, шахта; прииск
to close down a mine закрыть шахту
to operate/to run a mine руководить работой шахты
abandoned mine заброшенная шахта

minerals *n pl* полезные ископаемые
rock minerals горные минералы
mingle *v* смешивать(ся)

minibudget *n* предварительное заявление министра финансов о состоянии бюджета (*букв.* «минибюджет»)

mining *n* горное дело, горная промышленность

open-pit mining (*also* open-cast mining) открытая добыча полезных ископаемых

minister *n* министр; *дип.* посланник; священник

foreign minister министр иностранных дел

minister without portfolio министр без портфеля

plenipotentiary minister полномочный министр

prime minister премьер-министр

to accredit a minister аккредитировать дипломатического представителя

minister *v* служить; оказывать помощь

to minister (*to smb*) обслуживать, помогать (*кому-л.*)

ministering to the sick уход за больными

ministry *n* министерство

the Ministry for Foreign Affairs (*also* the British Foreign Office; the US State Department) Министерство иностранных дел Великобритании/Госдепартамент США

minor *n* несовершеннолетний
This bar does not serve minors.

minority *n* меньшинство, меньшее число; меньшая часть

in a minority of cases в незначительном числе случаев

minority position in a SOE (state-owned enterprise) владение лишь отдельными акциями в госпредприятии, доля меньшинства в госпредприятии

mint *n* монетный двор; *разг.* куча денег

That kind of car costs a mint.
He must be making a mint!
fresh from the mint (*about coins*) новенькие монеты

mint *v* чеканить (*монеты*)

M

mint *adj*: in mint condition в прекрас-ном состоянии (*о коллекциониру-емых предметах*); *амер. разг.* пре-восходящий; исключительный
These tunes are mint, all right!

minutes *n pl* протокол (*собрания*)
to keep minutes вести протокол (*собрания*)
to read the minutes зачитывать протокол

miracle *n* чудо; удивительная вещь
to perform/to work a miracle совер-шить чудо
by a miracle чудом
to survive by a miracle чудом вы-жить, чудом спастись

mirage *n* мираж
the mirage disappeared мираж исчез

misapprehension *n* неправильное представление, заблуждение
We laboured under the misapprehen-sion that we would receive help.

miscalculate *v* ошибаться в расче-те; просчитываться
to miscalculate badly сильно оши-биться в расчетах

miscalculation *n* ошибка в расчете; просчет
to make a miscalculation допустить просчет

miscarriage *n* выкидыш; наруше-ние прав (*напр., в суде*)
It is a gross miscarriage of justice. Это грубая судебная ошибка.

mischief *n* шалость, проказа, озор-ство (*о детском поведении*); вред, повреждение; зло, беда
full of mischief (*about a child*) озор-ной ребенок
The children are up to some mis-chief. Дети затевают что-то не-ладное.
to keep children out of mischief дер-жать детей подальше от озорства
to make mischief (*between*) сеять раздор, стараться поссорить (*кого-л.*)

misconception *n* неправильное представление
It has been a case of political mis-conception. Это случай явного политического просчета.

misconduct *n* дурное поведение, про-ступок; осуждаемое сексуальное поведение; плохое администри-рование, управление; плохое ис-полнение своих обязанностей
gross misconduct *юр.* злостно не-правомерное поведение
professional misconduct нарушение профессиональной этики

miscount *n* просчет, неправильный подсчет
to make a miscount допустить про-счет

misdeed *n юр.* преступление, зло-деяние
glaring misdeed вопиющее пре-ступление, злодеяние
to commit a misdeed совершить преступление
to rectify a misdeed исправить ошибку

misery *n* страдание, несчастье
to alleviate/to relieve misery облег-чить страдание
to cause misery вызвать страдание, причинить страдание
It is sheer misery to live in a place like that.

misfortune *n* беда, неудача, несча-стье; злоключение
to suffer misfortune переживать неудачу

misgivings *n pl* опасение, предчув-ствие дурного
to express one's misgivings выра-жать опасения
to have misgivings (*about*) испыты-вать тревогу, опасения, страх (*по поводу*)

mishap *n* неудача, несчастье
A mishap befell us. С нами приклю-чилась беда.

M

misinformation *n* дезинформация
to give misinformation выдать дезинформацию
to peddle misinformation *разг.* распространять дезинформацию
to plant misinformation внедрять
дезинформацию
misinformed *adj* неправильно информированный
grossly misinformed абсолютно неверно информированный, дез-
информированный
misjudge *v* неправильно оценивать;
недооценивать
to misjudge badly неверно оценивать, судить
mislead *v* вводить в заблуждение,
сбивать с пути, сбивать с толку
We were misled about this matter.
misleading *adj* вводящий в заблуждение, обманчивый
It is misleading to cite only certain
sources.
mismanagement *n* плохое управление, неправильное руководство
(*фирмой и т.п.*)
This is a case of gross mismanagement of the business.
missed target упущенная возможность, нереализованная цель (*в
том или ином вопросе*)
missile *n воен.* реактивный снаряд,
ракета
missile gap отставание в ракетной
технике (*о стране*)   ·
ballistic missile баллистическая
ракета
cruise missile крылатая ракета
ground-to-ground missile ракета
класса «земля–земля»
guided missile управляемая ракета
intercontinental ballistic missile
межконтинентальная баллистическая ракета
intermediate-range missile ракета
промежуточной дальности

strategic missile стратегическая
ракета, ракета стратегического
назначения
submarine-launched missile ракета,
запускаемая с подводной лодки
missing *adj* недостающий; пропавший
missing in action пропавший в бою,
без вести пропавший
missing link недостающее звено (*в
цепи доказательств*)
mission *n* миссия; делегация
combat mission (*of troops*) боевая
задача (*поставленная перед вой-
сками*)
diplomatic mission дипломатическая миссия
goodwill mission миссия доброй воли
rescue mission группа спасения
search-and-destroy mission задача
по поиску и уничтожению противника
training mission (*about personnel*)
задача подготовки (*кадров*)
to carry out a trade mission with
success успешно осуществить
торговую миссию
to go on a goodwill mission отправиться с визитом доброй воли
to perform a mission выполнить
миссию, задачу
to undertake a mission взять на себя
миссию, задачу
missionary *n* миссионер, проповедник; посланец, посланник
foreign missionary иностранный
миссионер
miss out *v* промахнуться, упустить
to miss out on a profitable deal упустить выгодную сделку
misstatement *n* ложное заявление
to make a misstatement (*on, about*)
выступить с ложным заявлением (*о чем-л.*)
mistake *n* ошибка; недоразумение,
заблуждение
bad mistake грубая ошибка

M

costly mistake дорогая ошибка

fatal mistake фатальная ошибка

foolish mistake глупая ошибка

glaring mistake грубая ошибка/вопиющий промах

minor/slight mistake небольшая/незначительная ошибка

to correct a mistake исправить ошибку

to excuse a mistake простить (*кому-л.*) ошибку

to forgive a mistake не взыскивать за ошибку

to make a mistake (*in*) допустить, совершить ошибку

It was a mistake to do that. Не следовало бы поступать таким образом.

mistake *v* ошибаться, заблуждаться

He mistook me for another person. Он ошибочно принял меня за кого-то другого.

mistaken *adj* ошибочный, заблуждающийся

mistaken about придерживающийся неправильного мнения о

mistrial *n юр.* судебное разбирательство, в ходе которого допущены нарушения процессуальных норм

to declare a mistrial объявить о неверном судебном разбирательстве

mistrust *n* недоверие, подозрение

deep/profound mistrust глубокое недоверие

to arouse mistrust вызывать недоверие

misunderstanding *n* неправильное понимание; недоразумение; размолвка

misunderstanding (*about, over/between*) размолвка (*из-за, между*)

to clear up a misunderstanding устранить размолвку, устранить недопонимание

to lead to a misunderstanding вести к неправильному пониманию

to cause a misunderstanding вызывать неправильное понимание

mix *v* смешивать, сочетать; соединять

to mix private and state ownership сочетать частную форму собственности с государственной

mixed enterprise предприятие со смешанной формой собственности

mixed enterprise with minority private shareholders предприятие со смешанными формами собственности, в котором отдельные пайщики не имеют контрольного пакета акций

mixed-up *adj* перемешанный, спутанный

mixed-up with a bad company спутавшийся с плохой компанией

mob *n разг.* толпа, сборище; *презр.* чернь; *сленг* воровская шайка

angry mob разъяренная толпа

unruly/wild mob неуправляемая толпа

to control the behaviour of a mob контролировать поведение толпы

to inflame a mob разжигать страсти толпы

to subdue a mob подавить, утихомирить толпу

The police dispersed a mob. Полиция разогнала толпу.

mobilization *n* мобилизация

full mobilization общая мобилизация

partial mobilization частичная мобилизация

to carry out a mobilization осуществлять мобилизацию

to order a mobilization отдать приказ о мобилизации

model *n* модель, макет; *разг.* точная копия

to pose as a model позировать в качестве модели, натурщицы

to serve as a model работать натур-
щицей

to take as a model брать за модель,
образец

She was taken as an artist's model.
Ее взяли на работу в качестве
натурщицы.

moderate *adj* умеренный; выдер-
жанный (*о человеке*); сдержанный

moderate in one's demands умеренный в своих требованиях

moderate foreign policy умеренная
внешняя политика

moderate leader умеренный лидер

moderation *n* умеренность; сдержанность; регулирование; выдержка

to show moderation проявлять сдержанность

modern *adj* современный

modern stage of liberation struggle
современный этап освободитель-
ной борьбы

modernization loan ссуда на модер-
низацию

modification *n* видоизменение, изменение

modification of the text изменение
текста

behaviour modification изменение
поведения

to make a modification (*in*) сделать
изменение (*в*)

modus vivendi *лат.* образ жизни;
временное соглашение (*споря-
щих сторон*)

to work out a modus vivendi выработать временное соглашение

moment *n* момент

critical moment критический, важный момент

opportune moment подходящий
момент

moment of truth момент истины

momentum *n* толчок, импульс; *перен.* движущая сила

to gain momentum наращивать
темп, скорость

monarch *n* монарх

absolute monarch абсолютный
монарх

constitutional monarch конституционный монарх

monarchy *n* монархия

absolute monarchy абсолютная
монархия

constitutional monarchy конституционная монархия

hereditary monarchy наследственная монархия

limited monarchy ограниченная
монархия

to establish a monarchy создавать
монархию, установить монар-
хический строй

to overthrow a monarchy сбросить
монархию

money *n* деньги

counterfeit money фальшивые деньги

easy money легко доставшиеся,
шальные деньги

hush-money взятка за молчание

paper money бумажные деньги,
банкноты

pin money деньги «на булавки»

pocket money карманные деньги

prize money призовая сумма

seed money начальные инвестиции
(*в дело*)

spending money деньги на расходы

tight money «дорогие деньги», ограниченный кредит

to be out of money быть без денег

to borrow money одалживать, занимать деньги

to circulate money пускать деньги
в оборот

to coin money делать деньги

to deposit money (*in a bank*) помещать деньги (*в банк*)

to earn/to make money зарабатывать деньги

to have money to burn *разг.* иметь кучу денег; не знать, что делать с деньгами

money grubber *разг.* жадный человек

The boss is such a money grubber.

money market instruments инструменты рынка краткосрочных капиталов

money order денежный почтовый перевод

to cash a money order получить деньги по почтовому переводу

to make out a money order выписать, оформить денежный перевод

money talks (*шутливая фраза*) «у денег свои аргументы»

Like they say, money talks, but don't try making it talk to a cop.

monitor *n* контроль

video monitor (*for a computer*) видеомонитор (*для ЭВМ*)

monitor *v* контролировать

to monitor closely внимательно контролировать

monogamy *n* моногамия

to practise monogamy практиковать обычаи моногамии

monologue *n* монолог

to recite a monologue читать монолог

monopolistic SOEs (state-owned enterprises) госпредприятия-монополисты

monopoly *n* монополия

monopoly circles/interests монопольные круги/интересы

monopoly prices монопольные цены

to break up a government monopoly покончить с монополией правительства

to establish a monopoly (*on smth*) установить монополию (*на что-л.*)

to have/to hold a monopoly сохранять монополию

monopoly-serving *adj* находящийся на службе монополий

monstrous *adj* чудовищный, уродливый; громадный, исполинский; зверский

monstrous crime чудовищное преступление

It is monstrous to do that. Поступать таким образом просто чудовищно.

mood *n* настроение, расположение духа

festive/holiday mood праздничное, веселое настроение

melancholy mood меланхолическое настроение

mercurial mood быстро меняющееся расположение духа

nostalgic mood ностальгическое настроение

resentful mood возмущение (*по поводу ...*)

sullen mood мрачное настроение

to be in a good mood быть в хорошем расположении духа

moonlight *v* работать по совместительству (*особ. неофициально*)

mop-up *v* вытереть (*тряпкой*), подтереть; покончить, расправиться, положить конец

The battle was won, except for mopping-up a few small groups of enemy soldiers who continued to fight.

moral *adj* моральный

moral and political support моральная и политическая поддержка

moral crisis моральный кризис

moral degeneration моральное вырождение, разложение

moral depreciation (*of technology, weapons*) моральный износ (*техники, оружия*)

moral principles моральные принципы

morale *n* моральное состояние, боевой дух (*войск*)

high morale высокий боевой дух

public morale моральное состояние общества

to boost the morale поднимать боевой дух

to undermine the morale подрывать моральное состояние

moral fibre моральное состояние

to have the moral fibre to do this обладать достаточной моральной силой, чтобы сделать это

moralize *v* морализировать; поучать

morals *n pl* нравы, нравственность; этика

lax morals распущенность

public morals общественная мораль, общественная нравственность

strict morals строгая мораль

to protect public morals охранять общественную нравственность

to try to corrupt smb's morals пытаться разложить кого-л.

morals running low низкий моральный дух

morass *n* болото, трясина; *тж. перен.*

to get bogged down in a morass увязнуть, утонуть в болоте

moratorium *n* мораторий

moratorium on nuclear explosions мораторий на проведение ядерных испытаний

to declare a moratorium (*on*) объявить мораторий (*на*)

to lift a moratorium (*on*) отменить мораторий (*на*)

moribund *adj* устаревший, более не эффективный, отживший свой век

Morse code азбука Морзе

to send a message in Morse code направить сообщение кодом Морзе

to tap out the Morse code отбивать код Морзе

to use the Morse code использовать азбуку Морзе

mortality *n* смертность; падеж (*скота*)

infant mortality детская смертность

mortgage *n* заклад; ипотека; закладная

chattel mortgage продажа под залог недвижимости с условием выкупа

conventional mortgage обычная закладная

first mortgage первая закладная

second mortgage вторая закладная

to finance a mortgage финансировать закладную

to hold a mortgage владеть закладной

to pay off a mortgage погашать закладную, оплачивать закладную

to refinance a mortgage рефинансировать закладную

to take out a mortgage выписать закладную

mossback *n амер. сленг* крайний консерватор, ретроград

most *adj* наибольший, наиболее

most bellicose circles наиболее воинственные круги

most brutal force грубая сила, насилие

most deprived sections of the population самые обездоленные слои населения

most favoured nation *дип.* наиболее благоприятствуемая нация

most favoured nation treatment режим наибольшего благоприятствования

most outspoken абсолютно откровенный, искренний, прямой

most outspoken backing (*of a political party, etc.*) явная поддержка (*кого-л.*)

most outspoken militants наиболее радикальные элементы, лица

most seriously affected countries наиболее серьезно пострадавшие страны

М

most technologically advanced weapons system наиболее перспективные, с технологической точки зрения, системы оружия

motel *n* мотель

to check into a motel *амер.* остановиться в мотеле

mothballs *n pl* нафталиновые шарики

to put ships into mothballs законсервировать суда

mother *n* мать

expectant mother беременная женщина

nursing mother кормящая мать

welfare mother мать, живущая на пособие по социальному попечению

working mother работающая мать

stepmother мачеха

mother and child care забота о матери и ребенке

motif *n* (*also* **motive**) мотив; основная тема, идея (*художественного произведения*)

guiding motif движущий, основной мотив

motion *n* движение; ход (*машины*); телодвижение, жест; побуждение; предложение

motion for division предложение о проведении раздельного голосования

motion picture *амер.* кинофильм

procedural motion предложение по процедурным вопросам

substantive motion предложение по существу вопроса

to accept a motion принять (внесенное) предложение

to amend the motion изменить предложенную формулировку

to defeat/to vote down a motion забаллотировать, провалить предложение

to make a motion выдвинуть предложение

to second a motion поддержать (внесенное) предложение

to table a motion *амер.* выносить, ставить предложение на обсуждение

to vote on a motion голосовать по предложению

to withdraw a motion снять предложение

the motion carried предложение принято

motivate *v* стимулировать

to motivate privatization стимулировать проведение приватизации

motivation *n* побуждение, мотивировка; мотивация

to have the necessary motivation обладать необходимой мотивацией

to use the motivation (*for smth*) использовать мотивацию (*для каких-л. целей*)

motive *n* мотив, повод, побуждение

altruistic motive альтруистический мотив

base motive низкий, низменный мотив

humane motive гуманный мотив

noble motive благородный мотив

ulterior motive скрытый мотив

underlying motive основной мотив; мотив, лежащий в основе чего-л.

to have the highest motives руководствоваться самыми высокими побуждениями

The profit motive plays a very important role. Фактор прибыли здесь играет очень важную роль.

mouth *n* рот, уста; устье (*реки*); вход (*в гавань*)

big mouth *разг.* болтун, трепач

to shoot off one's mouth *разг.* слишком много говорить

to make smb's mouth water *разг.* соблазнять кого-л. (*чем-л.*)

mouth full of South *амер. разг.* акцент южанина

I just love to hear a man with a mouth full of South.

mouthpiece *n* (*also* **spokesman**) рупор; глашатай, выразитель мнения

to act as a mouthpiece of the oil circles выступать в качестве выразителя интересов нефтяных компаний

move *n* движение; ход (*дипломатический и т.п.*); переезд; поступок, шаг

brilliant move блестящий ход

wrong move неверный, ложный ход

Who is to make the first move? Кто сделает первый ход (шаг)?

Any false move will be costly for us. Любой неверный шаг может дорого нам обойтись.

move *v* двигать(ся), передвигать(ся); вращаться (*в кругах*); приводить в движение

to move for a new trial ходатайствовать о новом рассмотрении дела (*в суде*)

to move from one place to another переезжать с одного места на другое

move in *v* въезжать (*в квартиру*); посягать (*на что-л.*)

The organized crime was moving in on this type of business. Организованная преступность стала посягать на этот бизнес.

movement *n* движение

anti-nuclear movement антиядерное движение

civil-rights movement движение борцов за гражданские права

consumer movement движение в защиту прав потребителей

feminist movement женское движение

guerrilla movement партизанское движение

labour movement рабочее движение

national liberation movement национально-освободительное движение

peace movement движение за мир, движение сторонников мира

political movement политическое движение

radical movement радикальное движение

reform movement движение за проведение реформ, реформистское движение

resistance movement движение сопротивления

revolutionary movement революционное движение

social movement общественное движение

to oppose a political movement выступать против (*какого-л.*) политического движения

to perform a movement of troops осуществить переброску войск

to support a movement поддерживать движение

to suppress a movement подавлять движение

mover *n* инициатор, автор (*идеи*)

mover of a motion автор предложения

movers and shakers (*also* opinion leaders, influentials, political or economic activists) *амер. разг.* политики, формирующие общественное мнение

move up *v* продвинуть(ся); подняться по служебной лестнице

She has moved up to the position of a general manager.

movie *n* кинофильм

drive-in movie кино для автомобилистов, которое показывается на открытом воздухе (*фильм смотрится прямо из автомобиля*)

to make/to produce a movie поставить фильм

movies *n* *амер.* кино

to go to the movies пойти в кино

muckrake *v* выискивать неприятную информацию об известных личностях

M

muckraking *adj* содержащий неприятную информацию
I think it is a nasty newspaper muckraking article about ...

mud *n* грязь
to fling/to throw mud (*at*) *перен.* чернить кого-л., порочить чье-л. доброе имя, обливать кого-л. грязью (*особ. в политической борьбе*)

mudslinging *n* (*also* **smear tactics**) *амер. разг.* несуразные, вздорные обвинения; обливание грязью (*особ. в политической борьбе*)

mug *v* ограбить с применением насилия (*особ. в общественном месте*)

mug *n* (*also* **thug; goon**) *амер. сленг* бандит, головорез

multinational *n* транснациональная корпорация

multinational *adj* многонациональный, межгосударственный
multinational corporation транснациональная корпорация, многонациональная корпорация
multinational executive сотрудник многонациональной корпорации
multinational nuclear force многосторонние ядерные силы

multipartite *adj* многосторонний (*о соглашении, договоре*)

multi-party coalition коалиция из нескольких партий

multiple *adj* составной, сложный, со сложной структурой

municipal *adj* муниципальный, городской; местный, самоуправляющийся
municipal transportation городской транспорт

muster *v* собирать(ся) (*для проверки, осмотра*)
The troops mustered on the hill.
I mustered (up) my courage to make this move.

mute *adj* немой, безмолвный, молчаливый, безгласный

to stand mute не отвечать на вопросы

mutiny *n* мятеж
to crush/to put down/to quell a mutiny подавить мятеж
to foment/to incite a mutiny подстрекать к мятежу
to organize a mutiny организовать мятеж
A mutiny broke out. Мятеж вспыхнул.

mutual *adj* обоюдный, взаимный; общий, совместный
mutual and balanced force reduction взаимное и сбалансированное сокращение численности вооруженных сил

mystery *n* тайна; *церк.* таинство; детективный роман
unsolved mystery неразгаданная тайна
It is a murder mystery. Это – нераскрытое убийство.
to pose a mystery представлять тайну (*о тех или иных событиях*)
to solve/to unravel/to clear up a mystery раскрыть тайну, секрет

mystifying *adj* мистифицирующий, окружающий таинственностью; озадачивающий
It's mystifying that the matter was never investigated.

myth *n* миф; *перен.* вымысел; мифическое лицо
to bury the myth похоронить миф
to create a myth создавать миф
to dispel the myth развеять миф

naked *adj* голый, нагой; обнаженный; лишенный растительности; явный, открытый; незащищенный
naked aggression неприкрытая агрессия
naked contract договор не за печатью

naked facts голые факты

naked truth *разг.* правда без прикрас, истинная правда

Sorry to put it to you like this, but it's the naked truth.

visible to the naked eye видимый невооруженным глазом

name *n* имя, название, наименование; репутация; фамилия; род

in the name of law именем закона

The press tried to smear his good name. Пресса старалась запятнать его доброе имя.

name of the game *амер.* цель; суть (*дела*)

under an assumed name под вымышленным именем

to clear one's name восстановить свою репутацию

to drop names «козырять» известными именами, знакомствами

to give (*smb*) a bad name позорить (*кого-л.*)

to make a name (*in the world of business*) сделать себе имя (*напр., в мире бизнеса*)

name-calling *n* брань

to engage in name-calling прибегать к ругани

narcotics *n pl* (*syn.* **drugs**) наркотики

to peddle narcotics *амер. разг.* торговать наркотиками (*незаконно*)

to smuggle narcotics (*into a country*) контрабандным путем ввозить наркотики (*в страну*)

Use of narcotics is dangerous to one's health. Употребление наркотиков опасно для здоровья.

narrate *v* рассказывать, повествовать

to narrate a story рассказывать историю

narration *n* рассказ, повествование; пересказ, перечисление (*событий*); дикторский текст (*в кинофильме*)

graphic narration яркое повествование

narrow down *v* сужать (до), сводить (до)

The choice was narrowed down to a few candidates.

narrow-minded *adj* ограниченный, недалекий; с предрассудками

It is narrow-minded to say ... Было бы примитивно утверждать, что ...

narrow-minded approach недалекий подход

narrow-minded person ограниченный, узколобый человек

nation *n* народ, нация; народность; страна

belligerent nation воинственный народ, воюющее государство

emerging nations новые страны

most favoured nation наиболее благоприятствуемая нация

warring nations воюющие страны

family of nations «семья народов» (*шутл.* название ООН)

strikes across the nation забастовки по всей стране

to build a nation строить государственность

Any civilized nation would say that ... Любое цивилизованное государство придерживалось бы той точки зрения, что ...

national *adj* национальный; общенациональный; народный, государственный

national ad объявление (*рекламное и пр.*), помещенное в центральных газетах

national assembly национальная ассамблея

national bank государственный банк

national consensus согласие в масштабах страны

to reach a national consensus добиваться согласия всего народа

national convention (*also* caucus) *амер.* национальный партийный съезд national debt государственный долг

national defense национальная оборона

national desk (*in a newspaper*) *амер.* отдел новостей (*в газете*)

national emergency чрезвычайное положение в стране

national forces национальные вооруженные силы

National Guard (*in the US*) Национальная гвардия (*в США*)

national independence and sovereignty национальная независимость и суверенитет

National Liberation Front Национальный фронт освобождения

national press центральная пресса, основные газеты и журналы страны

national technical means of verification (*e.g. of nuclear explosions*) национальные технические средства контроля (*напр., испытаний ядерного оружия*)

national territory национальная территория

national turbulence беспорядки, волнения в стране

nationality *n* национальность; гражданство, подданство

nationalism *n* национализм; патриотизм

extreme nationalism чрезвычайные проявления национализма

rampant nationalism безудержный национализм

to foster nationalism способствовать национализму, разжигать националистические настроения

nationals *n pl* соотечественники, сограждане; граждане; подданные

natural *adj* естественный, природный; настоящий, натуральный

natural disaster стихийное бедствие

natural person физическое лицо

natural resources природные ресурсы

to develop the natural resources осваивать природные ресурсы

nature *n* природа; натура; естество; организм

human nature человеческая природа

It is his second nature. Это его вторая натура.

to try to harness the forces of nature пытаться обуздать силы природы

mother nature природа-мать

freak of nature уродец; выходящий за рамки обычного (*о каком-л. явлении*)

back to nature назад к природе

to be friendly by nature быть дружелюбным по характеру

navigation *n* судоходство; навигация; мореплавание; плавание

celestial navigation астронавигация

electronic navigation радионавигация

navy *n* военно-морской флот; военно-морские силы

navy-blue темно-синий

near *adj* близкий

near-shore *adj* прибрежный

near-shore mineral resources прибрежные природные ресурсы

necessity *n* необходимость

bare necessities предметы первой необходимости

daily necessities предметы повседневной необходимости

necessities of life предметы первой необходимости

to obviate a necessity избавляться от необходимости

neck *n* шея; перешеек, узкий пролив

to break one's neck trying to do smth сломать шею, стремясь сделать что-л., сильно рисковать, стараясь сделать что-л.

to risk one's neck рисковать головой

to wring smb's neck свернуть шею (*кому-л.*)

need *n* надобность, нужда; недостаток, бедность
acute need острая нужда
crying need насущная необходимость
desperate need отчаянная необходимость, нужда
pressing need острая необходимость
spiritual needs духовные потребности
unfulfilled needs неудовлетворен-
ные потребности
to live in dire need жить в условиях
жестокой нужды
need *v* нуждаться, иметь потреб-
ность
to need badly/sorely сильно нуждаться
negligence *n* небрежность; халат-
ность; неряшливость
gross negligence вопиющая небрежность
slight negligence небольшая небрежность
This should be evaluated as a con-
tributory negligence. Этот факт
следует отнести на счет потер-
певшего.
negotiate *v* вести переговоры
to negotiate a contract вести переговоры о заключении контракта, договора
to negotiate a face-saving formula
найти решение, позволяющее
достойно выйти из трудного
положения
to negotiate an obstacle брать препятствие (*напр., об автомобиле*)
to negotiate a package of problems
вести переговоры по пакету вопросов
to negotiate a peaceful settlement
добиться мирного урегулирования (*путем переговоров*)
to negotiate a treaty заключить
договор

to negotiate (*with smb*) for release of
prisoners of war договориться (*с
кем-л.*) об освобождении воен-
нопленных
negotiated *adj* достигнутый путем
переговоров
negotiated peace мир, достигнутый
путем переговоров
negotiated position позиция, занятая, достигнутая в ходе переговоров
negotiated transition (*to smth*) переход (*к чему-л.*) на основе достиг-
нутой договоренности
negotiating *adj* для целей ведения
переговоров
negotiating body орган по ведению
переговоров
negotiations *n pl* переговоры; обсуждение условий
delicate negotiations сложные переговоры
direct negotiations прямые переговоры
fruitful negotiations плодотворные
переговоры
fruitless negotiations бесплодные
переговоры
high-level negotiations переговоры
на высшем уровне
marathon negotiations «марафон-
ские» переговоры
round-the-clock negotiations круг-
лосуточные переговоры
step-by-step negotiations поэтап-
ные переговоры
top-level negotiations переговоры
на высшем уровне
to break off negotiations прервать
переговоры
to conduct negotiations вести переговоры
to enter into diplomatic negotiations
вступить в дипломатические переговоры
negotiator *n* участник переговоров, «переговорщик»

N

management negotiator участник переговоров от администрации

union negotiator участник переговоров от профсоюзов

nerves *n pl* нервы

bundle of nerves клубок нервов; в напряженном состоянии

to calm one's nerves успокаивать нервы

to fray, to frazzle smb's nerves вымотать нервы кому-л.

to get on smb's nerves действовать кому-л. на нервы

to have nerves of steel *разг.* иметь железные нервы

nervous *adj* нервный, нервничающий; беспокоящийся

to get nervous (*about*) разволноваться (*по поводу*)

nest *n* гнездо; притон; набор однородных предметов

hornet's nest осиное гнездо; *тж. перен.*

net *n* сеть; сетка; западня

mosquito net противомоскитная сетка

net result *фин.* конечный результат (*после учета активов и пассивов*); *перен.* (*после учета всех «за» и «против»*)

The net result was that I was fired.

to cast/to spread a net набросить сеть

to catch fish in a net поймать рыбу в сеть

to weave a net плести сеть

network *n* сеть

communications network сеть связи

road network дорожная сеть/система

It is a national radio network. Это государственная радиосеть.

over a national network (*of TV, etc.*) по государственной сети (*телевидения и т.п.*)

neutrality *n* нейтралитет

armed neutrality вооруженный нейтралитет

strict neutrality строгий нейтралитет

to declare one's neutrality объявить о своем нейтралитете

to maintain/to observe neutrality соблюдать нейтралитет

new *adj* новый

New International Economic Order Новый международный экономический порядок

new left новые левые

new world order for trade новый мировой порядок в торговле

newly *adv* заново, вновь; по-иному, по-новому; недавно

newly independent country страна, которая недавно обрела свою независимость

news *n* новость, новости, известие, сообщение

news analyst политический комментатор

news bias тенденциозная подача, необъективное освещение новостей

news editor редактор отдела новостей

news flash экстренное информационное сообщение

news media средства массовой информации

news space (*in a newspaper*) место для новостей (*отводимое в газете*)

international news международные события

local news местные новости

national news сообщения по стране, события в стране

political news политические события, новости

sensational news сенсационные новости

shocking news ошеломляющие, потрясающие новости

unexpected news неожиданные сообщения

Have you heard the latest news? Вы слышали последние новости?

to announce/to give news объявлять новости

to break news сообщить новость (*особ. неприятную*)

to censor the news подвергнуть новости цензуре

to colour/to distort/to twist the news искажать новости (*в газете и т.п.*)

to control/to cover up/to suppress the news контролировать, замалчивать новости

to cover the news освещать новости, события (*о работе журналистов*)

to make the news попасть на страницы печати

to spread the news распространять новости

to turn on news (*on a TV set*) включить новости (*передаваемые по телевидению*)

to watch the news следить за новостями

news conference пресс-конференция

to hold a news conference проводить пресс-конференцию

to try to torpedo a news conference пытаться сорвать пресс-конференцию

newspaper *n* газета

newspaper reporting газетный репортаж; материалы печати

newspaper story газетная заметка, статья, очерк в газете

to edit a (daily) newspaper редактировать (ежедневную) газету

to print a newspaper печатать газету

This newspaper comes out twice a week. Эта газета выходит два раза в неделю.

New York Stock Exchange Нью-Йоркская фондовая биржа

niche *n* ниша; свое, подобающее, надлежащее место; *перен.* убежище

to carve out a niche (*for oneself*) найти сферу деятельности (*для себя*)

Nobel Peace Prize Committee Комитет по присуждению Нобелевской премии мира

no-go *adj* не подходящий, негодный

It's no-go. *разг.* Этого не случилось/не случится./Так не пойдет! We're in no-go situation.

no-go area район, контролируемый некими силами, опасный для пребывания в нем

nominate *v* выставлять, предлагать кандидата (*на выборах*)

to be nominated as a candidate быть выдвинутым в качестве кандидата (*на выборах*)

to nominate (*smb*) for the presidency выдвинуть (*кого-л.*) в качестве кандидата в президенты

to nominate smb to serve as chairperson выдвинуть кого-л. в качестве председателя

nomination *n* выдвижение кандидатов; назначение на должность; право назначения

to accept a nomination не возражать против выдвижения в качестве кандидата

to put smb's name in nomination назвать чье-л. имя при выдвижении кандидатов

to reject a nomination отвергнуть кандидатуру

nomination to a committee выдвижение кого-л. в качестве члена комитета

nonaligned *adj* неприсоединившийся

nonaligned movement движение неприсоединения

nonalignment *n* неприсоединение

nonalignment policy политика неприсоединения

N

noncontroversial *adj* не являющийся спорным

noncontroversial item вопрос, не являющийся спорным

non-extension *n* непродление

non-extension of the contract непродление договора

non-governmental *adj* неправительственный

non-governmental organizations неправительственные организации

noninterference *n* невмешательство, политика невмешательства

noninterference in the internal affairs невмешательство во внутренние дела

non-issue *n* надуманный вопрос

non-member *n* не являющийся членом организации (*о государстве и т.п.*)

non-national *n* лицо, не являющееся гражданином данной страны

non-nuclear *adj* неядерный

non-nuclear war неядерная война

non-nuclear weapons (*syn.* conventional weapons) обычное оружие

non-nuclear weapon country страна, не обладающая ядерным оружием

non-observance *n* несоблюдение

non-observance of regulations несоблюдение постановлений

non-official *adj* не в официальном статусе (*об организации*)

non-official hours неофициальное время

non-official report неофициальное сообщение, неофициальный доклад

non-oil country страна, не имеющая своей нефти

non-original member государство, не являющееся первоначальным членом-основателем (*какой-л. организации*)

non-participation *n* неучастие

non-participation in a conference неучастие в конференции

non-partisan *adj* (*also* **non-party, uncommitted, independent**) не принадлежащий к какой-л. партии

non-partisan ballot бюллетень без указания партийной принадлежности кандидатов

non-partisan elections *амер.* выборы в судебные органы

non-political *adj* неполитический; аполитичный

non-political trip *амер.* неполитическая поездка (*напр., с целью сбора финансовых средств*)

nonproliferation treaty договор о нераспространении ядерного оружия

to observe the provisions of the nonproliferation treaty соблюдать положения договора о нераспространении ядерного оружия

non-recognition *n* непризнание

non-recognition of a country непризнание страны

non-resistance *n* непротивление; пассивное подчинение

non-self-governing *adj* несамоуправляющийся

non-self-governing territories несамоуправляющиеся территории

non-signatory state государство, не подписавшее договор

non-tax payment неналоговый платеж

nonunion *adj* не состоящий членом профсоюза; неорганизованный

nonunion position позиция, не отражающая интересы профсоюза

nonunionism *n* антипрофсоюзная политика

non-use *n* неприменение

non-use of nuclear weapons неприменение ядерного оружия

nonviolence *n* отказ от применения насильственных мер

nonviolent *adj* ненасильственный

nonviolent civil disobedience *амер.* мирные формы гражданского неповиновения

nonvoter *n* избиратель, не явившийся на выборы; непроголосовавший

North Pole Северный полюс

at the North Pole на Северном полюсе

to explore the North Pole исследовать Северный полюс

nose *n* нос; обоняние, чутье; *сленг* осведомитель, доносчик

to follow one's nose руководствоваться своим чутьем

to keep one's nose out of someone else's business не совать свой нос в чужие дела

to lead someone by the nose *разг.* полностью контролировать кого-л.

to poke/to stick one's nose into someone else's business совать свой нос в чужие дела

nosedive *n* крутой спад; резкое падение

Stocks took a nosedive. *разг.* Цена на акции резко упала.

nostalgia *n* тоска по родине, ностальгия; тоска по прошлому

to feel nostalgia испытывать тоску по родине

nosy parker *разг.* любопытный (человек), «вынюхивающий» (*что-л.*)

Look, you nosy parker, mind your own business.

notch up *v* зарубать, зафиксировать, делать метку, прорезать

note *n* заметка, запись; нота

diplomatic note дипломатическая нота

protest note нота протеста

to address a note направить ноту (*в чей-л. адрес*)

to deliver a note вручить ноту

to send smb a note направить кому-л. ноту

to write a note написать ноту (*напр., дипломатическую*)

noted *adj* знаменитый, известный; выдающийся

noted for fine theatres (*about a city*) знаменитый своими прекрасными театрами (*о городе*)

notes *n pl* заметки, записи

to take copious notes (*at a lecture*) делать подробные записи (*напр., на лекции*)

notice *n* извещение, уведомление; предупреждение

advance notice предварительное уведомление

to attract notice привлекать внимание

to escape notice ускользать от (*чье-го-л.*) внимания

to put up a notice повесить объявление

to serve notice (*on smth*) официально извещать (*о чем-л.*)

to take notice (*of smth*) наблюдать; примечать (*что-л.*)

notify *v* извещать, уведомлять; объявлять, доводить до всеобщего сведения

to notify a crime to the police сообщить полиции о преступлении

notion *n* понятие; представление; идея

foggy/hazy/vague notion туманное, слабое представление

odd/strange notion странное представление (*о чем-л.*)

preconceived notion предвзятое мнение

widespread notion широко распространенное представление

to dispel a notion развеять представление

to have a notion иметь представление

notorious *adj* пользующийся дурной славой; печально известный; пресловутый notorious as an outlaw известный как человек, находящийся вне закона

notorious for one's inefficiency печально известный своей неэффективной работой (*напр., о деятельности предприятия*)

novel *n* роман, новелла

detective novel детектив

dime novel дешевый бульварный роман, *разг.* «чтиво»

historical novel исторический роман

to make a novel into a film снять фильм по роману

to write a novel написать роман

novelty *n* новизна, новость, новинка, новшество; нововведение

Very soon the device outgrew its novelty. Довольно быстро это устройство утратило свою новизну.

A novelty wears off soon. Новизна быстро стирается.

nuance *n* нюанс, оттенок

subtle nuance тонкий оттенок (*цвета, значения и т.п.*)

N

nuclear *adj* ядерный

nuclear defence противоядерная защита, оборона

nuclear delivery system система доставки ядерных боеприпасов (*к цели*)

nuclear deterrence ядерное устрашение

nuclear disarmament ядерное разоружение

nuclear facilities ядерные установки

nuclear-free zone зона, свободная от ядерного оружия; безъядерная зона

nuclear freeze замораживание ядерного оружия

nuclear holocaust ядерная катастрофа

nuclear knockout *разг.* сокрушительный ядерный удар

nuclear missile race гонка ракетно-ядерных вооружений

nuclear nonproliferation нераспространение ядерного оружия

nuclear overkill *разг.* ядерный потенциал многократного уничтожения

nuclear parity ядерный паритет

nuclear power ядерная энергия; ядерная держава

nuclear-powered работающий на базе ядерной энергии

nuclear-powered cruise missile submarine атомная подводная лодка, вооруженная крылатыми ракетами

nuclear state ядерное государство; государство, обладающее ядерным оружием

nugget *n* самородок

gold nugget золотой самородок

nuggets of wisdom «перлы» мудрости

nuisance *n* досада, неприятность; надоедливый человек; помеха, неудобство

damned nuisance проклятая помеха

perpetual nuisance вечная помеха

to create a nuisance создавать неудобство

to make a nuisance of oneself надоедать, досаждать (*кому-л.*)

It's a nuisance that there is no hot water. Раздражает, что нет горячей воды.

number *n* число, количество; номер; сумма

growing number растущее число

large number большое число

untold number (*of losses, etc.*) безмерное число (*потерь и т.п.*)

to dial a number набирать номер (*телефона*)

number one высшего порядка, высшего качества; наилучший

We heard the number one high school band in the whole state last night.

nuts *adj* *амер.* *сленг* помешанный, свихнувшийся

He's nuts about computers.
to go nuts *разг.* спятить
nutshell *n* ореховая скорлупа
in a nutshell кратко, в нескольких
словах

=== **O** ===

oath *n* клятва, присяга; проклятия
loyalty oath клятва в верности
solemn oath торжественная клятва
to administer an oath (*to smb*)/to put
smb under oath привести (*кого-л.*)
к присяге
to take an oath дать клятву; принимать присягу (*на верность
стране*)
to testify under oath давать показания под присягой
to violate an oath нарушить клятву
obedience *n* послушание, повиновение, покорность
blind obedience слепое повиновение
strict obedience строгое повиновение
to demand obedience требовать
повиновения
to exact obedience требовать повиновения
to instil obedience добиться повиновения
to pledge obedience/allegiance/loyal-
ty заверять в преданности
object *n* предмет, вещь; объект (*изучения*)
unidentified flying object (UFO) неопознанный летающий объект
(НЛО)
objection *n* возражение, протест
serious/strenuous objection серьезное возражение
valid objection обоснованное возражение
violent objection бурный протест
objection overruled/sustained возражение отклоняется/принимается
(*заявление судьи*)

to raise an objection (*to a proposal*)
выдвинуть возражение (*в отношении предложения*)
objective *n* цель, стремление; *воен.*
объект
economic objective экономическая
задача
long-range objective перспективная
цель (задача)
military objective военный объект
short-range objective краткосрочная задача
to win/to attain/to gain an objective выполнить, осуществить
задачу
objectivity *n* объективность
acting in all objectivity действуя
самым объективным образом
objector *n* возражающий
conscientious objector (*to an army
service, etc.*) лицо, отказывающе-
еся от военной службы (*по политическим или религиозным
убеждениям*)
obligated *adj* обязанный
obligated to pay off all debts обязанный уплатить все долги
obligation *n* обязательство, обязанность; принудительная сила
legal obligation юридическое обязательство
family obligations семейные обязанности
moral obligation моральное обязательство
social obligation социальное обязательство
to specify the obligations конкрет-
но определить свои обязательства (*напр., со стороны государства*)
A person should have an obligation
to his parents. Необходимо выполнять свои обязательства перед родителями.
I have an obligation to help you. Я
обязан вам помочь.

O

to be under an obligation нести обязательство, быть обязанным (*сделать что-л.*)

oblige *v* обязывать, связывать (себя) обязательством

The contract obliges us to pay a penalty if we finish late.

You'll oblige me by ... *разг.* Я буду вам благодарен, если ...

obscurity *n* мрак, тьма, темнота; неясность, непонятность

to sink/to lapse into obscurity впасть в безвестность, быть преданным забвению

to spring/to rise/to emerge from obscurity внезапно получить известность, стать знаменитым

observance *n* соблюдение (*закона, обычая*)

religious observance религиозный обряд, ритуал

observation *n* наблюдение, наблюдательность

empirical observation эмпирические наблюдения

scientific observation научные наблюдения

to make an observation сделать наблюдение

I think it's a shrewd observation to say that ...

It's my personal observation. Это мое личное наблюдение.

observer *n* наблюдатель

casual observer случайный наблюдатель

impartial observer беспристрастный наблюдатель

keen observer внимательный наблюдатель

outside observer наблюдатель со стороны

shrewd observer проницательный наблюдатель

skilled observer квалифицированный наблюдатель

team of military observers группа военных наблюдателей

obsolescence *n* устаревание; моральный износ

built-in obsolescence запланированный срок износа (*изделия*)

obsolescent *adj* устаревающий, выходящий из употребления

This type of computers is obsolescent.

obstacle *n* препятствие, помеха

artificial obstacle искусственное препятствие

formidable obstacle непреодолимое (серьезное) препятствие

insurmountable obstacle непреодолимое препятствие

natural obstacle естественное препятствие

to clear/to overcome an obstacle преодолеть препятствие

to come across an obstacle натолкнуться на препятствие

to pose an obstacle представлять собой преграду (препятствие)

to remove an obstacle устранить препятствие

obstruction *n* затруднение, помеха

to remove an obstruction устранить помеху

occasion *n* случай, возможность; обстоятельство; основание, причина; повод

festive/gala occasion торжественный повод

fitting occasion подходящий случай

happy/joyful/joyous occasion счастливый случай

official occasion официальный повод

special occasion специальный, особый повод

to take an occasion (*to do smth*) воспользоваться возможностью (*сделать что-л.*)

occupation *n* работа; занятие; времяпрепровождение; *воен.* оккупация

military occupation военная оккупация

profitable occupation выгодное занятие

to learn an occupation научиться делу, специальности

occurrence *n* случай, происшествие; местонахождение, распространение

common occurrence обычное явление

regular occurrence обычное, повторяющееся событие

odds *n pl* вероятность того, что что-л. случится; неравенство, разница; разногласие

Against all the odds he recovered from his illness.

The odds are 10 to 1 that our team will win.

heavy odds существенные шансы; превосходящие силы

long/short odds большие/небольшие преимущества

overwhelming odds преобладающие шансы

All the odds were against us. Все обстоятельства были против нас.

at odds (*with smb*) быть в ссоре, не ладить (*с кем-л.*)

by all odds без сомнения

off-balance *adj* потерявший душевное равновесие

caught off-balance *перен.* быть вне себя

off-Broadway theater *амер.* театр за пределами Бродвея, экспериментальный театр

off the hook *букв.* «более не на крючке», вне опасности

I'll let you off the hook this time, but never again.

off-the-shelf *adj, adv амер.* готовый к употреблению, доступный

off-the-wall *adj* (*syn.* **zany**) *амер. сленг* забавно-глупый

You really like him? He is so off-the-wall.

offence *n* обида, оскорбление; правонарушение

minor offence мелкое правонарушение

serious offence тяжкое правонарушение

to commit an offence совершить преступление, правонарушение

She takes offence at every remark. Она обижается на любое замечание (в ее адрес).

offer *n* предложение; предложение цены; попытка

firm offer твердое предложение

introductory offer предварительное предложение (*цены*)

job offer предложение работы

trial offer предложение (*чего-л.*) на пробу

to accept an offer принять предложение

to decline an offer отказаться от предложения

to make an offer сделать предложение

to reject an offer отвергнуть предложение

to spurn an offer презрительно отнестись к предложению

to withdraw an offer отказаться от предложения

The offer of help was accepted gratefully. Предложение о помощи было с благодарностью принято.

offering *n* предложение, подношение; пожертвование

sacrificial offering жертвоприношение

office *n* служба, должность; обязанность, долг; функция; контора, канцелярия

appointive office должность, замещаемая по назначению

branch office филиал (*фирмы, предприятия*)

elective office выборная должность

high office высокая должность

О

main office (*also* Headquarters) главная контора, штаб-квартира

public office общественная должность

You can get your consultation at the lawyer's office. Проконсультироваться можно в юридической консультации.

Get your luggage at the left-luggage office. Заберите свой багаж в бюро забытых вещей.

officer *n* чиновник, должностное лицо; служащий, сотрудник (*учреждения*); *воен.* офицер

administrative officer административный сотрудник

budget officer сотрудник по бюджетным вопросам

child welfare officer сотрудник по вопросам охраны детства

commanding officer командир

conference officer сотрудник секретариата конференции

consular officer консульский сотрудник

finance officer сотрудник по финансовым вопросам

field-grade officer старший офицер

line officer строевой офицер

public relations officer сотрудник по связям с общественностью

senior officer старший офицер; старший начальник; командир (*соединения*)

staff officer штабной офицер

top-ranking officer сотрудник высокого ранга; старший офицер

officer in charge (старший) начальник; сотрудник, ответственный (*за*)

officer of the court служащий, чиновник суда

great officers of state высшие сановники государства

to promote an officer повысить сотрудника в должности; повысить офицера в должности

offices *n pl* служебные помещения; услуги

through the good offices (*of smb*) пользуясь добрыми услугами, благодаря добрым услугам (*кого-л.*)

official *adj* официальный; служебный, формальный

official assistance официальная помощь

official ballot официальное голосование

official duties служебные обязанности

official duty station основное место работы

official journal официальное издание

official language официальный язык

official representative официальный представитель

official statement официальное заявление

official visit официальный визит

official *n* должностное лицо; чиновник; служащий (*государственный, банковский и т.п.*)

appointed official назначенное должностное лицо

customs official таможенный чиновник

elected official выборный чиновник

federal official работник федерального ведомства

government official государственный служащий

health official сотрудник по вопросам здравоохранения, врач

law-enforcement official судебный исполнитель; сотрудник по вопросам проведения законов в жизнь

local official местный сотрудник

postal official почтовый работник

public official государственное должностное лицо, государственный чиновник

officialdom *n* чиновничество, бюрократический аппарат

officiate v исполнять обязанности; *церк.* совершать богослужение
to officiate at a ceremony совершать церемонию богослужения
offspring n отпрыск, потомок; продукт; результат, плод; детище
to produce offspring воспроизводить потомство
off the job accident несчастный случай, произошедший во внеслужебное время
off the record не для печати (*напр., указание журналистам*)
oil n масло; нефть; жидкая смазка
crude oil неочищенная нефть
refined oil рафинированное масло; обработанная нефть
to drill for oil бурить скважину в целях нахождения нефти
to hit/to strike oil открыть нефтяной источник
to produce oil добывать нефть
to pump oil качать нефть
to refine oil перерабатывать нефть
to burn the midnight oil работать до глубокой ночи
O.K. v одобрять (*решение и т.п.*)
olive branch оливковая ветвь (*как символ мира*)
to offer the olive branch предложить оливковую ветвь, предложить мир
Olympic Games Олимпийские игры
to hold the Olympic Games проводить Олимпийские игры
omission n упущение
to rectify an omission исправить упущение
one-party system однопартийная система
one-sided concession односторонняя уступка
one-way street улица с односторонним движением; *перен.* односторонний подход

on-the-job training подготовка (*кадров*) без отрыва от производства
open v открывать
to open a meeting открыть собрание (заседание)
to open an account with a bank открыть счет в банке
to open new land (*for development*) открыть новые земельные участки (*для освоения*)
opening n начало; вступление; вступительная часть; открытие (*конференции*)
good opening for business благоприятный старт для бизнеса
to have an opening иметь вакансию
open up v раскрывать; сделать доступным; обнаруживать(ся)
to open up the secret files to the public открыть секретные архивы для общественности
opera n опера
grand opera гранд-опера
horse opera *амер. сленг* ковбойский фильм
soap opera *амер. разг.* телевизионный сериал, «мыльная опера»
operating control оперативный контроль, повседневный контроль
to transfer operating control (*over smth*) передать рабочий контроль (*над чем-л.*)
operation n операция; условия или процесс работы
exploratory operation операция по расследованию
mining operations угледобыча; операции по добыче полезных ископаемых
operation programme (*syn.* business plan) программа хозяйственной деятельности
salvage operations сбор утильсырья; сбор трофеев
theatre of operations *воен.* театр военных действий (ТВД)

О

to conduct operations проводить операции, действия

to perform an operation выполнять операцию

to undergo an operation подвергнуться операции

operational activities текущая деятельность фирмы

opinion *n* мнение

opinion leader выразитель общественного мнения

opinion poll опрос общественного мнения

advisory opinion консультативное заключение

conflicting opinions противоречивые мнения

considered opinion взвешенное мнение

dissenting opinion противоположное мнение, разногласие

informed opinion мнение, основанное на фактах

negative opinion отрицательное мнение

opposing opinion противоположное мнение

positive opinion положительное мнение

prevailing opinion преобладающее мнение

to have a high opinion (*of*) быть высокого мнения (*о*)

to have a second opinion (*of another doctor*) узнать о другой точке зрения (*у другого врача*)

in my humble opinion по моему скромному мнению

I am of opinion that ... Я полагаю, что ...

to air/to express/to give/to offer/to voice an opinion выразить, обнародовать мнение

to form an opinion (*on, about*) сформулировать (свое) мнение (*о*)

to pass an opinion соглашаться с мнением, выносить решение

to venture an opinion позволить себе высказать (свое) мнение

opium-producing country страна – производитель опиума

opponent *n* противник, соперник; оппонент

formidable/strong opponent сильный противник

weak opponent слабый противник

worthy opponent достойный противник

opponents of the policy of privatization выступающие против приватизации

opportunist *n* оппортунист

opportunity *n* возможность, удобный случай

fleeting opportunity мимолетная возможность

lost/missed opportunity (*in business*) упущенная возможность (*в бизнесе*)

to afford an opportunity позволить себе (*сделать что-л.*)

to find an opportunity найти, изыскать возможность

to give/to offer an opportunity дать возможность

to give an equal opportunity предоставить равную возможность

to grab/to seize/to take an opportunity использовать возможность, не упустить шанс

to have an opportunity иметь возможность

to lose an opportunity упустить возможность

Opportunity knocks (at the door). Шанс сам просится в руки.

oppose *v* противиться, оказывать сопротивление, выступать против

to oppose resolutely/vehemently решительно выступать против

to oppose the pressure противиться давлению

O

opposed *adj* противоположный, противный; встречающий сопротивление

vehemently opposed резко настроенный против

opposed to the superprofits выступающий против сверхприбылей

opposing *adj* оказывающий сопротивление

opposing military alignments выступающий против военных альянсов, группировок (*о позиции страны и т.п.*)

opposing party противоборствующая сторона

opposite *adj* противоположный; обратный

opposite party противная сторона

polar opposites полярные противоположности

opposition *n* сопротивление, противодействие; вражда; оппозиция

Opposition, the *парл.* оппозиция

opposition circles оппозиционные круги

opposition figure оппозиционный деятель, деятель оппозиции

opposition leader лидер оппозиции

opposition party оппозиционная партия

opposition press оппозиционная печать

determined/fierce/vehement opposition яростная/решительная оппозиция

unbending/unyielding opposition непреклонная оппозиция

opposition to new taxes выступление против новых налогов

in spite of opposition несмотря на сопротивление

to adopt a resolution over the opposition принять резолюцию несмотря на противодействие

in opposition (*to*) в оппозиции (*к*)

to arouse/to stir up opposition вызвать оппозицию, сопротивление

to crush opposition разгромить оппозицию

to meet with opposition столкнуться с оппозицией, противодействием

His proposal met with strong opposition

to offer/to put up opposition создать оппозицию

to overcome opposition преодолеть оппозицию

oppression *n* притеснение, угнетение, гнет; угнетенность, подавленность

to finish with the oppression покончить с гнетом

to live under oppression жить под гнетом

oppressive *adj* гнетущий

oppressive taxes тяжелые налоги, бремя налогов

opt *v* выбирать

to opt to do smth решить сделать что-л.

optimism *n* оптимизм

incurable optimism неискоренимый оптимизм, вечный оптимизм

unflagging optimism неослабевающий оптимизм

to express optimism выразить оптимистическую точку зрения

to show the signs of optimism обнаруживать признаки оптимизма

optimist *n* оптимист

incurable optimist неисправимый оптимист

optimistic *adj* оптимистический

cautiously optimistic (*about, over*) стоящий на позициях осторожного оптимизма

option *n* выбор; право выбора, замены; предмет выбора; оптация; *ком.* опцион

option of nationality выбор национальности

exclusive option исключительный опцион

first option первый опцион

O

stock option операции с акциями

to exercise an option использовать опцион

to have an option to buy smth иметь право купить что-л.

to have no option but ... не иметь иного выбора, кроме ...

optional *adj* выборочный; факультативный

optional protocol факультативный протокол

It is optional on your part. Вам предоставляется право выбора.

oratory *n* красноречие, ораторское искусство

inflammatory oratory зажигательная речь

mob oratory приемы выступлений на массовых митингах

rabble-rousing oratory речь, разжигающая (в слушателях) ненависть

to be fond of campaign oratory любить выступать на массовых митингах

orbit *n* орбита

to make an orbit (*around*) совершить круг

to put a satellite into orbit вывести спутник на орбиту

orchestration *n* организованная пропаганда (*чего-л.*), «оркестровка» (*каких-л. мероприятий*)

orchestration of some measures организация каких-л. мероприятий

ordeal *n* тяжелое испытание; *ист.* «суд божий»

trying ordeal суровое испытание

to undergo an ordeal пройти сквозь испытания

order *n* порядок; последовательность; исправность

order of precedence порядок очередности

order of priority (*of items on the agenda*) первоочередность (*пунктов повестки дня*)

ceremonial order церемониальный порядок

public order общественный порядок

social order общественный строй

by order of my government по поручению моего правительства

to call a meeting to order призвать ораторов соблюдать порядок

to establish order установить порядок

to restore order восстановить порядок

law and order правопорядок (*в обществе*)

order *v* приводить в порядок; приказывать, предписывать, распоряжаться; заказывать

to order merchandise заказывать товары

to order the prisoner transferred (*to*) приказать перевести заключенного (*в*)

The referee ordered the player off the field. Рефери удалил игрока с поля.

ordinance *n* указ, декрет, постановление

to adopt/to enact/to pass an ordinance принять указ

to enforce an ordinance ввести указ в действие

to issue an ordinance издать указ

ordnance *n* артиллерийские орудия, материальная часть артиллерии

naval ordnance морское оружие

organ *n* орган; учреждение; печатный орган

organ of the press печатный орган

chief organ of government главный орган правительства

official organ официальный орган (печати)

party organ партийный орган

organization *n* организация

charitable/philanthropic organization благотворительная/филантропическая организация civil organization гражданская организация

community organization общинная организация

non-profit organization некоммерческая организация (*т.е. не получающая прибыли*)

professional organization профессиональная организация

profit-making organization прибыльная (коммерческая) организация

religious organization религиозная организация

state organization государственная организация

student organization студенческая организация

UN organization организация системы ООН

voluntary organization добровольная организация

women's organization женская организация

youth organization молодежная организация

to disband an organization распустить, расформировать организацию

to establish an organization учредить, создать организацию

orientation *n* ориентировка, ориентация

to offer (*smb*) orientation ориентировать (*кого-л.*)

to receive orientation получить ориентировку

origin *n* происхождение

The fire was of undetermined origin. Происхождение огня не было установлено.

original *n* подлинник, оригинал; первоисточник; чудак

to read smth in the original читать (текст) в оригинале

originality *n* подлинность, оригинальность; самобытность

to show originality проявить самобытность

originate *v* давать начало, порождать; создавать; брать начало, происходить, возникать

This idea has originated with her. Она была автором этой идеи.

orphan *n* сирота

war orphan сирота времен войны

orthodoxy *n* ортодоксальность; *рел.* православие

strict orthodoxy строгая ортодоксальность

outburst *n* взрыв, вспышка

angry outburst взрыв гнева

furious outburst яростный взрыв

sudden outburst внезапный взрыв (приступ) (*гнева, радости и т.п.*)

violent outburst бурный взрыв

outcome *n* результат, последствие, исход

to decide the final outcome определить исход

to measure outcomes измерить (оценить) результаты

outcry *n* громкий крик, выкрик; (*общественный*) протест

public outcry (*against*) резкий протест общественности

to raise an outcry выступить с протестом

outgoing *adj* уходящий, отбывающий

outgoing ambassador посол, покидающий свой пост

outgoing cabinet/deputy уходящий в отставку кабинет/депутат

outgoing tenants жильцы, выезжающие из квартиры

outgoing mail исходящая почта

outlaw *v* объявлять вне закона

to outlaw discrimination объявить дискриминацию вне закона, упразднить практику дискриминации

to outlaw a strike объявить забастовку незаконной

O

to outlaw a union запретить профсоюз

to outlaw war объявить войну вне
закона

outlet *n* выход, отдушина

outlet to the sea выход к морю

to find an outlet (*for one's emotions*)
найти выход (*для своих чувств*)

to provide an outlet (*for*) обеспечить выход (*для*)

factory outlet *амер.* фабричная,
заводская торговая точка

outline *n* очертание; набросок, эс-
киз; схема, план, конспект

broad outline широкие рамки, принципы

general outline общие рамки, общие принципы

to make an outline наметить что-л.
в общих чертах

to present a project in broad outline
представить проект в общих
чертах

outlook *n* вид, перспектива; виды
на будущее

healthy outlook (*of the economy*) хорошие перспективы (*экономики*)

pessimistic outlook мрачные перспективы

to give a long-range/long-term outlook дать долгосрочный прогноз, оценить (*что-л.*) с точки
зрения будущей перспективы

to have an outlook (*on smth*) сделать общую оценку (*чего-л.*)

the outlook for the future виды на
будущее

outpost *n* аванпост; отдаленное
поселение; сторожевой отряд,
застава

battle outpost сторожевое охране-
ние

military outpost сторожевая застава

output *n* продукция; продукт; выпуск; выработка

annual/daily output ежегодный/
ежедневный выпуск (*продукции*)

to curtail/to cut back output сократить выпуск

to step up/to increase output увеличить выпуск

outrage *n* грубое нарушение закона; насилие; поругание

to express an outrage (*against*) выражать протест (*против*)

to feel outrage испытывать оскорбление

to spark outrage *амер.* вызвать насилие

to stir up outrage подталкивать к
насилию

It is an outrage that ... Это безоб-
разие, что ...

outrageous *adj* неистовый, жестокий; возмутительный, оскорби-
тельный; вопиющий

It's outrageous to permit such behaviour.

outs *n pl*: **to be on the outs with smb**
разг. быть в ссоре с кем-л.

outskirts *n pl* окраина, предмес-
тья

on the outskirts of the city на окра-
ине города

outspoken *adj* откровенный

to be outspoken in one's opposition
to smth откровенно выступать
против

to regard the speech as outspoken
criticism рассматривать речь как
явную критику

outstanding *adj* выдающийся, знаменитый; неуплаченный

outstanding contribution выдающийся вклад

outstanding interest *эк.* неоплачен-
ный процент

outvoted *adj* имеющий перевес голосов; забаллотированный

ovation *n* овация, бурные аплодисменты

standing ovation все аплодируют
стоя

thunderous ovation бурная овация

tremendous ovation несмолкаю-
щие аплодисменты

to get/to receive an ovation быть
встреченным овацией

to walk out on the stage to an ovation выйти на сцену под аплодисменты

overboard *adv* за бортом

to go overboard *разг.* довести дело
до крайности

overdose *n* слишком большая доза,
вредная доза

fatal overdose фатальная доза, недопустимо большая доза (*лекарства, наркотика*)

lethal overdose смертельная доза

to get an overdose получить слишком большую дозу

overdue sums of the tax налоги, не
уплаченные в срок

to recover overdue sums of the tax
взыскивать суммы налога, не
уплаченные в срок

overhaul *n* тщательный осмотр;
капитальный ремонт

complete overhaul полный капитальный ремонт

major/thorough overhaul капитальный ремонт

The situation requires a major overhaul. Ситуация требует корен-
ной ломки (*чего-л.*).

overnight money суточная ссуда

overpayment *n* переплаченная сумма

overpayment of the tax переплаченная сумма налога

overpriced share завышенная по
цене акция

oversight *n* недосмотр, оплошность

through an oversight в результате
недосмотра

overture *n* музыкальная интродук-
ция (*напр., к опере*); *pl перен.* пре-
людия, попытка, начало (*напр.,
примирения*)

to play an overture играть увер-
тюру

to make overtures (to) делать попыт-
ки к примирению; пытаться завязать знакомство, заигрывать

owe *v* быть должным (*кому-л.*),
быть в долгу

to owe (*smb*) a sum of money задолжать (*кому-л.*) сумму денег

ownership *n* собственность, владение; право собственности

communal ownership общинная
собственность

joint ownership совместная собственность

private ownership частная собственность

public ownership общественная
собственность, государственная
собственность

state ownership государственная
собственность

wider ownership расширение круга владельцев

wider ownership of shares увеличение числа владельцев акций

pace *n* шаг; длина шага; скорость,
темп

brisk/fast/rapid pace быстрый темп

frantic pace неистовый, безумный
темп

hectic pace лихорадочный темп

killing pace убийственный темп

slack/slow/sluggish pace медленный
темп

snail's pace черепашьим шагом

at a certain pace в определенном
темпе

change of pace изменение темпа

to change the pace (из)менять темп

to keep pace with идти в ногу, не
отставать

to set the pace установить, задать
темп

Р

to take a pace взять определенный темп

pack *n* пакет, пачка, связка

parachute pack парашютное снаряжение

package *n* пакет, пачка; упаковка

package disarmament plan план комплексного разоружения

package formula формула пакета, формула комплексного подхода

package technology комплексная технология

package treatment (*of a problem*) комплексное рассмотрение (*проблемы*)

package trip комплексная туристическая поездка

package of proposals пакет предложений

to present a package of proposals представить пакет предложений

packaging *n* упаковка

packaging of foreign technology комплексная передача иностранной технологии

pact *n* пакт, договор, соглашение

pact of peace договор о мире

non-aggression pact договор о ненападении

to agree to a pact согласиться на заключение договора

to denounce a pact денонсировать, расторгать договор, пакт

to enter into a pact/to make a pact (*with*) заключить договор (*с*)

to sign a pact подписать договор

to have a pact not to reveal smth договориться не разглашать что-л.

pad *n* прокладка; подушка; блокнот; *тех.* монтажная площадка

helicopter pad вертолетная площадка

launching pad стартовая платформа (*для запуска ракет*)

one's pad *сленг* жилье, «хата»

page *n* паж; *амер.* служитель (*в законодательном собрании*)

congressional page *амер.* служитель в Конгрессе

pageant *n* пышное зрелище; маскарад

beauty pageant конкурс красоты

paint *v* писать красками; окрашивать, расписывать; приукрасить

to paint (*smb*) as an aggressor изображать (*кого-л.*) в качестве агрессора

painting *n* живопись; роспись; картина

to authenticate a painting устанавливать подлинность картины

to do a painting нарисовать картину

to restore a painting восстановить картину

pal *n* (*also* **buddy**) *разг.* приятель, друг

Hey, be a pal. Give me a match.

palace *n* дворец, чертог; роскошное здание, особняк

imperial palace имперский особняк

presidential palace президентский дворец

royal palace королевский дворец

panacea *n* универсальное средство, панацея

to find a panacea найти универсальное средство

panel *n* список, перечень; *юр.* список присяжных заседателей; группа специалистов

advisory panel группа консультантов

consumer panel группа потребителей

fact-finding panel группа по изучению положения на местах

government panel правительственная комиссия

panel on drug addiction группа по проблемам наркомании

to serve on a panel быть в составе группы, комиссии

panel discussion обсуждение каких-л. вопросов в группе

to hold a panel discussion провести обсуждение вопросов в группе to lead a panel discussion управлять ходом дебатов группы

to moderate a panel discussion председательствовать на заседании группы

pangs *n pl* муки, мучения

pangs of conscience угрызения совести

panic *n* паника

to cause/to create panic создавать/порождать панику

to feel panic (*at the thought of*) испытывать панику (*при мысли о*)

to prevent panic предотвращать панику

to spread panic распространять панику

panic spreads паника распространяется

panic subsides паника утихает, стихает

in a panic (*over*) в панике (*по поводу*)

panic button кнопка сигнала тревоги

paper *n* бумага; газета; научный доклад; статья

commercial paper краткосрочный коммерческий вексель, обязательство

White paper «Белая книга» (*официальный правительственный документ в Англии*)

to publish a paper *разг.* опубликовать газету; опубликовать научную статью

to write a paper *эк.* выписывать вексель; готовить документ

paperback *n* книга в мягкой обложке

par *n* равенство

on a par наравне, на одном уровне

parachute jump парашютный прыжок

to make a parachute jump совершить парашютный прыжок

parade *n* парад; показ; построение; место для гулянья

inaugural parade парад по случаю вступления в должность (*напр., президента*)

military parade военный парад

to stage a parade проводить, устраивать парад

parade *v* строить(ся); проходить строем; маршировать; выставлять напоказ

to parade in front of the audience (*in a fashion show, etc.*) шествовать перед собравшимися (*напр., на показе мод*)

paradise *n* рай

earthly paradise земной рай

paradox *n* парадокс

It is a paradox that ... Парадоксально то, что ...

parallel *n* параллель

to draw a parallel (*between*) провести параллель (*между*)

to find parallels (*among*) найти параллели (*между*)

paralysis *n* паралич

complete paralysis of power полный паралич власти

paratroops *n pl* парашютисты-десантники

to deploy paratroops разместить парашютный десант

to drop paratroops сбросить парашютный десант

pare down *v* сокращать, урезывать

to pare down expenses to the minimum сократить расходы до минимума

parent *n* родитель, родительница, предок

to obey one's parents слушаться своих родителей

parity *n* равенство; параллелизм, аналогия; соответствие

military parity военный паритет

to achieve/to attain/to establish parity добиться паритета (*в какой-л. области*)

park *n* парк (*тж. автомобильный и т.п.*), заповедник

Р

amusement park парк отдыха и развлечений

city park городской парк

industrial park *амер.* промышленный парк, территория для размещения промышленных предприятий

national park национальный парк; заповедник

public park общественный парк

state park государственный парк; *амер.* парк штата

parley *n* переговоры (*особ. военные*)

to hold a parley вести переговоры

parliament *n* парламент

bicameral parliament двухпалатный парламент

unicameral parliament однопалатный парламент

house of parliament здание парламента

to convene a parliament созывать парламент

to dissolve a parliament распускать парламент (*напр., на каникулы*)

to sit in a parliament работать, заседать в парламенте

to stand for parliament *англ.* выставлять свою кандидатуру в парламент

parliament adjourns объявляется перерыв в работе парламента

parliament disbands парламент распускается (*напр., на каникулы*)

A parliament meets ... Парламент начинает работу ...

parliamentary *adj* парламентский; парламентарный

parliamentary candidate кандидат на место в парламенте

parliamentary control парламентский контроль

parliamentary democracy парламентская демократия

parliamentary deputy депутат парламента

parliamentary elections выборы в парламент

parliamentary franchise избирательное право (*по выборам в парламент*)

parliamentary government парламентское управление, парламентаризм

parliamentary group парламентская группа (*напр., от той или иной партии*)

parliamentary immunity депутатская неприкосновенность

parliamentary leader лидер парламента, крупный деятель парламента

parliamentary opposition оппозиция в парламенте

parliamentary politics парламентская политика

parliamentary procedure процедура, принятая в парламенте

parliamentary ratification ратификация в парламенте

parliamentary recess парламентские каникулы

parliamentary whip *разг.* партийный организатор (*в парламенте*)

parlour *n* гостиная

parlor caucus *амер.* закрытое совещание партийного руководства

partial *adj* частичный

partial disability частичная утрата трудоспособности

Partial Test Ban Treaty Договор о частичном запрещении ядерных испытаний

participating *adj* участвующий

participating state государство – участник (*договора*)

partisan *n* приверженец, сторонник; партизан

partisan of peace сторонник мира

partner *n* участник; соучастник; компаньон, партнер; пайщик; контрагент

active partner активный участник

junior partner младший участник

senior partner старший участник

joint venture partner участник совместного предприятия

partnership *n* участие, сотрудничество; партнерство

new partnership новое сотрудничество

partnership interest доля участника (*совместного предприятия*)

to form a partnership образовать товарищество

party *n* партия

party activist партийный активист, активист партии

party advertising партийная реклама, реклама политической деятельности партии

party affiliation партийная принадлежность

party at fault *юр.* виновная сторона

party cadres партийные кадры

party campaign партийная кампания

party campaign strategy стратегия проведения избирательной кампании какой-л. партии

party card партийный билет

party caucus *амер.* партийное собрание; фракционное совещание

party cell партийная ячейка

party chief партийный руководитель

party coalition партийная коалиция

party congress съезд партии

party constituency избиратели, постоянно поддерживающие ту или иную партию

party democracy партийная демократия

party discipline партийная дисциплина

party dues партийные взносы

party functionary партийный функционер

party in office партия, находящаяся у власти (*в данный момент*)

party line линия, курс партии

party membership членство в партии; члены партии

party militants радикально настроенные члены партии

party purge чистка в партии, партийная чистка

party's political guide политический компас партии

party's voting strength степень поддержки партии со стороны избирателей

centrist party центристская партия

communist party коммунистическая партия

conservative party консервативная партия

labour party лейбористская партия; партия труда

left-wing (party) левые

liberal party либеральная партия

majority party партия большинства

minority party партия меньшинства

political party политическая партия

populist party популистская партия

progressive party прогрессивная партия

radical party радикальная партия

right-wing (party) правые

ruling party правящая партия

socialist party социалистическая партия

splinter party отколовшаяся партия

to form/to establish a party создать партию

to switch (*syn.* to bolt) to another party перейти в ряды другой партии

pass *n* проход; пропуск

to cancel a pass аннулировать пропуск

to issue a pass выдать пропуск

pass *v* двигаться вперед, проходить; пересекать, переходить; принимать, утверждать to pass an act принять закон

to pass an amendment принять поправку

to pass a bill принять законопроект

to pass/to adopt a resolution принять резолюцию

to pass a sentence (*on smb*) вынести приговор (*кому-л.*)

to pass on the merits of the case решать вопрос по существу дела

passage *n* путь, дорога; проход; перевал; ход, течение (*событий*)

free passage свободный проход (*напр., судов*)

pass along *v* проходить

to pass along the message передать послание/сообщение

pass down *v* передавать

to pass a tradition down to the next generation передать традицию следующему поколению

passenger *n* пассажир

first-class passenger пассажир первого класса

tourist-class passenger пассажир туристического класса

transit passenger транзитный пассажир

to carry passengers (*by train, etc.*) перевозить пассажиров (*на поезде и т.п.*)

passion *n* страсть, страстное увлечение; пыл, страстность, энтузиазм

deep passion глубокие чувства

frenzied passion безумная страсть

wild passion необузданные чувства

to arouse/to excite/to inflame/to stir up passion возбуждать страсть

to curb one's passion обуздать (*свои*) страсти

passive *adj* пассивный, инертный, бездеятельный; покорный; *фин.* беспроцентный

passive resistance пассивное сопротивление (*населения*)

to offer passive resistance оказывать пассивное сопротивление

passport *n* паспорт

diplomatic passport дипломатический паспорт

to apply for a passport подать заявление о выдаче паспорта

to issue a passport выдать паспорт

to renew a passport продлить срок действия паспорта

to revoke a passport отобрать паспорт

pastime *n* приятное времяпрепровождение

the national pastimes характерные (*для данной страны*) развлечения (игры)

patch up *v* чинить на скорую руку, заделывать, подправлять; улаживать (ссору)

patched-up peace *разг.* хрупкий мир (*напр., в результате нетвердых договоренностей*)

patent *n* патент; диплом

patent pending ожидается выдача патента

to apply for a patent подать заявку на выдачу патента

to grant/to issue a patent выдавать патент

to hold a patent иметь патент

to infringe a patent нарушать патент

to obtain a patent получить патент

She took out a patent on her invention. Она получила патент на свое изобретение.

paternity *n* отцовство, происхождение по отцу

to establish paternity установить отцовство

path *n* тропинка, тропа, дорожка; путь; стезя

beaten path избитый путь

this path leads (*to*) этот путь ведет (*к*)

the path to success путь к успеху

to beat/to blaze/to clear/to make a path прокладывать путь

to clear a path пробиваться

to cross (*smb's*) path стать (*кому-л.*) поперек дороги

patience *n* терпение, терпеливость; настойчивость

to lose one's patience потерять терпение

to run out of patience кончиться (*о терпении*)

to try smb's patience испытывать чье-л. терпение

to display endless/inexhaustible patience проявлять безграничное терпение

My patience wears thin. Мое терпение кончается.

to have the patience (*to do smth*) иметь терпение (*на что-л.*)

patriot *n* патриот

ardent/fervent patriot страстный патриот

sincere patriot искренний патриот

patriotism *n* патриотизм

to display/to show patriotism проявлять/демонстрировать патриотизм

patrol *n* дозор; разъезд, патруль; разведывательное подразделение

highway patrol *амер.* патруль на шоссе

military patrol дозор; разведывательное подразделение

police patrol полицейский патруль

reconnaissance patrol разведывательный дозор

shore patrol береговой патруль

to be out on patrol быть в дозоре; участвовать в патрулировании (*улиц и т.п.*)

patron *n* покровитель; патрон, шеф; заступник; постоянный покупатель, клиент

regular patron постоянный покупатель

patron of the arts покровитель искусств

patronage *n* покровительство, попечительство

patronage appointment *амер.* назначение на высокую должность за оказанные политические услуги

patronage system *амер.* система раздачи высоких постов членам победившей партии

to extend patronage (*to*) распространить покровительственное отношение (*на*)

pattern *n* образец, характер, тип; структура

pattern of investment структура капиталовложений

pattern of migration of population направления миграции населения

pattern of trade структура (*внешней*) торговли

behaviour pattern манера поведения

personality pattern тип личности

to establish/to set a pattern установить образец

pawn *n* залог, заклад; пешка (*в шахматах*); *тж. перен.*

helpless pawn в полном подчинении (*о человеке*), на побегушках

pay *n* плата, выплата, уплата, жалованье, заработная плата

pay boost повышение зарплаты

equal pay равная плата, оплата

equal pay for equal work равная оплата за одинаковый труд

overtime pay выплата за сверхурочные

severance pay выходное пособие

to be in the pay (*of smb*) получать плату (*от кого-л.*)

to draw/to receive pay получать зарплату

pay *v* платить, уплачивать (*долг*)

to pay a fine платить пени

to pay by check платить чеком

to pay ... dollars (*for*) уплатить ... долларов (*за*)

to pay into one's pension fund делать взнос в пенсионный фонд

Р

It doesn't pay to economize on essentials. Нет смысла экономить на самом необходимом.

to pay lip service (*to smth*) уделять внимание (*чему-л.*) на словах

payable *adj* оплачиваемый

payable by instalments подлежащий оплате в рассрочку

payable on delivery оплачиваемый при доставке

payable on demand подлежащий оплате по первому требованию (*о финансовом документе*)

payable on presentation оплачиваемый при предъявлении

payables to parent company суммы, причитающиеся материнской компании

payback *n* окупаемость

pay back *v* возвращать деньги

payment *n* платеж, выплата

current tax payment уплата налога за текущий год

payment by cheque/instalments/results оплата чеком/в рассрочку/по результатам труда

payment by merit поощрительная оплата труда

payment of interest выплата процентов (*напр., по вкладу*)

If the payment is overdue. Если платеж не произведен в срок.

pay-off *n разг.* выплата, компенсация; взятка; неожиданный результат, развязка

pay out *v* выплачивать

The firm paid out the benefits (*to smb*). Фирма выплатила пособия (*кому-л.*).

payroll *n* платежная ведомость, расчетный лист; списочный состав

to meet a payroll иметь деньги на оплату (*труда*)

peace *n* мир; спокойствие, тишина; общественный порядок

breach of the peace *юр.* нарушение общественного порядка

durable peace длительный мир

fragile peace хрупкий мир

lasting peace устойчивый мир

to achieve/to bring about peace достичь мира

to break/to disturb/to shatter the peace нарушить мир, порядок

to impose a peace навязать мир

to keep the peace поддерживать мир; сохранять общественный порядок

to live in peace жить в мире

to make peace заключить мир

to negotiate peace вести переговоры о мире

peace march марш мира

peaceful *adj* мирный, миролюбивый

peaceful application of atomic energy мирное использование атомной энергии

peaceful co-existence мирное сосуществование

peaceful line курс на мир (*о внешней политике государства*)

peaceful means мирные средства (*урегулирования проблем*)

peaceful nation мирная нация, мирная страна

peaceful respite мирная передышка

peaceful settlement мирное урегулирование

peaceful solution мирное решение

peacetime *n* мирное время

in peacetime в мирное время

peak *n* пик, высшая точка, максимум; вершина; кульминационный пункт

to reach a peak достигнуть вершины, высшей точки

to scale the peak of a mountain взбираться на вершину горы

at the peak of one's success на вершине успеха

peanut *n* арахис, земляной орех

peanut politician *разг. пренебр.* мелкий политикан

peanut politics *амер. разг.* мелкое политиканство; продажная политика; закулисные интриги

peanuts *n разг.* гроши, копейки (*о сумме денег*)

They want me to do everything, but they only pay peanuts.

peddle *v* торговать вразнос; заниматься пустяками

to peddle dope сбывать наркотики (*нелегально*)

peek *v* заглядывать, подсматривать (*в маленькое отверстие*)

to peek into the files заглянуть в досье

peerage *n* сословие пэров; звание пэра

to raise (*smb*) to the peerage присвоить (*кому-л.*) звание пэра

pen *n* перо; литературный стиль

with a stroke of the pen одним росчерком пера

penalize *v* наказывать; штрафовать; ставить в невыгодное положение

penalty *n* наказание; взыскание; штраф; *спорт.* пенальти

light penalty легкое наказание

maximum penalty максимальное наказание

minimum penalty минимальное наказание

severe/stiff/strict penalty строгое наказание

to mete out a penalty определить наказание, определить меру наказания

to pay a penalty уплатить штраф

to pay the full penalty for one's mistakes расплачиваться за свои ошибки

to rescind a penalty отменять, аннулировать штраф

penetrate *v* проникать внутрь, пронизывать; входить, проходить; пропитывать

penetration *n* проникновение; проницаемость; проницательность

penetration in depth (*of the enemy lines*) прорыв (*в глубину позиций противника*)

penny *n* пенни

to pinch pennies быть бережливым, экономным

pretty penny кругленькая сумма; куча денег

It will cost you a pretty penny.

pension *n* пенсия

disability pension пенсия по инвалидности

old-age pension пенсия по старости

pension plan пенсионный план

survivor's pension пенсия по случаю потери кормильца

to draw a pension получать пенсию

to grant a pension предоставлять пенсию

to live on a pension жить на пенсию

to retire on a pension выходить на пенсию

Pentagonese *adj, n* относящийся к Пентагону; *разг.* военный жаргон, язык военных документов (*в США*)

people *n* народ, нация; население, жители

common people простой народ

working people рабочий люд, простой народ

people's choice *амер. разг.* народный избранник

people's party народная партия

percentage *n* процент, процентное отношение; процентное отчисление

perceptible *adj* ощутимый, заметный; различимый, воспринимаемый

barely perceptible едва заметный

perception *n* восприятие, ощущение; осознание, понимание

clear perception ясное понимание

keen perception глубокое понимание

It is a case of extrasensory perception.

P

per diem *n* суточные

pay per diem суточная плата, суточная норма выплаты

to receive a per diem получать суточные

perfection *n* совершенство, безупречность; законченность; верх (*чего-л.*)

to achieve perfection достичь совершенства

the acme of perfection высшая ступень совершенства, верх совершенства

perfidy *n* вероломство, измена, предательство

act of perfidy акт вероломства

performance *n* исполнение, выполнение; свершение; игра, действие; деятельность

benefit performance *театр.* бенефис

breath-taking performance захватывающее действие

inspired performance вдохновенная игра

listless performance вялая игра

to put on a performance устроить спектакль, зрелище

performer *n* исполнитель

star performer «звезда»

permanent *adj* постоянный, неизменный; долговременный; перманентный

permanent mission постоянная миссия

courier of the permanent mission курьер постоянной миссии

diplomatic bag of the permanent mission диппочта постоянной миссии

permission *n* позволение, разрешение

to give/to grant a permission дать разрешение

persecution *n* преследование, гонение

bloody persecution кровавое преследование

political persecution преследование по политическим мотивам

relentless persecution беспощадное преследование

religious persecution преследование по религиозным мотивам

to suffer persecution страдать от преследования

perseverance *n* настойчивость, стойкость, упорство

to display perseverance проявлять настойчивость

persistence *n* упорство, настойчивость; выносливость

dogged persistence настойчивое упорство

to show persistence проявлять упорство

person *n* человек; личность; особа

displaced person перемещенное лицо

missing person пропавший без вести (*о человеке*)

very important person (V.I.P.) очень важная персона

to appear in person явиться лично

juridical person (*syn.* legal entity) юридическое лицо

to act as a juridical person действовать в качестве юридического лица

to enjoy the rights of a juridical person пользоваться правами юридического лица

personal history биография, личная история

to record/ to take down smb's personal history записать чью-л. биографию, историю жизни

personality *n* личность

celebrated personality знаменитость

charismatic personality обаятельная, харизматическая личность

dynamic personality деятельная, энергичная личность

forceful/strong personality сильная личность

striking personality яркая личность

to indulge in personalities прибегать к личным выпадам

P

personnel *n* персонал, личный состав; кадры (*предприятия*)

executive personnel управленческий аппарат

fixed-term personnel персонал, работающий по срочным контрактам

government personnel правительственные служащие, государственные служащие

indigenous personnel кадры на местах

locally recruited personnel персонал, нанятый на местах

military personnel военнослужащие, личный состав вооруженных сил

qualified personnel квалифицированные кадры

personnel management управление кадрами

perspective *n* перспектива; вид

to put (*smth*) into perspective представить (*что-л.*) в перспективе

the right/proper perspective надлежащая перспектива

to view a political situation from a new perspective рассматривать политическую ситуацию с новой точки зрения

pet *n* любимец, баловень

pet project *разг.* (*чье-л.*) «детище», важный проект

petition *n* петиция, прошение, ходатайство

petition in bankruptcy заявление о банкротстве (*фирмы*)

to circulate a petition распространять петицию

to file a petition зарегистрировать заявление (*как документ*)

to present a petition представить петицию, заявление

to withdraw a petition взять назад заявление, петицию, отозвать заявление

phase *n* фаза; период, стадия

closing phase (*of negotiations*) завершающая стадия (*переговоров*)

critical/crucial phase критическая/ответственная фаза

initial phase первоначальная фаза

opening phase начальный этап

to enter a phase войти, вступить в стадию

The drama was entering its final phase. Драма входила в свою завершающую стадию.

to go through a phase пройти через стадию

phase out *v* постепенно свертывать, сокращать

phasing-in *n* постепенный ввод в действие (*об объекте*)

phony, *also* **phoney** *adj* (*syn.* **bogus, fake**) *разг.* поддельный, фальшивый, вымышленный

phony war *амер. разг.* «странная война» (*официально объявленная война при отсутствии военных действий*)

phrase *n* фраза, выражение; оборот; идиоматическое выражение; язык, стиль

colloquial phrase разговорная фраза, коллоквиализм

empty phrase пустые слова

hackneyed phrase речевой стереотип, штамп

trite phrase избитая фраза

well-turned phrase удачно сформулированная фраза, удачный оборот речи

to coin/to turn a phrase придумать удачную фразу; удачно выразиться

phrasemonger *n амер.* сочинитель броских фраз (*особ. для речей политических деятелей*)

pick *v* отбирать, подбирать; собирать (*напр., цветы, ягоды*); выискивать (*напр., случай, повод*)

to pick someone/smth to pieces раскритиковать

P

They'll pick you to pieces. Они вам косточки перемоют.

to pick a theory to pieces опровергать теорию, доказывать ложность той или иной теории

picket *n* пикет, пикетчик; *воен.* сторожевая застава

picket lines пикеты, заслоны пикетчиков

strike picket пикет бастующих

to walk the picket lines обходить пикеты бастующих

picketing *n* выставление пикетов, пикетирование

mass picketing массовое пикетирование

pie *n* пирог, пирожок; *амер.* торт

pie in the sky журавль в небе

As it is known, empty promises are often called a pie in the sky.

as easy as pie проще простого

piece *n* кусок, часть; обломок, обрывок; участок (*земли*)

conversation piece разговор, беседа

piece of music музыкальный фрагмент

piece of news новость

to break into pieces расколоться, разбиться на части, куски

to go to pieces *перен.* пропасть, погибнуть (*о проекте, человеке и т.п.*)

piecemeal *adv* по частям, постепенно

to do (*smth*) piecemeal делать, осуществлять (*что-л.*) постепенно (*напр., о реформах*)

pilgrimage *n* паломничество; *разг.* странствие, длительное путешествие; *перен.* человеческая жизнь

to go on a pilgrimage паломничать

pill *n* пилюля

headache pill таблетка от головной боли

sleeping pill снотворное средство

to pop pills *разг.* растворять таблетки в воде

to swallow a pill проглотить пилюлю, проглотить лекарство

It was a bitter pill to swallow. С этим было трудно примириться. (Это была тягостная необходимость.)

pillbox *n* коробочка для пилюль

to reduce a pillbox *воен.* подавлять долговременное огневое сооружение (ДОС)

to storm a pillbox *воен.* штурмовать долговременное огневое сооружение (ДОС)

pilot *n* лоцман, пилот; летчик; опытный проводник

pilot study экспериментальное исследование

air-force pilot пилот ВВС

airline pilot пилот гражданской авиации, пилот авиалинии

commercial pilot летчик, летающий на коммерческих авиалиниях; пилот коммерческой авиации

fighter pilot летчик-истребитель

glider pilot планерист

licensed pilot пилот, имеющий свидетельство

to train a pilot готовить, обучать пилота

ping-pong diplomacy дипломатия «пинг-понга»; первые пробные шаги (*напр., в переговорах*)

pioneer *v* быть инициатором, организовывать что-л. впервые

to pioneer an international conference впервые организовать международную конференцию

pistol *n* пистолет; револьвер

to cock a pistol взводить курок пистолета

to fire a pistol стрелять из пистолета

to load a pistol зарядить пистолет

to point a pistol (*at smb*) целиться из пистолета (*в кого-л.*)

to whip out a pistol выхватить пистолет

the pistol jammed «заело» (*об оружии*)

the pistol misfired пистолет дал осечку

the pistol went off пистолет сработал/выстрелил

pit *n* яма; углубление; впадина; шахта, копь; волчья яма; западня; партер

orchestra pit место для оркестра (*в театре*)

pity *n* жалость, сострадание, сожаление; печальный факт

to feel pity испытывать сострадание

to take pity (*on smb*) пожалеть (*кого-л.*), сжалиться (*над кем-л.*)

for pity's sake умоляю вас

out of pity из жалости

sense of pity чувство жалости

pivot *n перен.* основной пункт, центр; точка опоры

The future pivots (on) ... Будущее связано, будущее зависит (от) ...

place *n* место; жилище; загородный дом; резиденция, местечко; селение

to take a second place (*in a competition*) занять второе место (*в соревновании*)

plain clothes одетый в штатское платье вместо формы (*о полицейском*)

Plain-clothes policemen had been planted at all exits.

plan *n* (*also* **scheme**) план; проект; замысел; способ действий; схема, диаграмма

health insurance plan программа страхования здоровья

pension plan пенсионный план

retirement plan условия выхода в отставку

A plan calls for ... План предусматривает ...

The plan may materialize if ... План может быть реализован, если ...

to carry out/to execute a plan выполнять план

to devise/to draw up/to formulate a plan разрабатывать, составлять план

to make plans строить планы

to unveil a plan открыть, обнародовать план

plant *n* завод, фабрика; оборудование, установка; комплект машин

to manage/to operate/to run a plant руководить заводом

power plant электростанция, энергетическая/силовая установка

steel-making plant сталелитейный завод

plant *v* сажать (*растения*); пускать (*рыбу*) для разведения; устанавливать, размещать (*особ. тайно, секретно*)

to plant an idea (*into smb's head*) внушить мысль (*кому-л.*)

plantation *n* плантация; насаждение; внедрение

coffee plantation кофейная плантация

cotton plantation хлопковая плантация

rubber plantation каучуковая плантация

tea plantation чайная плантация

platform *n* платформа, перрон; трибуна, сцена; политическая платформа, позиция

launching platform (*about one's policies*) исходная позиция (*партии и т.п.*)

party platform партийная платформа

political platform политическая платформа

to adopt a platform принять платформу

to draft/to draw up a platform выработать политическую платформу

to mount a platform взойти на трибуну

to speak from a platform говорить с трибуны

play *n* игра, забава, шутка; азартная игра; пьеса, драма to pan a play *разг.* подвергать пьесу (резкой) критике

to perform a play играть пьесу

to produce/to put on a play поставить пьесу

to rehearse a play репетировать пьесу

to review a play рецензировать пьесу, делать критический обзор пьесы

The play got good/favourable reviews. Пьеса получила хорошие/благоприятные отзывы.

The play ran for five years on Broadway. На Бродвее эта пьеса продержалась пять лет.

play *v* играть

to play on smb's weak point играть на чьей-л. слабой струне; пользоваться чьей-л. слабостью

plea *n* мольба; просьба; призыв; оправдание, ссылка, предлог

ardent/fervent/impassioned plea страстный призыв

guilty plea/plea of not guilty *юр.* признание себя виновным/невиновным

urgent plea настоятельный призыв

to enter a plea подать жалобу, прошение

to respond to a plea отреагировать на жалобу, прошение

plea bargaining рассмотрение прошения, просьбы

plebiscite *n* плебисцит

to hold a plebiscite проводить плебисцит

pledge *n* поручительство; обещание; публичное обещание

campaign pledge предвыборное обещание

solemn pledge торжественное обещание

to make a pledge дать (официальное) обещание

to give (*smb*) one's pledge дать (*кому-л.*) обещание, обещать

to honour one's pledge сдержать обещание, быть верным своему обещанию

He took a pledge that ... Он обещал, что ...

plenary *adj* полный, неограниченный (*о власти, правительстве*); пленарный (*о заседании*)

plenary powers широкие, неограниченные полномочия

plenary session пленарная сессия

plenipotentiary power неограниченная власть

plot *n* заговор; участок земли, делянка; *амер.* план, чертеж; набросок

cunning plot коварный заговор

sinister plot зловещий заговор

to build the plot of a novel построить сюжет романа

to devise/to hatch a plot вынашивать, замышлять заговор

to expose a plot разоблачить заговор

to foil/to thwart a plot сорвать заговор

plot of land участок земли

ploy *n* уловка, хитрость

clever/ingenious ploy оригинальная, хитрая уловка

to resort to a ploy прибегнуть к уловке

plumber *n* слесарь-водопроводчик; *амер.* человек, расследующий проблему утечки информации; нарушитель закона

point *n* точка; пункт; момент; вопрос

to discuss a point обсуждать вопрос

to emphasize a point подчеркивать значение вопроса

to have a convincing point располагать убедительным доводом

to make a point (*of smth*) считать (*что-л.*) обязательным для себя, заботиться (*о чем-л.*)

She always makes a point of being punctual.

to see the point (*of a joke*) понять смысл (*шутки*)

to speak to the point говорить по существу, говорить на тему

There is no point (*in doing smth*). Нет смысла (*делать что-л.*).

point out *v* указывать; показывать; обращать (*чье-л.*) внимание

poison gas ядовитый газ

to use poison gas применять ядовитый газ

polarize *v* поляризовать

The issue has polarized the country.

police *n* полиция, полицейские силы; *разг. воен.* наряд

city police городская полиция

military police военная полиция

mounted police конная полиция

municipal police муниципальная полиция

secret police тайная полиция

security police полиция по охране общественного порядка

state police государственная полиция; полиция штата (*в США*)

police officer полицейский

plain-clothes police officer полицейский в гражданской одежде

uniformed police officer полицейский, одетый в форму

police round-up облава (*силами полиции*)

policeman *n* полицейский, полисмен

policy *n* политика; линия поведения; установка; курс; благоразумие; страховой полис

policy of alliances политика альянсов

policy of appeasement политика умиротворения

policy of brinkmanship политика балансирования на грани войны

policy of capitulation капитулянтская политика

policy of comparative restraint политика сдержанных мер

policy of connivance попустительство, политика попустительства

policy of intimidation политика запугивания, тактика запугивания

policy of militarism милитаризм, политика милитаризма

policy of militarization политика милитаризации (*отраслей экономики*)

policy of neutrality политика нейтралитета

policy of non-alignment политика неприсоединения

policy of non-interference политика невмешательства

policy of reforms политика реформ

policy of wage restraint (*also* wage freeze policy) политика сдерживания роста заработной платы

adventuristic policy политика авантюр

bellicose policy политика воинственных деклараций

big-stick policy *амер. ист.* политика «большой дубинки»

clear-cut policy четко сформулированный политический курс

conciliatory policy примиренческая политика, политика примирения

flexible policy гибкая политика

foreign policy внешняя политика

government policy политика правительства

open-door policy политика «открытых дверей»

ostrich policy политика, основанная на самообмане

outward-looking policy политика на расширение внешних контактов

personnel policy кадровая политика, политика по кадровому вопросу

population policy демографическая политика

scorched-earth policy *воен.* тактика выжженной земли

wait-and-see policy политика выжидания

to adhere to/to follow a policy придерживаться (*какого-л.*) политического курса

P

to adopt a policy принять (*тот или иной*) политический курс

to formulate a policy сформулировать политику

to implement a policy осуществлять политику

to pursue a policy проводить политику

to set a policy определить политику

to shape a policy формировать политику

to write up/to issue an insurance policy подготовить условия по страхованию; выписать страховой полис

It is our policy to ... Наша позиция состоит в том, чтобы...

It is company policy to make sure that ... Политика компании состоит в том, чтобы ...

political *adj* политический

political accommodation политическая договоренность

political action меры, действия, инициативы в области политики

political action coalition коалиция в области политических мер

political ally политический союзник

political analyst политический обозреватель, аналитик политических событий

political and legal setting (*in a country*) политическая и правовая обстановка (*в стране*)

political appointee политический ставленник

political arrangements политическая договоренность

political arrest арест по политическим мотивам

political ascendancy рост политической популярности (*партии, ассоциации и т.п.*)

political aspirations политические устремления

political asylum политическое убежище

political background политическая обстановка, политический фон

political bribery подкуп в политических целях

political co-operation политическое сотрудничество

political debate общеполитическая дискуссия

political discord политические разногласия

political distrust политическое недоверие, недоверие по политическим мотивам

political diversity многообразие политических форм

political entity политическая единица, политическое образование (*о статусе той или иной территории*)

political faction политическая фракция, политическая группировка

political factors политические факторы

political fallout *амер. разг.* политические последствия (*какой-л. акции*)

political figure (*also* politician, professional politician, public servant) политический деятель

political game (*also* game of politics) политическая игра, дипломатическая игра

political gambling политические игры, спекуляции, интриги

the political left левые

political mileage *амер. разг.* политический опыт, продвижение вперед в области политики

political motivation политические мотивы, соображения

political move ход, маневр (*в области политики*); политическая инициатива

political news политические новости

political news digest резюме политических новостей

political observer политический обозреватель

political opposition политическая оппозиция

to diffuse the political opposition ослаблять политическую оппозицию

political options (*in the situation*) возможные политические решения (*в данной обстановке*)

political party политическая партия

political party loyalty верность политической партии (*со стороны ее членов*)

political persecution преследование по политическим мотивам

political posturing позирование (*в политических целях*); политическая игра

political racketeering *разг.* незаконные политические операции; темные политические дела, махинации; интриги (*тех или иных*) политиков; политиканство (*тех или иных политических структур*)

political realities политическая реальность

political rivalry политическое соперничество, борьба политических сил, борьба политических лидеров

political settlement политическое урегулирование

political situation политическая обстановка, международная обстановка

political spectrum политический спектр

political stabilization стабилизация положения

political stage политическая арена

political strike политическая борьба, политические раздоры

political suicide политическое самоубийство

political tension политическая напряженность

political topicality политическая актуальность

political turmoil политические волнения

political venture рискованный шаг (*особ. с политической точки зрения*)

to mend the political fences *амер. разг.* стараться урегулировать те или иные проблемы

politician *n* политик, государственный деятель; политикан

crooked politician нечестный политик

glib politician красноречивый политик; краснобай

great politician великий политик

hack politician мелкий, продажный политик

honest politician честный политик

politics *n* политика

local politics местная политика, местный подход (*в политической области*)

national politics национальная политика

partisan politics узкопартийный подход

party politics партийный подход, партийная политика

power politics политика с позиций силы

practical politics «практическая» политика, учет реальной ситуации

poll *n* список избирателей, регистрация избирателей

public-opinion poll опрос общественного мнения

straw poll *амер. разг.* неофициальный опрос общественного мнения (*для предварительного выяснения настроений избирателей*)

to conduct a poll (*among*) проводить опрос общественного мнения (*среди*)

Р

pollster *n* лицо, изучающее общественное мнение или комментирующее его результаты

pollution *n* загрязнение; осквернение

air pollution загрязнение воздуха, атмосферы

environmental pollution загрязнение окружающей среды

noise pollution шум как фактор окружающей среды

water pollution загрязнение воды

pool *n* общий фонд; объединенный резерв; пул (*соглашение картельного типа*)

typing pool машбюро

to form a car pool сформировать «автопул» (*для удобства перевозки*)

poor *adj* бедный, неимущий, малоимущий; жалкий, невзрачный; низкий

to be poor (*in smth*) быть бедным (*напр., ресурсами*)

poor, the *n* (*also* **the needy, the illprovided, the deprived, the socially deprived, the disadvantaged**) бедные, неимущие

pop *adv* с шумом, внезапно

to go pop хлопнуть, выстрелить; разориться

pop *n* популярная музыка (pop music); сладкий безалкогольный газированный напиток

pop *v* хлопать, выстреливать

to pop into a store (*for a minute*) заглянуть в магазин (*на минуту*)

to pop off *разг.* (*неожиданно*) умереть

to pop the question *разг.* сделать предложение (*брака*)

popular *adj* народный, популярный; общедоступный; общераспространенный

popular assembly народное собрание

popular capitalism народный капитализм

popular election (*also* general election) всеобщие выборы

Popular Front Народный фронт

popular newspaper газета с большим тиражом

popular vote прямые выборы

to be popular as a singer прославиться как певец

She is popular with teenagers. Ее выступления пользуются большим успехом у тинейджеров.

popularity *n* популярность

to acquire/to gain/to win popularity завоевать популярность

to enjoy popularity пользоваться известностью

to lose popularity because of ... утратить популярность из-за ...

populated *adj* населенный, заселенный

densely/heavily populated густонаселенный

to live in a populated area жить в густонаселенном районе

population *n* население

excess population избыточное население

expanding population растущее население

shrinking population сокращающееся по численности население

stable population стабильный состав населения

transient population временное население

population control регулирование рождаемости, планирование семьи

population explosion демографический взрыв

pore *v* сосредоточенно изучать, обдумывать

to pore over a document тщательно изучать документ

pork barrel *амер. сленг* «кормушка», казенный пирог, общественные средства, используемые для достижения политических целей

pornography *n* порнография
explicit pornography явная порнография
hard-core pornography грубая порнография
soft/soft-core pornography «мягкая» порнография, эротика
port *n* порт, гавань
free port вольная гавань, порто-франко; убежище
home port порт приписки
to arrive at a port прибыть в порт
to clear a port покинуть порт
portfolio *n* портфель
minister without portfolio министр без портфеля
portion out *v* производить раздел (*имущества*)
to portion a food out to the needy делить, распределять продукты питания между бедными
portrait *n* портрет; изображение
to commission a portrait заказывать портрет (*художнику*)
to make/to paint a portrait рисовать портрет
to sit for one's portrait позировать (*для портрета*)
portray *v* рисовать портрет; изображать
pose *n* поза
to strike a pose принять позу
position *n* положение, местоположение; позиция
official position официальное положение
unofficial position неофициальное положение
to assume/to take a position занять позицию
to give up/to lose a position потерять позицию, отказаться от позиции
to hold/to take up/to occupy a position занять позицию
to lose a fortified position сдать укрепленную позицию

to regain a position вновь завоевать позицию
position of strength позиция силы
to negotiate from a position of strength вести переговоры с позиций силы
position paper справка (докладная записка) с изложением фактической стороны вопроса
positive *adj* положительный; определенный; точный; уверенный
positive approach конструктивный подход
possession *n* владение; обладание; собственность
material possessions материальное имущество
in possession of в собственности
possibility *n* возможность
good possibility хорошая возможность
remote/slim possibility отдаленная возможность
There is a strong possibility that ... Весьма вероятно, что ...
post *n* пост; должность; положение
command post командный пункт
listening post *воен.* пост подслушивания; «секрет»
observation post наблюдательный пост
to quit one's post уйти со своего поста
postage *n* почтовые расходы
to pay the postage оплатить почтовые расходы
return postage обратная почта
postal *adj* почтовый
postal vote голосование по почте
post-cold war period период после холодной войны
poster *n* объявление; плакат; афиша
campaign poster афиша, распространяемая во время предвыборной кампании
to put up a poster вывесить плакат

Р

postmaster *n* начальник почтового отделения

posture *n* поза; состояние, положение

defense posture оборонительная тактика

political posture политическая тактика

to assume a posture занять позицию

pot *n* горшок, кружка; *спорт. разг.* кубок, приз

pots and pans кухонная посуда, утварь

potential *n* возможность; потенциал

to develop a potential развивать потенциал

to realize one's potential реализовать свой потенциал

pouch *n* вализа дипкурьера; сумка; мешок с почтой

diplomatic pouch вализа дипкурьера

to send a letter by diplomatic pouch отправить письмо диппочтой

poverty *n* бедность, нужда; скудность

abject poverty крайняя нищета

dire poverty страшная нищета

extreme poverty крайняя, полная нищета

grinding poverty тяжелая нужда

severe poverty сильная нищета

poverty line черта бедности

below the poverty line за чертой бедности

powder *n* порошок; пыль; пудра; порох

powder keg бочка с порохом

to keep one's powder dry держать порох сухим (*о готовности к ведению боевых действий*)

power *n* сила; мощность, энергия; производительность

power base of a politician база поддержки политика

discretionary powers дискреционные полномочия

emergency powers чрезвычайные полномочия

executive powers исполнительная власть

Great Powers, the великие державы

legislative power законодательная власть

maritime power морская держава

military power военная мощь

naval power военно-морская мощь

nuclear power ядерная держава; ядерная энергетика

occupying power оккупационная держава

police power полицейские силы

to have the power (*to do smth*) обладать полномочиями (*чтобы сделать что-л.*)

to develop one's powers of observation развивать способность наблюдения

His earning power is very modest. Он зарабатывает немного.

power line линия электросети

power of attorney доверенность

to employ the services of a power of attorney воспользоваться доверенностью

practice *n* практика; упражнение; тренировка

common practice общая, обычная практика

local practice местная практика

professional practice профессиональная практика

His professional practice is really lucrative. Его профессиональная практика дает огромный доход.

universal practice универсальная практика

It is his practice to do that. Он имеет обыкновение поступать таким образом.

to be engaged in legal practice заниматься юридической практикой

to make a practice практиковать что-л.

practitioner *n* практикующий врач, практикующий юрист

family practitioner семейный врач
general practitioner врач общей
практики
praise *n* похвала, восхваление
faint praise слабая похвала
high praise высокая похвала
strong praise сильная похвала
unrestrained praise безудержное
восхваление
in praise of восхваляя
chorus of praise хор похвал
to bestow/to heap/to lavish praise
(*on smb*) осыпать (*кого-л.*) похва-
лами
to earn praise заслужить похвалы
to give praise (*to smb*) восхвалять
(*кого-л.*)
to sing smb's praises восхвалять
кого-л., петь дифирамбы кому-л.
pray *v* молиться; просить, умолять
to pray devoutly искренне молиться
to pray to God молиться Богу
prayer *n* молитва; молебен; просьба; мольба
fervent prayer искренняя молитва;
горячая просьба
silent prayer молитва про себя
to answer a prayer откликнуться на
молитву
to offer a prayer помолиться
to say a prayer шептать молитву,
молиться
to utter a prayer произнести молитву
precaution *n* предосторожность;
предусмотрительность
elaborate precaution тщательная
предосторожность
to take precautions принять меры
предосторожности
precedence *n* предшествование,
первенство; превосходство (*в
знаниях и т.п.*)
to have precedence (*over smth*) превосходить (*в чем-л.*)

to take precedence (*over*) предше-
ствовать; превосходить; быть более важным (*по значению и т.п.*)
precedent *n* прецедент
to break a precedent нарушить прецедент
to cite a precedent ссылаться на
прецедент
to create/to establish/to set a precedent создать прецедент
It is a precedent for us. Для нас это
прецедент.
predecessor *n* предшественник;
предок
(*smb's*) immediate predecessor (*чей-
л.*) прямой предок
predestined *adj* предопределенный
It was predestined that ... Было пре-
допределено, что ...
predicament *n* затруднительное
положение, затруднение
to get into an awkward predicament
попасть в крайне затруднительное положение
predilection *n* пристрастие, склонность
pre-disaster planning планирование
мер на случай стихийного бедствия
It is important to provide for a pre-
disaster planning. Важно запла-
нировать меры на случай стихийного бедствия.
preference *n* предпочтение
decided preference явное предпочтение
individual preference индивидуальное предпочтение
marked preference заметное предпочтение
prejudice *n* предубеждение, предвзятое мнение; предрассудок; ущерб
deep/deep-rooted/deep-seated/in-
grained prejudice глубоко укоре-
нившееся предубеждение
race/racial prejudice расовый предрассудок

Р

religious prejudice религиозный предрассудок

strong prejudice сильное предубеждение

without prejudice (*to smb*) без ущерба (*для кого-л.*)

to arouse prejudice вызвать предубеждение

to break down/to eliminate prejudice покончить с предрассудками

to have/to hold a prejudice испытывать предубеждение

premature *adj* преждевременный; поспешный; непродуманный

Your attack on the new law may be considered premature. Вашу критику закона можно считать преждевременной.

It is premature to say that ... Преждевременно утверждать, что ...

premeditated *adj* заранее и сознательно задуманный, спланированный, преднамеренный, умышленный

premeditated murder преднамеренное убийство

premiere *n театр.* премьера

lavish premiere богатая, роскошная премьера

world premiere мировая премьера

to attend a premiere присутствовать на премьере

to stage a premiere организовать премьеру

premise *n* предпосылка

the major premise основная предпосылка

premises *n pl* помещение, дом

premium *n* награда, премия; страховая премия; *фин.* премия; надбавка

to pay a premium выплатить надбавку; выплатить премию

to put a premium (*on*) делать надбавку (*на*); поощрять (*что-л.*)

to sell at a premium продать выгодно

insurance premium страховая премия, выплата

premonition *n* предчувствие

to have a premonition испытывать предчувствие (*в отношении чего-л.*)

preoccupation *n* озабоченность

to have a preoccupation (*with*) быть озабоченным (*каким-л. вопросом*)

preparation *n* приготовление, подготовка; препарат, лекарство; *pl* подготовка, приготовления

to do enough preparation (*for an examination*) достаточно подготовиться (*к экзамену*)

Plans for ... are now in preparation. Планы к ... сейчас находятся в стадии подготовки.

to make preparations (*for*) готовиться, производить подготовку

preparatory *adj* приготовительный, предварительный; подготовительный

preparatory to в качестве подготовки к чему-л.

I have a few letters to write preparatory to beginning the day's work.

preparatory meeting подготовительное совещание

preparatory school (частная) подготовительная школа

prepare *v* приготавливать(ся); готовить (*обед, лекарство*)

to prepare carefully готовиться тщательно

to prepare oneself подготовиться

prepared *adj* готовый, подготовленный

prepared statement заранее подготовленное заявление

to read out a prepared statement зачитать заранее подготовленное заявление

preposterous *adj* нелепый, абсурдный

It's preposterous to speak of... Нелепо говорить о...

prerogative *n* прерогатива, исключительное право; привилегия

the royal prerogative королевская прерогатива, прерогатива трона

to exercise one's prerogative использовать свою прерогативу

It is our prerogative to ... Это наша прерогатива ...

preservation *n* сохранение; предохранение; сохранность; консервирование

preservation of cultural values сохранение культурных ценностей

preservation of the marine environment охрана морской среды

preside *v* председательствовать, осуществлять контроль, руководство

to preside at/over the meeting председательствовать на собрании, заседании

presidency *n* председательство; президентство

rotating presidency председательство по принципу ротации

to gain the presidency добиться права на председательство

president *n* президент; председатель; директор (*компании, фирмы, банка*)

incoming president будущий президент

outgoing president выходящий в отставку президент

president elect избранный, но еще не вступивший в должность президент

The President elect will be installed next week.

presidential *adj* президентский

presidential election campaign кампания по выборам президента

presidential electors *амер.* выборщики президента

presidential government президентская система правления

presidential nomination выдвижение на пост президента

presidential succession порядок замещения поста президента

press *n* пресса, печать

foreign press иностранная пресса

free press свободная пресса

gutter press *амер. разг.* бульварная пресса

yellow press *амер. разг.* желтая пресса

to get a bad press иметь отрицательные отзывы (в прессе); критиковать занятые позиции

to get a good press освещать (*что-л.*) позитивно

This book is now in press. Эта книга в печати.

to conduct a press campaign проводить кампанию в печати

to muzzle the press *разг.* зажимать, ущемлять прессу, контролировать прессу, подвергать цензуре

to be pleased of the press coverage быть довольным тем, как что-л. освещается в печати

at the press gallery на местах для представителей печати

press *v* давить

to press hard сильно давить

to press for a reform настаивать на реформе

to press (*on smth*) настаивать (*на чем-л.*)

to press on with the investigation настаивать на расследовании (*дела*)

press conference (*also* **news conference**) пресс-конференция

to hold a press conference проводить пресс-конференцию

press release сообщение для печати, пресс-коммюнике

pressing *n* сжатие, прессование; *спорт.* прессинг

pressing the flesh *амер. разг.* (демонстративное) рукопожатие (*как особая форма завоевания голосов избирателей во время избирательной кампании*)

pressing *adj* настоятельный, крайне необходимый

We are in pressing need (of) ... Нам срочно требуется ...

pressure *n* давление, сжатие; *перен.* воздействие, нажим; стесненность; гнет

financial pressure финансовый нажим

inexorable pressure безжалостное давление

population pressure все более возрастающая плотность населения

relentless pressure неослабное давление

strong pressure сильное, мощное давление

to resist public pressure сопротивляться давлению общественности

pressure eases/falls давление ослабевает

pressure increases/rises/builds up давление нарастает, возрастает

to bring pressure to bear оказывать давление

to build up pressure нагнетать давление, усиливать давление

to ease/to relieve pressure ослабить давление

to exert/to place/to put pressure оказывать давление

to face pressure испытывать давление

pressure group группа давления

prestige *n* престиж

great/high prestige высокий престиж

little/low prestige низкий, невысокий престиж

to enjoy/to have prestige быть престижным

to gain prestige добиться престижа

to have enough prestige to get the party nomination обладать достаточным авторитетом, чтобы получить выдвижение от партии

of little prestige недостаточно престижный

prestige school престижная школа

prestige university престижный университет

pretense *n* притворство; обман; претензия

to make a pretense притворяться

pretext *n* предлог, отговорка

flimsy pretext неубедительный предлог

mere pretext всего лишь предлог

at/on/under a pretext под предлогом

to find a pretext найти предлог

prevail *v* торжествовать, одерживать победу; достигать цели; преобладать, господствовать

to prevail against overwhelming odds преодолеть серьезные разногласия

to prevail on smb to do smth использовать свое влияние над кем-л., чтобы добиться чего-л.

prevent *v* предотвращать, предохранять

to prevent the spread of nuclear weapons предотвратить распространение ядерного оружия

to prevent wars of aggression не допускать (развязывания) агрессивных войн

prevention *n* предотвращение; предохранение; предупреждение

prevention of accidents техника безопасности (*на производстве*)

prevention of crime предупреждение преступности, борьба с преступностью

prevention of a nuclear war недопущение ядерной войны

fire prevention борьба с пожарами; противопожарные мероприятия

Р

preventive *adj* предупредительный, превентивный

preventive actions действия превентивного характера

preventive detention *юр.* превентивное заключение

preventive diplomacy «превентивная дипломатия» (*т.е. дипломатия упреждения развития неблагоприятных событий*)

preventive measure предупредительная мера

preventive officer (*also* customs officer) сотрудник таможни

price *n* цена; ценность

bargain price выгодная цена

exorbitant price чрезмерно высокая цена

fair price справедливая цена

high price высокая цена

inflated price вздутая цена

outrageous price слишком высокая цена

prohibitive price непомерно высокая цена

reduced price сниженная, льготная цена

price increase рост цен

price liberalization либерализация цен

price-wage spiral спираль роста цен и заработной платы

price weapon использование цен в качестве орудия давления (*особ. о ценах на нефть*)

It is just a market price. Это просто рыночная цена.

What is your sale/selling price? Какова продажная цена?

The prices now drop/fall/go down. В настоящее время цены падают.

The situation today is that the prices go up/rise/shoot up. В настоящее время ситуация такова, что цены повышаются.

The prices skyrocket. Цены резко подскочили.

to fix/to set a price фиксировать, установить твердую цену

to freeze prices замораживать цены

to hike a price *амер. разг.* повысить цену

to hold the prices down удерживать цены

to maintain prices сохранять цены на определенном уровне

to pay a price (*for*) заплатить; поплатиться

to place/to put a price (*on*) назначить цену

to raise/to increase/to mark up prices поднимать цены

primacy *n* примат, первенство; *церк.* сан архиепископа

primacy of universal human values примат общечеловеческих ценностей

primary *n амер.* «праймери», предварительные выборы (*для определения кандидата партии на предстоящих общих выборах*)

closed primary закрытые праймери

direct primary прямые праймери

open primary открытые праймери

preferential primary голосование с целью последующего выдвижения перспективного кандидата на выборах

presidential primaries *амер.* «президентские праймериз» (*первый этап выдвижения кандидата в президенты*)

runoff primary *амер.* второй тур предварительных выборов

to hold a primary проводить предварительное голосование (*о сторонниках какой-л. партии*)

primary *adj* первоначальный, самый ранний; первый

primary market первичный рынок (*напр., о рынке ценных бумаг*)

primary responsibility главная ответственность

P

prime *n* начало, начальный период; расцвет, лучшее время

to reach one's prime достичь расцвета сил

in one's prime в расцвете сил

principal *n* глава, начальник

school principal *амер.* директор школы

principle *n* принцип, основа, закон; норма, основное правило (*поведения*)

in principle в принципе

basic principle основной принцип

general principle общий принцип

guiding principle ведущий принцип

sound principle логичный, обоснованный принцип

strict principle строгий принцип

to adhere to a principle придерживаться принципа

to apply a principle применять принцип

to betray a principle изменять принципу, компрометировать принцип

to compromise one's principles идти на компромисс

to lay down a principle заложить принцип

principle of equality принцип равенства

principle of equal security принцип одинаковой безопасности

principle of equal sovereignty принцип равного суверенитета

principles of labour legislation основы трудового законодательства

principles of material incentives принципы материальной заинтересованности

principles of non-alignment принципы неприсоединения (*к блокам, пактам*)

principle of non-intervention принцип невмешательства

printing *n* печатание, печать; печатное издание; печатное дело

offset printing офсетная печать

priority *n* первоочередность, старшинство; приоритет; порядок срочности, очередность

priority incentives первоочередные стимулы

to re-examine/to rethink priorities пересмотреть приоритеты

to set a priority установить первоочередность

to sort out one's priorities определить наиболее важные вопросы

to get a priority right получить преимущественное право

prison *n* тюрьма

maximum-security prison тюрьма с усиленной охраной

to be released from prison освободиться из заключения

to escape from prison (*syn. Am.* to break out of prison) убежать из тюрьмы

to send to prison сажать в тюрьму

prisoner *n* заключенный, узник; арестованный

prisoner of war военнопленный

prisoner of war status статус военнопленного

to interrogate a prisoner of war допрашивать военнопленного

prisoner population заключенные (*в лагерях, тюрьмах*)

privacy *n* уединение, уединенность; секретность

invasion of privacy нарушение уединения

to violate (*smb's*) privacy нарушать (*чье-л.*) уединение

private *adj* частный, личный; не находящийся на государственной службе

private control (*over*) частный контроль (*над*), контроль со стороны частного сектора

private information сведения, не подлежащие огласке

private investment инвестиции со стороны частного сектора

Р

to encourage more private investment поощрять частные капиталовложения

private negotiations/talks закрытые
переговоры

private polls «частный» опрос

to conduct private polls выяснять общественное мнение путем «част-
ных» опросов

privatization *n* приватизация

partial privatization частичная
приватизация

privatization transaction сделка в
сфере приватизации

merits of privatization положительные стороны приватизации

to assess the merits of privatization
оценивать положительные стороны приватизации

capital markets and privatization
рынки капитала и приватизация

disposing of unsold shares after
privatization распределение не-
распроданных акций после приватизации

Privatization takes many different
forms. Приватизация может про-
текать в разных формах.

privatize *v* приватизировать

to privatize on a large scale проводить приватизацию в крупных
масштабах

privilege *n* привилегия; преимущество

exclusive privilege исключительная
привилегия

guest privilege привилегия гостя,
на правах гостя

special privilege особая привилегия

privilege of Parliament members депутатская неприкосновенность

to award/to give/to grant a privilege
предоставлять привилегию

to enjoy/to have a privilege пользоваться привилегией

to revoke a privilege отменить привилегию

privileged *adj* привилегированный

privileged bureaucrats привилеги-
рованная бюрократия

prize *n* награда, приз, премия

booby prize *разг.* приз отстающе-
го (*в шутку дается тому, кто
пришел последним к финишу*)

consolation prize *спорт.* утеши-
тельный приз

to award a prize присудить приз,
награду

to distribute prizes распределять
призы

to win prizes выигрывать призы

probation *n* испытание; стажиров-
ка; *юр.* условное освобождение
на поруки

terms of probation условия стажировки

to observe the terms of probation
соблюдать условия стажировки

to release (*smb*) on probation *юр.*
освободить (*кого-л.*) на поруки

to violate the terms of probation
нарушить условия стажировки

probe *n* тщательное рассмотрение;
расследование

interplanetary probe межпланетное
(космическое) исследование

space probe космический зондаж,
исследование космоса

police probe into a scandal расследование скандала полицией

to launch an exhaustive probe (*into*)
проводить глубокое расследование (*в сфере*)

probe *v* исследовать, расследовать

to probe deeply (*into*) глубоко расследовать

problem *n* проблема; вопрос; задача; сложная ситуация; трудный
случай

complicated problem сложная проблема

difficult problem трудная проблема

insoluble problem неразрешимая
проблема

insurmountable problem непреодолимая проблема

knotty problem запутанная проблема

major problem большая проблема

pressing problem насущный вопрос

thorny problem трудный, запутанный вопрос

to bring up a problem выдвинуть проблему

to cause a problem создавать проблему

to pose a problem представлять собой проблему

to resolve/to settle/to solve a problem разрешать проблему, урегулировать вопрос

to tackle a problem биться над решением проблемы

the crux of a problem суть проблемы

procedure *n* процедура

procedure for elections процедура, порядок выборов

procedure for fact-finding процедура изучения, исследования фактов

procedure of conciliation примирительная процедура; *юр.* согласительная процедура

regular/standard procedure принятая процедура

to establish a proper procedure (*to solve financial issues, etc.*) установить соответствующую процедуру (*для урегулирования финансовых вопросов и т.п.*)

to follow regular procedures следовать постоянно действующим процедурам

to observe the parliamentary procedures соблюдать парламентские процедуры

proceed *v* продолжать; возобновлять; возбуждать дело (*в суде*)

to proceed against smb in court передать дело в суд; возбудить дело в суде

to proceed with one's research продолжать научные исследования

to proceed with (*one's*) plans продолжать осуществление (*своих*) планов

proceedings *n pl* рассмотрение дела в суде, судебное разбирательство

to conduct proceedings проводить судебное разбирательство

to initiate legal proceedings (*against*) начать судебное разбирательство (*против*)

to institute divorce proceedings начать бракоразводный процесс

proceeds *n pl* доход, вырученная сумма

proceeds from the sale (*of smth*) сумма, полученная от реализации (*чего-л.*)

process *n* процесс, ход развития; движение, ход, течение

judicial process судебный процесс

process of disarmament процесс разоружения

procession *n* процессия, шествие; *перен. тж.* вереница, караван

torchlight procession шествие с факелами

to lead a procession возглавлять шествие

to march in a procession участвовать в шествии

proclaim *v* провозглашать; объявлять; прокламировать; обнародовать, опубликовать

to proclaim a region a disaster area объявить район, регион зоной бедствия

proclamation *n* официальное объявление, декларация

proclamation of martial law объявление военного положения

procurement *n* приобретение, поставка (*напр., оборудования*)

produce *n* продукция, продукт; результат

farm produce сельскохозяйственная продукция

produce *v* производить, давать; вырабатывать, создавать; поставить (*пьесу*)

to produce a conflagration *перен.*
вызвать пожар

to produce some documents as
evidence представить некоторые
документы в качестве свиде-
тельства

producer *n* продюсер; *амер.* режис-
сер-постановщик

movie producer кинопродюсер

TV producer продюсер телепрограммы

product *n* продукт, изделие, фаб-
рикат

important product of agriculture
важный продукт сельского хозяйства

by-product побочный продукт

This item is a by-product (of) ... Это
изделие – результат побочного
продукта ...

end/finished product конечный
продукт; готовое изделие

gross national product (GNP) валовой национальный продукт
(ВНП)

waste product отход(ы) производства

Criminals are sometimes the products (of) ... Преступники иногда
появляются в результате ...

production *n* производство, изготовление

mass production массовое производство

means of production средства производства

mode of production способ производства

relations of production производственные отношения

Hollywood production голливуд-
ская постановка

theatrical production театральная
постановка

TV production телевизионная постановка

to decrease production ослабить
темпы производства

to put a production (*on the stage*)
создать постановку; поставить
(*пьесу*) на сцене

to roll back production снизить по-
казатели производства

to speed up production ускорить
производство

to step up production ускорить темпы производства

profess *v* открыто признавать, заявлять; исповедовать (*веру*)

I don't profess to know (about) this.

profession *n* профессия; *церк.* вероисповедание

legal profession юристы, правоведы

medical profession медики, врачи

nursing profession медсестры

teaching profession преподаватели,
учителя

to be a linguist by profession быть
лингвистом по профессии

to brush up on one's profession повысить свою квалификацию

to practise a profession заниматься
профессиональной деятельностью

professional *adj* профессиональный; имеющий специальность

professional army профессиональная армия

professional army officers кадровый офицерский состав

the professional classes лица сво-
бодной профессии или интел-
лектуального труда – адвокаты,
учителя, врачи и т.п.

professional coach тренер-профес-
сионал

professional criminal профессиональный преступник

professional duties профессиональные обязанности, функции

Р

professional employee сотрудник категории специалистов, профессиональный работник, специалист

professional politician профессиональный политик

professional selection профессиональный отбор

professional skill профессиональный навык

professional tennis player профессиональный теннисист

professional training профессиональная подготовка кадров

professor *n* профессор

adjunct/associate professor *амер.* адъюнкт-профессор

assistant professor помощник профессора

emeritus professor заслуженный профессор в отставке

full professor профессор

professor of Latin профессор по латинскому языку

visiting professor приглашенный профессор

professorship *n* профессорство

to hold a professorship занимать должность профессора

proficiency *n* опытность, умение, сноровка, искусство

proficiency (*in*) широкие познания (*в*)

language proficiency владение языком

to demonstrate proficiency демонстрировать опыт

proficient (*at, in*) *adj* искусный (*в*)

profile *n* профиль, очертание, контур; краткий биографический очерк

to keep a high profile быть на виду

to keep a low profile держаться в тени

profit *n* прибыль

excess profit чрезмерная прибыль, необычайно высокая прибыль

handsome profit солидная прибыль

large profit большая прибыль

marginal profit незначительная прибыль

part of the profit due to a foreign partner часть прибыли, причитающаяся иностранному участнику

profit actually made фактически полученная прибыль

profits and losses прибыли и убытки

quick profit быстро полученная прибыль

small profit незначительная/малая прибыль

to distribute profits (*of a business*) распределить прибыль (*полученную в результате коммерческой деятельности*)

to earn/to make/to realize/to reap a profit (*on smth*) получить прибыль

to make a profit on a deal/transaction получить прибыль от данной сделки

to operate at a profit работать рентабельно

to yield a profit приносить прибыль

This operation yielded a handsome profit. Эта операция дала хорошую прибыль.

In this case the profit margin is very large. В этом случае размер прибыли очень высок.

Do you know any ways to increase the profit margin? Вы знаете, каким образом увеличить размер прибыли?

profit *v* приносить пользу, быть полезным

to profit by one's experience извлечь пользу из опыта

It profits little to advise him in this case. Вряд ли есть смысл давать ему совет в этом случае.

profitable *adj* прибыльный, выгодный, доходный

profitable business прибыльный бизнес

Yesterday I had a very profitable day. Вчера у меня был очень плодотворный день.

profiteer *n* спекулянт, барышник

war profiteer военный спекулянт

profound *adj* глубокий, основательный; полный, абсолютный

profound knowledge глубокие знания

profound thinker глубоко мыслящий человек

programme *n* программа

building programme программа строительства

crash programme ускоренная программа, форсирование (*чего-л.*)

development programme программа развития

long-range programme долгосрочная программа

pilot programme экспериментальная, пилотная программа

short-range programme краткосрочная программа

What's on your programme today? Что в вашей программе сегодня? Какие у вас планы?

to carry out/to implement a programme выполнять программу

to chart/to draw up a programme составлять программу

to evaluate a programme оценивать программу

to execute a privatization programme выполнить программу мероприятий по приватизации

to launch/to introduce a programme начинать/вводить в действие программу

to put on a TV programme передавать программу (по телевидению)

This study programme is very interesting.

Many Americans are fond of call-in programmes. Многие американцы любят смотреть телепрограммы, предполагающие звонки в телестудию.

Did you attend the orientation programme? Вы посетили курс профессиональной ориентации?

progress *n* прогресс, развитие; движение вперед; достижения, успехи

considerable progress значительные успехи

good progress хорошие успехи

great progress колоссальные успехи

material progress материальные, реальные успехи

rapid progress быстрые успехи

scientific progress научный прогресс

slow progress медленные успехи

smooth progress постепенное развитие

spotty progress неравномерный прогресс

steady economic progress постоянный экономический прогресс

technological progress технологический прогресс

The progress in negotiations is very important. Прогресс в переговорах – очень важное дело.

Have you read his progress report? Вы читали его доклад о проделанной (им) работе?

progress *v* прогрессировать, развиваться

to progress to a new stage (*in research*) добиться новых успехов (*в исследовательской работе*), выйти на новые рубежи

progressive *adj* прогрессивный, передовой; поступательный (*о движении*)

progressive forces прогрессивные силы

progressive taxation прогрессивное налогообложение

P

prohibit *v* запрещать; препятствовать, мешать

prohibition *n* запрещение; запрещение продажи спиртных напитков

to repeal a prohibition отменить
сухой закон

project *n* проект, план; программа
строительства

housing project *амер.* жилищный
проект, проект жилищного
строительства

land-reclamation project проект
освоения земель (*целинных, за-
брошенных и т.п.*)

pilot project экспериментальный,
пилотный проект

public works project проект обще-
ственных работ

turnkey project проект (строительства) «под ключ»

water-conservation project проект
охраны водных ресурсов

to carry out a project выполнять
проект

to conceive a project задумать
проект

to shelve a project положить проект на полку

to work on a project together вместе работать над проектом

project *v* проектировать

to project the movies on the wall
проектировать изображение на
стену

projectile *n* снаряд

to fire a projectile выпустить снаряд (*по цели*)

proliferate *v* распространять (*знания и т.п.*)

to proliferate agencies создавать все
новые и новые агентства

proliferation *n* распространение,
быстрое увеличение

nuclear proliferation распространение ядерного оружия

prominence *n* выдающееся положение, известность

to acquire/to gain prominence заво-
евать/снискать известность

to give prominence to a newspaper
story разрекламировать газет-
ную статью; поместить статью
на видном месте (*в газете*)

promiscuity *n* беспорядочность, неразборчивость (*напр., в знаком-
ствах, связях и т.п.*)

sexual promiscuity неразборчивость в половых связях, промис-
куитет

promise *n* обещание; перспектива

broken promise нарушенное обещание

empty promise пустое обещание

rash promise опрометчивое обещание

solemn promise торжественное
обещание

to break a campaign promise нарушить обещание, данное в ходе
(*избирательной*) кампании

He is an athlete of great promise. Он
многообещающий спортсмен.

promote *v* выдвигать; продвигать;
повышать в звании

to promote to a higher rank повысить в звании

promotion *n* продвижение; поощрение, содействие, стимулирование

to put (*smb*) in/to recommend for promotion рекомендовать (*кого-л.*) к
продвижению по службе, к повышению в должности

to win one's promotion получить
повышение (в должности)

prone *adj* склонный

prone to exaggeration склонный к
преувеличениям

pronounce *v* объявить; деклариро-
вать; заявлять

to pronounce a verdict (*about a court's
decision*) объявлять приговор (*суда*), выносить судебное решение

to pronounce a word произносить
слово

to pronounce (*smb*) guilty (*of smth*) объявить (*кого-л.*) виновным (*в чем-л.*)

The physician pronounced him to be healthy. Врач сообщил, что он здоров.

They were pronounced husband and wife. Они были объявлены мужем и женой (*при вступлении в брак*).

pronouncement *n* мнение, заключение; высказывание; вынесение решения

to make/to issue a pronouncement вынести решение

proof *n* доказательство

to furnish/to give/to offer/to produce/to provide proof представить доказательство

to furnish ample proof to the effect that ... представить массу данных в отношении того, что ...

propaganda *n* пропаганда

enemy propaganda вражеская пропаганда

ideological propaganda идеологическая пропаганда

vicious propaganda злобная пропаганда

to engage in propaganda заниматься пропагандой

to spread propaganda (*against/in favour of*) распространять пропаганду (*против/за*)

propensity *n* склонность, расположение

to have a propensity to exaggerate things иметь склонность к преувеличению

proper *adj* присущий, свойственный; правильный, должный; приличный; точный

at the proper time в должное время

property *n* имущество, собственность

common property общая собственность

communal property общинная собственность, коллективная собственность

community property (*of two spouses*) общая собственность (*супругов*)

government property государственная собственность

individual property личная собственность

joint property совместная собственность

movable property движимое имущество

personal property личное имущество

private property частная собственность

public property государственная собственность; общественная собственность

real property недвижимое имущество

to buy property покупать имущество/собственность

to confiscate/to seize property конфисковать собственность

to inherit property наследовать собственность

to lease property сдавать в аренду собственность

to sell property продавать собственность

to transfer property передавать собственность

This is my piece of property. Это моя собственность.

prophecy *n* пророчество, предсказание

gloomy prophecy мрачные предсказания

self-fulfilling prophecy сбывшееся предсказание

His prophecy has come true. Его пророчество сбылось.

The prophecy has turned out to be true. Предсказания оказались верными.

P

to make a prophecy выступить с прогнозом

prophet *n* пророк; проповедник (*идей, новых концепций и т.п.*)

false prophet ложный пророк

proportion *n* пропорция, количественное соотношение

in proportion (*to*) соразмерно, соответственно (*с*)

proportions *n pl* размеры, масштабы

epidemic proportions масштабы эпидемии

menacing proportions угрожающие масштабы

to assume/to take on proportions принимать размеры, масштабы

proposal *n* предложение, план; предложение (*вступить в брак*)

to accept/to adopt a proposal принять предложение

to consider a proposal рассмотреть предложение

to entertain a proposal расценивать, осмысливать предложение

to make/to present/to put forward a proposal внести предложение

to kill a proposal провалить, «угробить» предложение (*напр., о действиях отдельных законодателей*)

to receive a proposal получить предложение

to turn down/to reject a proposal отвергнуть предложение

That proposal fell through. Это предложение провалилось.

propose *v* предлагать

to propose a new plan предлагать новый план

proposition *n* предложение

to debate the proposition обсуждать предложение

proprietary *adj* собственнический, составляющий чью-л. собственность

proprietary hospital частная больница

proprietary interest собственнический интерес

proprieties *n pl* приличия

to observe the proprieties соблюдать приличия

propulsion *n* продвижение, движение вперед; движущая сила

jet propulsion реактивная движущая сила

rocket propulsion ракетная тяга

pros and cons за и против

to weigh all the pros and cons взвесить все за и против

prose *n* проза; прозаичность

to write in prose писать прозой

prosecute *v* вести, заниматься (*чем-л.*); продолжать (*напр., занятие*); преследовать в судебном или уголовном порядке

prosecution *n* ведение, выполнение; судебное преследование

criminal prosecution уголовное преследование

vigorous prosecution настойчивое преследование

to be subject to criminal prosecution подлежать уголовному преследованию

to face prosecution предстать перед обвинением

prosecutor *n* обвинитель

public prosecutor прокурор

prospect *n* вид; перспектива; *ком.* предполагаемый клиент

bleak/grim prospect мрачная перспектива

inviting prospect обещающая, манящая перспектива

rosy prospect радужные перспективы

What are your prospects for the future? Какие у вас перспективы на будущее?

prospect *v* исследовать; делать изыскания; разведывать

to prospect for gold искать золото

prosperity *n* процветание, преуспевание

to create prosperity создавать процветание

to enjoy prosperity преуспевать, процветать

prostitution *n* проституция

to decriminalize the prostitution допускать проституцию (*по закону*)

to engage in prostitution заниматься проституцией

to outlaw the prostitution поставить проституцию вне закона

prosty *n (also* **prostie***) амер. разг.* проститутка

protection *n* защита, охрана; ограждение, прикрытие; покровительство; охранная грамота

government protection защита со стороны правительства

police protection охрана полиции

to provide a protection by means of a nuclear umbrella обеспечить защиту, прикрытие (*страны*) с помощью ядерного зонтика

placed under smb's protection под чьим-л. покровительством

protective *adj* защитный, прикрывающий

protein *n хим.* белок

protein gap проблема нехватки белков (*в рационе питания*)

protest *n* протест; *фин.* опротестование; *юр.* торжественное заявление

strong protest резкий, сильный протест

weak protest слабый протест

to dismiss a protest отклонять протест

to lodge a protest заявить протест

protest *v* протестовать, возражать; заявлять протест; *фин.* опротестовывать (*вексель и т.п.*); *юр.* торжественно заявлять

to protest vigorously протестовать самым решительным образом

protocol *n* протокол (*в том числе дипломатический*)

diplomatic protocol дипломатический протокол

message protocol порядок приема и передачи сообщений

military protocol военный протокол

to draw up a protocol составить протокол

to observe the protocol соблюдать положения протокола

prove *v* доказывать; удостоверять; подтверждать; испытывать, пробовать; оказываться

to prove conclusively убедительно доказать

proverb *n* пословица

A proverb goes that ... Согласно пословице ...

provide *v* снабжать; обеспечивать; предоставлять, давать

to provide for a contingency принимать меры на случай чрезвычайных обстоятельств

to provide for one's family содержать семью

to be provided with equipment быть обеспеченным оборудованием

unless otherwise provided если не предусмотрено иное

The bill provides that ... Законопроектом предусматривается, что ...

provided *conj (also* **provided that, providing, providing that***) при условии, что ...

providence *n* предусмотрительность; провидение

Divine Providence божественное провидение

province *n* область, провинция

the Province of Quebec провинция Квебек (*в Канаде*)

This matter is in my province. Этот вопрос в сфере моей компетенции.

provision *n* снабжение, обеспечение; заготовление, заготовка; положение, условие (*договора*)

to make provision for smth (*in a legal document*) предусмотреть условие для чего-л. (*в правовом документе*)

to violate a provision of a contract нарушить положение договора

provisional *adj* временный; предварительный, условный

provisional government временное правительство

provisional report предварительный доклад

provisional truce временное перемирие

on the basis of the provisional report ... на основе предварительного доклада ...

proviso *n* условие; оговорка (*в договоре*)

with a proviso that ... при условии, что ...

to add a proviso добавить условие

provocation *n* вызов, побуждение; подстрекательство; провокация; раздражение

extreme provocation крайне наглая провокация

There was no provocation on my part. С моей стороны не было никакой провокации.

at a provocation в ответ на провокацию

provocative *adj* вызывающий; дерзкий; соблазнительный; провокационный

provocative story провокационная статья

provoke *v* вызывать, возбуждать; провоцировать

to provoke antigovernmental strikes побуждать (*кого-л.*) к антиправительственным выступлениям

to provoke smb into doing smth спровоцировать кого-л. на какие-л. действия

prowess *n* доблесть, удаль, отвага

athletic prowess спортивная доблесть

to demonstrate prowess проявлять отвагу

prowl *v* красться, бродить, рыскать (*в поисках добычи*); мародерствовать

on the prowl крадучись

proximity *n* близость

in close proximity (*to*) близко (*к*), в непосредственной близости (*от*)

proxy *n* полномочие; передача голоса; доверенность

to have a proxy to vote (*for smb*) пользоваться услугами доверенного лица при голосовании (*за кого-л.*)

to hold smb's proxy иметь кого-л. в качестве представителя

prudent *adj* благоразумный, предусмотрительный; осторожный; расчетливый

It has been prudent of him. С его стороны это было разумно.

pry *v* подглядывать, подсматривать; любопытствовать

to pry into smb's affairs совать нос в чужие дела

to pry information (*out of smb*) выведывать информацию (*у кого-л.*)

pseudo-event *n* псевдособытие (*т.е. событие, которое фактически не заслуживает освещения в СМИ*)

psychological *adj* психологический

psychological warfare психологическая война

This can be compared with a psychological warfare. Это напоминает психологическую войну.

psychology *n* психология

applied psychology прикладная психология

Р

public *adj* общественный; государственный; народный, общенародный

public accountant *амер.* аудитор

public administration государственное управление, государственно-административная деятельность; управление на государственном и местном уровнях

public and private entities государственные и частные предприятия

public assistance социальная помощь; общественная помощь; государственное вспомоществование; социальная помощь

public authority орган государственной власти; представитель власти

public catering общественное питание

public corporation государственная корпорация

public criticism открытая критика

public debate дискуссия среди широких слоев населения

public debt государственный долг, государственная задолженность

public disaster всеобщее бедствие, общественное бедствие

public domain *юр.* общественное достояние (*авторское право*)

public employee государственный служащий, муниципальный служащий

public employment занятость в государственном секторе

public employment agency *амер.* государственная контора по трудоустройству

public facilities места, предприятия общественного назначения (*парки, школы и т.п.*)

public finance государственные финансы

public funds государственные средства

public health здравоохранение

public hearing открытое слушание дела

public issue публичный выпуск новых акций, государственная эмиссия

public opinion общественное мнение

to affect public opinion влиять на общественное мнение

to arouse/to stir up public opinion волновать общественное мнение

to mold/to form public opinion формировать общественное мнение

to poll public opinion производить опрос общественного мнения

to sound out public opinion зондировать общественное мнение

public opinion poll опрос общественного мнения

public organization общественная организация

public prosecutor общественный обвинитель

public reaction/response реакция общественности (*на что-л.*), отклик (*на что-л.*)

public relations (PR) связи с общественностью, пиар

public relations activities деятельность в сфере поддержания контактов с общественностью (*напр., о деятельности фирм*)

public servant работник госаппарата, служащий (*государственного учреждения*); лицо, находящееся на государственной службе

public service работа, служба в государственном учреждении

public welfare социальное попечение

public works общественные работы

publication *n* опубликование, издание; оглашение; публикация

government publication правительственное издание

official/unofficial publication официальное/неофициальное издание

underground publication подпольное издание

to start publication начать издание (*газеты, журнала*)

to suspend publication приостановить издание

publicity *n* гласность

publicity material рекламный материал

extensive/wide publicity широкая реклама

to avoid/to shun publicity избегать гласности

to gain publicity обрести гласность

to give/to provide publicity создать рекламу (*для товара и т.п.*)

to receive publicity получить широкую рекламу

to seek publicity (*esp. about actors*) стремиться к славе (*особ. об актерах*)

The musicians left the country in a blaze of publicity. Музыканты покинули страну в тот момент, когда о них писала вся пресса.

puff *v амер. сленг* пить, выпивать, напиваться

pump *v* работать насосом, качать, выкачивать

to pump investments (*into*) *разг.* «вливать» капиталы (*в*)

pump out *v* выкачивать (*нефть, богатства страны и т.п.*)

to pump out more funds выкачивать, выбивать дополнительные средства

punch *n* удар; *разг.* сила, энергия

to land/to throw a punch нанести удар, побить; бить кулаком

to pull one's punches смягчить удар

punishable *adj* наказуемый, заслуживающий наказания

punishment *n* наказание; *воен.* взыскание; *разг.* грубое обращение

capital punishment *юр.* смертная казнь

corporal punishment телесное наказание

cruel punishment тяжкое, жестокое наказание

harsh punishment суровое наказание

just punishment справедливое наказание

light punishment легкое наказание, легкая мера наказания

mild punishment мягкая мера наказания

summary punishment наказание в порядке суммарного производства

to administer punishment предписать наказание, определить меру наказания

to escape punishment избегать наказания

to impose punishment налагать наказание

to take punishment принимать наказание

puppet *n* марионетка, кукла

puppets and quislings марионетки и предатели

puppet government марионеточное правительство

hand puppet марионетка

to manipulate a puppet использовать марионетку в своих целях

purchase *n* покупка

to make a purchase сделать покупку

purge *n* очищение; *полит.* чистка

party purge чистка партийных рядов

radical purge радикальная чистка

sweeping purge всеобщая чистка

to carry out a purge проводить чистку

purge *v* освобождать, избавлять; проводить чистку (*партийных рядов*)

It was suggested that the party should be purged of disloyal elements. Было предложено освободиться от нелояльных членов партии.

purity *n* чистота; непорочность; проба (*драгоценных металлов*) moral purity моральная чистота

purport *v* означать; подразумевать; *редк.* иметь целью, претендовать

They purport to be our friends.

purpose *n* намерение, цель; назначение

good purpose благородная цель

to accomplish/to achieve/to fulfill a purpose реализовать/выполнить цель

It serves the right purpose. Это служит правому делу.

on purpose намеренно, специально, с целью

purse-strings *n pl* ремешки для затягивания кошелька

to control/to hold purse-strings *разг.* контролировать расход средств

pursuance *n* выполнение, исполнение

in pursuance of one's duties во исполнение своих функций

pursue *v* преследовать; проводить

to pursue a policy проводить политику

to pursue disarmament проводить политику разоружения

to pursue profits стремиться к получению прибыли

pursuit *n* преследование (*кого-л.*); стремление; поиски; занятие

pursuit of the enemy преследование противника

pursuit of the (*national*) security обеспечение (*национальной*) безопасности

pursuit of wealth погоня за богатством

hot pursuit *юр.* преследование по горячим следам

in hot pursuit of terrorists преследуя террористов по горячим следам

It is my favourite pursuit. Это мое любимое занятие.

push *n* толчок; удар, нажим; напор, натиск; энергичная попытка; *воен.* атака

big push *разг.* мощная атака

to give smb a push *разг.* подтолкнуть кого-л., помочь (*в чем-л.*)

push *v* толкать; продвигать, проталкивать

to push for political and economic reforms настаивать на проведении политических и экономических реформ

put *v* класть; помещать; выражать (*в письменной форме*)

to put a criminal in prison посадить преступника в тюрьму

to put a plan into operation ввести план в действие

to put a question to a vote поставить вопрос на голосование

to put a report into shape привести доклад в порядок, подредактировать доклад, отчет

to put a theory into practice претворить теорию в жизнь

to put money in circulation ввести деньги в обращение

to put new equipment into service ввести новое оборудование в эксплуатацию

to put one's affairs in order привести (свои) дела в порядок

to put up a fight затеять драку

to put words into smb's mouth говорить за другого

Put yourself in my place and you will see that ... Поставь себя на мое место и ты увидишь, что ...

put down *v* опускать, класть; высаживать

to put a blunder down to inexperience отнести грубую ошибку за счет неопытности

put in *v* выставлять, выдвигать (*о требовании и т.п.*)

to put in a claim for damages выставить требование о компенсации за (причиненный) ущерб

put off *v* откладывать

to put off doing smth because of ... отказаться от каких-то мер из-за ...

put over v переложить вину (*на другого*)

He put his scheme over on the unsuspecting investors.

put up v поднимать, воздвигать (*здание и т.п.*); ставить (*пьесу*); показывать

to put (*smth*) up for sale предложить (*что-л.*) на продажу

putsch n путч

to stage a putsch устроить путч

putt-putt n *разг.* небольшой автомобиль

puttyhead n *сленг* глупый человек

puzzle n вопрос, ставящий в тупик; загадка, головоломка

crossword puzzle кроссворд

to solve a puzzle решить загадку

The whole matter was a puzzle.

puzzle v озадачивать

to puzzle over a problem ломать голову над проблемой

===== **Q** =====

quagmire n болото, трясина; *перен.* затруднительное положение

in a quagmire в затруднительном положении

qualifications n pl данные

fine qualifications прекрасные данные

outstanding qualifications выдающиеся качества

the necessary qualifications необходимые квалификационные данные

to possess the necessary qualifications обладать необходимыми данными

His professional qualifications are very high.

to have the qualifications for this kind of job иметь все необходимые данные для работы такого рода

qualified *adj* квалифицированный

fully qualified достаточно квалифицированный

highly qualified высококвалифицированный

qualified to take a decision (*on*) достаточно квалифицированный, чтобы принять решение (*по вопросу*)

qualify v готовить(ся) для какой-л. деятельности, обучать(ся) (*чему-л.*), приобретать какую-л. специальность

to qualify for this position обладать достаточной квалификацией для занятия данной должности

quality n качество; сорт; свойство, особенность, характерная черта

admirable quality прекрасное качество

fine qualities прекрасные качества, черты характера

moral quality моральное качество

redeeming quality «спасительное» свойство

superior quality высшее качество

quality of government regulation качество регулирования (*тех или иных вопросов*) правительством

of good/poor quality хорошего/плохого качества (*о продукции*)

The better quality of cloth is more expensive. Ткань более высокого качества стоит дороже.

qualms n pl сомнение (*в своей правоте*)

to feel/to have qualms (*about*) испытывать сомнения (*относительно*)

without any qualms без сомнений, колебаний

quantity n количество; *мат.* величина

large quantity большое количество

negligible quantity незначительное количество

in large quantities в больших количествах (*напр., о партиях товара*)

quarantine *n* карантин; *юр. ист.* сорокадневный период

to institute a quarantine установить карантин

to lift a quarantine снять карантин

to place under quarantine поставить под карантин

quarrel *n* ссора, перебранка; раздоры

bitter quarrel ожесточенные споры

domestic quarrel домашняя ссора

furious/violent quarrel сильные раздоры

long-standing quarrel давние споры/раздоры

never-ending quarrel бесконечные раздоры

The quarrel that broke out is just a family one.

to lead to a quarrel приводить к ссоре

to patch up a quarrel *разг.* уладить ссору

to pick/to provoke/to start a quarrel спровоцировать ссору

to settle a quarrel урегулировать спорный вопрос/прекратить ссору

quarrel *v* ссориться

quarter *n* четверть; квартал (*года*); *разг.* пощада

to show no quarter не давать пощады

quarters *n pl* квартира; помещение, жилище

to find quarters найти квартиру/площадь/жилище

officers' quarters офицерское помещение

From certain quarters it has become known that ... Из некоторых источников стало известно, что ...

queen *n* королева, богиня, царица

popular queen популярная королева

The queen mounted the throne. Королева взошла на трон.

The queen abdicated the throne. Королева отреклась от трона.

to toast the queen поднять тост за здоровье королевы

quest *n* поиски; искомый предмет

in quest of в поисках

question *n* вопрос, проблема; дело; сомнение

awkward question щекотливый, неуместный вопрос

civil question вежливый вопрос

direct question прямой вопрос

embarrassing question вопрос, вводящий в смущение

irrelevant question неуместный вопрос

loaded question вопрос с определенным подтекстом

pointed question вопрос, преследующий определенную цель

probing question «прощупывающий» вопрос

thorny question трудный вопрос

to address a question (*to smb*) адресовать вопрос (*кому-л.*)

to ask (*smb*) a question задать (*кому-л.*) вопрос

to field a question отпарировать вопрос

to put a question (*to smb*) спросить (*кого-л.*)

to reply/to respond to a question ответить на вопрос

to put the matter to the question поставить под сомнение

queue *n* (*Am.* line) очередь

queue-jumper *разг.* втиснувшийся вне очереди

queue *v* стоять в очереди

quick *adj* быстрый; скорый; проворный; сообразительный

to be quick (*about smth*) быстро реагировать (*па что-л.*)

quick at picking up foreign languages способный к изучению иностранных языков

Q

quiet *adj* спокойный, тихий, бесшумный; неслышный; неяркий

quiet diplomacy «тихая» дипломатия

quiet majority *амер.* молчаливое большинство

quit *v* покидать, оставлять

to quit one's job *разг.* уйти с работы

quiz *n* викторина; *амер.* экзамен, проверочные вопросы

to make up a quiz подготовить опрос

to give a quiz устроить проверку

quota *n* доля, часть, квота

import quota импортная квота

production quota квота на объем производства

to assign a quota назначить, определить квоту

to establish/to fix/to set a quota установить квоту

to exceed one's quota превысить квоту

to fulfil/to meet a quota выполнять (свою) квоту

quotation *n* цитирование, цитата; *ком.* цена; *эк.* предложение; *бирж.* котировка, курс

direct quotation прямая котировка

to give a quotation назначить цену (на товар)

They gave me a quotation for mending the roof. (= told me how much it would cost)

quote *v* цитировать; *ком.* назначать цену; *бирж.* регистрировать курс

to quote (*from*) приводить цитату (*из*)

quotient *n мат.* частное; коэффициент

intelligence quotient (IQ) коэффициент умственного развития (*используемый при тестировании*)

to determine an intelligence quotient определять коэффициент умственного развития

R

race *n* состязание в беге; гонки; гонка, погоня; быстрое движение

race for power борьба за власть

congressional race *амер.* участие в предвыборной борьбе за место в Конгрессе

cross-country race *спорт.* бег по пересеченной местности, кросс

governor's/gubernatorial race борьба за пост губернатора (штата)

political race политическая борьба

presidential race борьба за пост президента

to lose a race потерпеть поражение (*в борьбе*)

to run a race участвовать в борьбе (*спортивной, во время выборов и т.п.*)

to stage a race (*about a sports race*) устроить состязание

to win a race *разг.* выиграть гонки

to put an end to the arms race положить конец гонке вооружений

It was a close race. Соперники чуть-чуть отставали от лидера.

racing *n* игра на бегах, скачках

autoracing автогонки

racism *n* расизм

blatant racism открытый/неприкрытый расизм

rampant racism безудержный расизм

vicious racism злостный расизм

virulent racism опасный расизм

to stamp out racism (*syn.* to eradicate racism) покончить с политикой расизма; искоренить расизм

racket *n* шум, гам; разгульный образ жизни; *разг.* рэкет, шантаж, вымогательство

terrible racket страшный шантаж

to make a racket поднять шум, скандал

to operate/to run a racket установить систему рэкета (*о бандах рэкетиров*)

to organize a protection racket организовать охрану из числа рэкетиров

racketeer *n* рэкетир

big-time racketeer крупный бандит, вымогатель, рэкетир

petty racketeer мелкий налетчик, рэкетир

to crush/to smash racketeers разгромить рэкет

radar *n* радиолокатор

early-warning radar РЛС дальнего обнаружения

radiant *adj* светящийся, излучающий свет

radiant with joy сияющий радостью

radiation *n* излучение; лучеиспускание

nuclear radiation радиоактивное облучение; проникающая радиация

to emit radiation испускать радиацию

to monitor radiation контролировать уровень радиации

radio *n* радио, радиовещание; радиоприемник

short-wave radio коротковолновая радиостанция

transistor radio радиоприемник на транзисторах

to switch on/off a radio включить/выключить радиоприемник

to listen to the radio слушать радио

to hear the news (*over the radio*) слушать новости (*по радио*)

raid *n* набег; внезапное нападение; рейд

air raid воздушный налет

border raid вылазка, нарушение границы

guerrilla raid партизанский налет

police raid полицейская облава, рейд полиции

police raid on an illegal gambling casino налет полиции на нелегальное казино

raid into the territory of the enemy проникновение на территорию противника

to carry out/to conduct a raid производить рейд, совершать набег

raise *v* поднимать; будить, воскрешать; воздвигать (*здание и т.п.*)

to raise the blockade прорвать блокаду

to raise an objection (*to*) выступить с возражением (*против*)

to raise a point of order поставить вопрос по порядку ведения заседания

to raise a sunken ship (*from the bottom of the sea*) поднять затонувший корабль (*со дна моря*)

to raise (*smb*) to power привести (*кого-л.*) к власти

to raise (*smb*) to the peerage возводить (*кого-л.*) в звание пэра (*в Англии*)

to raise smb's hopes обнадеживать

to raise troops формировать войска

rally *v* сплачиваться; выздороветь; оправиться (*после болезни*); восстанавливаться (*о ценах на бирже*)

to rally around сплачиваться вокруг

rally *n* массовый митинг; эк. оживление (*напр., на бирже*)

peace rally митинг в защиту мира

political rally политический массовый митинг

to hold a rally проводить митинг

to organize a rally организовать митинг

ram *v* таранить; забивать что-л.; втискивать

to ram a bill *разг.* протащить законопроект

to ram a point home вдолбить (*что-л.*) в голову

R

to ram smth down smb's throat *разг.*
перен. насильно вбивать что-л.
кому-л. в голову

ranch *n* ранчо; большая ферма

cattle ranch животноводческая
ферма

to live on a ranch жить на ранчо

to work at the ranch работать на
ферме, ранчо

random sample случайный выбор;
случайный отбор

range *n* ряд, линия (*домов*); цепь (*гор*);
сфера; область; пределы

within a narrow range в узких пределах

rank *n* ряд; звание, чин; служебное
положение; категория, ранг,
разряд, степень, класс

rank and file рядовые; рядовые сотрудники

cabinet rank в ранге члена кабинета

diplomatic ranks дипломатические
ранги

high ranks высокие ранги

low ranks низкие ранги

senior ranks высшие, старшие чины; высокопоставленные лица

to break the ranks *воен.* выйти из
строя, нарушить строй

to come up/to rise from the ranks
пробиться на более высокий
пост (*с низов*); *воен.* выдвинуть-
ся из рядовых в офицеры

to pull rank *разг.* «давить» на кого-
л., используя свое положение

rank *v* строить в шеренгу, выстра-
ивать(ся) в ряд, в линию; *амер.*
занимать первое или более высокое место

to rank above smb *амер.* стоять
выше кого-л.

A general ranks above a captain.

I rank him as an outstanding writer.

ranking *adj* видный, стоящий на
высоком посту

ranking diplomatic official высокопоставленный дипломат

ranking Republican республиканец, занимающий видное положение в партии

ranking *n* расположение, расстановка

ranking of enterprises in terms of their
likely contributions деление предприятий по степени их полезнос-
ти (*для целей торговли и т.п.*)

rape *n* изнасилование

attempted rape попытка изнасило-
вания

to commit rape совершить изнасилование

rapid *adj* быстрый, скорый

rapid deployment force силы быст-
рого реагирования

rapid pace of modernization быстрые темпы модернизации

rapidity *n* быстрота, скорость

with lightning rapidity с быстротой
молнии, молниеносно

rapport *n фр.* связь, взаимоотношения; взаимопонимание, согласие

close rapport тесное взаимодействие, сотрудничество

to work in close rapport (*with smb*)
тесно сотрудничать (*с кем-л.*)

to establish rapport добиться вза-
имопонимания

rapprochement *n фр.* восстановление дружественных отношений

to bring about a rapprochement (*between*) добиться восстановления
дружественных отношений
(*между*)

rat *n* крыса; *разг.* предатель, штрейк-
брехер

rat-race *разг.* борьба за место под
солнцем

to smell a rat чуять недоброе

rat *v* предать, покинуть (*организацию и т.п.*) в тяжелое время

to rat (*on smb*) предать (*кого-л.*), донести (*на кого-л.*)

rate *n* норма; ставка; тариф; расценка, цена

R

rate of accidents травматизм (*на производстве*)

rate of depreciation норма амортизации

rate of development темп(ы) развития

rate of duty ставка таможенной пошлины

rate of growth темп прироста

rate of inflation уровень/темп инфляции

rate of interest норма/ставка процента

rate of investment норма инвестиций

rate of issue эмиссионный курс

rate of levy ставка налога

rate of loading норма погрузки

rate of loss норма потерь

rate of profit норма прибыли

rate of shrinkage норма усушки

rate of stockturn норма оборачиваемости товарных запасов

rate of tax налоговая ставка

rate of turnover скорость оборачиваемости

rate of unemployment уровень безработицы

at a bargain rate по дешевой цене, по более низкой (*чем обычно*) цене

birth rate рождаемость

reasonable rate разумная цена, доступная цена

reduced rate сниженная расценка

regular rates обычные расценки

The inflation rate was very high in 1990. Очень высокая инфляция наблюдалась в 1990 г.

rate *v* оценивать, исчислять, определять

to be rated among the very best относиться к числу лучших

This wine rates with the very best. Это вино относится к числу лучших сортов.

ratification *n* ратификация

ratification instrument ратификационная грамота

to deposit a ratification instrument сдать на хранение ратификационную грамоту (*напр., в ООН*)

rating *n* оценка, отнесение к тому или иному классу, разряду

high/low rating высокая/низкая оценка

This show has a high rating. Рейтинг этого шоу очень высок.

ratio *n* отношение, коэффициент, пропорция

at a ratio (*of*) в отношении, в соотношении ...

ration *n* паек, порция, рацион; *разг.* продовольствие

daily/weekly/monthly ration ежедневный/еженедельный/ежемесячный рацион

ration *v* выдавать паек; снабжать продовольствием

We were rationed to 10 gallons of gasoline. Нам определили норму в 10 галлонов бензина.

rational *adj* разумный; целесообразный, рациональный

It is not rational (*to do smth*). Нет смысла (*этим заниматься*).

rationalization *n* рационализация; рационалистическое объяснение

to provide rationalization (*for*) обосновать что-л.

rationing *n* снабжение продовольствием, нормирование, лимитирование

food rationing выдача продовольствия, продуктов (*по карточкам и т.п.*)

gasoline rationing выдача бензина в определенных нормах

wartime rationing нормирование продуктов в военное время

to introduce rationing ввести лимитирование (*на потребление продуктов*)

to end/to terminate rationing прекратить практику лимитирования

ration out *v* лимитировать

R

rations *n pl* нормированное продовольствие

army rations нормирование продовольствия в армии

emergency rations аварийный запас продовольствия

short rations незначительный запас продовольствия

to issue rations выдавать продовольствие

ravages *n pl* разрушительное действие

to repair the ravages wrought by war ликвидировать разруху, вызванную войной

rave *v* бредить, говорить бессвязно

to rave about говорить восторженно (*о чем-л.*)

raw *adj* сырой; *разг.* новый, неопытный; грубый

The raw recruit did as well as could be expected.

raw deal несправедливое, жестокое обращение, отношение

My last job was a raw deal. I hope this is better.

raze *v* сровнять с землей; полностью, до основания разрушить

to raze a building to the ground сровнять здание с землей

razzle-dazzle *n разг.* шумиха (*по поводу чего-л.*)

After all the razzle-dazzle dies down, we'll see what things are really like.

reach *v* протягивать, вытягивать; достигать

to reach a deadlock зайти в тупик (*напр., на переговорах*)

react *v* реагировать; противодействовать

to react strongly (*against*) бурно реагировать

reaction *n* реакция

double-dyed reaction махровая реакция

favourable/negative reaction благоприятная (положительная)/отрицательная реакция

strong/weak reaction сильная/слабая реакция

to trigger a reaction вызвать, спровоцировать реакцию

to meet with a reaction столкнуться с реакцией (*кого-л. на что-л.*)

It was a natural reaction to a provocation. Это была естественная реакция на провокацию.

read *v* читать, зачитывать

to read between the lines читать между строк

reader *n* читатель; чтец; рецензент; корректор (*тж.* proof reader); преподаватель (*университета*), лектор; хрестоматия, сборник текстов для чтения

discriminating reader умный, внимательный читатель (*умеющий оценить сообщение*)

regular newspaper reader человек, регулярно читающий газеты

reader in physics сборник статей по физике

reading *n* чтение; начитанность, эрудиция

assigned reading заданное на дом чтение

serious reading серьезная литература

suggested reading рекомендуемая литература (*для чтения*)

readjust *v* переделывать, исправлять (*заново*), изменять

read up (*on a subject*) углубить свои знания (*предмета*)

ready *adj* готовый, приготовленный, подготовленный

to be ready for emergency быть готовым к чрезвычайным обстоятельствам

realism *n* реализм

political realism политический реализм

to lend realism to the scene описать, обрисовать сцену в реалистических тонах

realist *n* реалист, практик

down-to-earth realist абсолютный реалист

realistic *adj* реалистический, реалистичный

It is realistic (*to do smth*). Вполне реально (*сделать что-л.*).

reality *n* реальность

grim/harsh/sober reality суровая действительность

to accept the reality принимать реальность такой, какая она есть

to deny the reality отрицать реальность, не признавать реальные факты жизни (*напр., из-за усвоенных ложных теоретических догм*)

realization *n* осознание, понимание; реализация, осуществление, выполнение (*плана*)

realization of a project реализация проекта

to come to the realization (*of smth*) уяснить (*что-л.*)

realize *v* представлять себе; понимать (*в деталях*)

I realized how ... Я понял, как ...

reapply *v* вновь обращаться (*с заявлением и т.п.*)

to reapply for admission вновь обратиться с просьбой о приеме

reappoint *v* вновь назначать

to reappoint (*smb*) to serve as ... вновь назначить (*кого-л.*) работать в качестве ...

reappraisal *n* переоценка, вторичная оценка

to make a reappraisal провести анализ, переоценку

reason *n* разум, рассудок; благоразумие; причина, повод, основание

compelling reason побуждающая причина; причина, которая обязывает

convincing reason убедительная причина

sound reason убедительный довод

urgent reason серьезное основание

to cite a reason ссылаться (*на что-л.*)

to give a reason представить основание, причину

reasons behind smth причины, лежащие в основе чего-л.

rebellion *n* восстание, бунт

open rebellion открытое восстание

to crush/to put down/to quash/to quell a rebellion подавить восстание, бунт, сопротивление

to foment/to stir up a rebellion подстрекать к бунту, восстанию, сопротивлению

A rebellion broke out in ... Восстание началось в ...

rebound *n* отскок, отдача; ответная реакция

Right after her divorce she married him on the rebound.

rebuff *n* отпор, резкий отказ

polite rebuff вежливый отказ

sharp rebuff резкий отказ

to meet with a rebuff нарваться на отказ

rebuke *n* упрек

mild rebuke мягкий, слабый упрек

scathing/sharp rebuke резкий, неприятный упрек

to deliver/to give a rebuke сделать упрек, упрекнуть

rebuttal *n* опровержение

to make a rebuttal выступить с опровержением

recall *v* призывать обратно, отзывать

to recall a deputy отзывать депутата

reception *n* прием, получение

diplomatic reception дипломатический прием

formal/official reception официальный прием

informal/private reception неофициальный прием

R

state reception торжественный прием

wedding reception прием гостей по случаю бракосочетания

to hold a reception for graduating students устроить прием, вечер для выпускников (*вуза, училища*)

to host a reception принимать гостей, быть хозяином (*на приеме*)

receptive *adj* восприимчивый

receptive to the offer given откликнувшийся на (сделанное) предложение

recess *n* перерыв в заседаниях (*парламента и т.п.*)

summer recess перерыв на летние каникулы

The parliament is now in recess. Сейчас парламентские каникулы.

to take a recess делать перерыв (*в работе, занятиях и т.п.*)

recession *n* спад, снижение (*цен и т.п.*)

business recession спад деловой активности

economic recession экономический спад

to come out of a recession выйти из экономического кризиса

to go into a recession войти в стадию спада

recipe *n* рецепт (*на что-л.*); средство, способ (*достигнуть чего-л.*)

to have a recipe (*for*) обладать средством (*для*)

recipient *n* получатель, реципиент

recipient country страна – получатель (*помощи*)

recipient of an amount получатель суммы

recipient of a transfer payment получатель трансфертного платежа

recipient of benefits получатель льгот

recipient of grant получатель субсидий

recipient of public assistance получатель государственной помощи, пособия

reciprocal *adj* взаимный; совместный

reciprocal shareholding совместное владение акциями

reciprocity *n* взаимность, взаимодействие; взаимный обмен

to develop trade on a basis of reciprocity развивать торговлю на принципах взаимности

reclamation *n* исправление; *ком.* рекламация, предъявление претензий

land reclamation освоение земель

recognition *n* узнавание; опознание; признание, одобрение

general recognition всеобщее признание

official recognition официальное признание

public recognition публичное признание

tacit recognition молчаливое признание

to gain recognition добиться признания

to receive universal recognition получить всеобщее признание

recommendation *n* рекомендация, совет

positive recommendation положительная рекомендация (*напр., фирмы*)

strong recommendation эффективная рекомендация

to give (*smb*) a recommendation дать (*кому-л.*) рекомендацию

to write a recommendation (*for smb*) написать рекомендацию

reconciliation *n* примирение, улаживание

to bring about a reconciliation добиться примирения

reconnaissance *n* разведка, рекогносцировка; прощупывание, зондирование

to conduct reconnaissance вести
разведку; зондировать (*обстановку, почву*)

record *n* запись; регистрация (*фактов и т.п.*); протокол (*заседания
и т.п.*); репутация; *спорт.* рекорд

academic record успехи в учебе

criminal record криминальное прошлое (*приводы, аресты*)

distinguished record выдающаяся
работа, служба (*за прошлые годы*)

excellent record отличная работа,
служба (*за прошлые годы*)

police record данные в полиции (*о
задержаниях и т.п.*)

to beat/to break a record побить рекорд

to better a record улучшить рекорд

to set a new record установить новый рекорд

to surpass a record превзойти рекорд

It is off the record. Это не для протокола.

Have you read the verbatim records?
Вы прочли стенографические
отчеты?

record *v* записать (*информацию и
т.п.*); *тж.* на пленку, кассету

recovery *n* выздоравливание; восстановление; эк. оживление экономики; возврат

economic recovery оживление экономики; экономический подъем

rapid/speedy/quick recovery быстрое выздоровление

remarkable recovery (*of economy*)
поразительное оживление (*экономики*)

slow recovery медленный прогресс
(*в восстановлении экономики*)

recovery cost затраты на инкассацию

recovery of debt взыскание долга

recovery of overdue taxes взыскание сумм налога, не уплаченных
в срок

recovery of price восстановление
цены

recovery of property возврат имущества

recruit *v* вербовать (*новых членов*)

to recruit volunteers вербовать доб-
ровольцев

red *adj* красный (*цвет*)

red-baiting (*syn.* witch-hunt) *амер.
разг.* травля (*кого-л.*), преследование (*букв.* «охота на ведьм»)

red carpet *перен.* прием на высшем
уровне

red carpet treatment встреча с наивысшими почестями

red herring нечто, отвлекающее
внимание или вводящее в заблуждение

to roll out the red carpet for smb встре-
чать с наивысшими почестями

red-tape *n* бюрократизм, волокита

to slash the red-tape покончить с
бюрократизмом, волокитой

redeploy *v воен.* передислоцировать-
(ся); переключать (*напр., ресурсы*)

to redeploy troops передислоциро-
вать войска

redeployment *n воен.* передислокация

large-scale redeployment of troops
передислокация войск в крупных масштабах

redevelop *v* перестроить (*здание,
район*)

redevelopment *n*: urban redevelopment городское развитие

redress *n* исправление; восстановление; возмещение

legal redress удовлетворение требований по суду

reduce *v* понижать, ослаблять,
уменьшать

reduced to poverty доведенный до
уровня нищеты

reduction *n* снижение, сокращение;
скидка

reduction in military budgets сокращение военных бюджетов

reduction in salary сокращение зарплаты

R

reduction of disparities сокращение разрыва в доходах

price reduction снижение цен

redeem *v* выкупать; погашать; возвращать

to redeem one's position вернуть себе свое положение

redemption *n* выкуп; выплата; искупление; освобождение; спасение

redemption of a loan погашение ссуды

re-election *n* перевыборы

to be nominated for re-election быть выдвинутым на переизбрание

re-establish *v* восстанавливать

to re-establish diplomatic relations (*with*) восстановить дипломатические отношения (*с*)

reference *n* ссылка, сноска; справка; упоминание, намек; рекомендация (*для фирмы и т.п.*)

reference to the record ссылка на протокольную запись

direct reference прямая ссылка

indirect reference косвенная ссылка

frame of reference рамки полномочий, компетенции

to contain a reference содержать ссылку

to make a reference сделать ссылку

to provide a reference дать ссылку

referendum *n* референдум

to hold a referendum проводить референдум

referral *n* передача (*дела*)

referral of disputes передача споров (*в комитет и т.п.*)

refine *v* очищать, рафинировать; повышать качество; облагораживать; делать более изящным

to refine on a method усовершенствовать метод

refinery *n* нефтеперерабатывающий завод

oil refinery завод по переработке нефти, нефтеперегонный завод

sugar refinery сахарный завод

reflect *v* отражать (*свет*); отображать (*в литературе*)

to reflect credit (*on smb*) делать честь (*кому-л.*)

The team's victory reflected credit on the coach.

reform *n* реформа, преобразование, перестройка

agrarian reform аграрная реформа

economic reform экономическая реформа

far-reaching/radical reform радикальная реформа

labour reform реформа в сфере труда

land reform земельная реформа

penal reform реформа в области уголовного законодательства

social reform социальная реформа

sweeping reform общая, широкая реформа

to carry out/to effect a reform осуществлять реформу

reformer *n* реформатор

economic reformer реформатор в сфере экономики

refrain *v* воздерживаться

to refrain from acts of coercion воздерживаться от актов принуждения

to refrain from any form of armed intervention воздерживаться от любых форм вооруженного вмешательства

to refrain from invasion воздерживаться от вторжения

to refrain from the threat or use of force воздерживаться от угрозы силой или ее применения

refuge *n* убежище; *перен.* прибежище

wildlife refuge заповедник

place of refuge убежище

to find refuge находить убежище

to give/to provide refuge предоставлять убежище

to seek refuge искать убежище, приют

R

refugee *n* беженец; эмигрант

political refugee политический беженец

refund *n* уплата; возвращение (*денег*)

tax refund возврат налога (*напр., ранее уплаченного*)

to pay a refund возмещать ту или иную сумму

refusal *n* отказ

curt/flat/outright refusal категорический, прямой отказ

to meet with a refusal столкнуться с отказом

regime *n* режим

regime of the territorial waters режим территориальных вод

apartheid regime режим апартеида

puppet regime марионеточный режим

totalitarian regime тоталитарный строй, режим

to establish a regime создать режим

to overthrow a regime сбросить режим

regiment *n* полк

infantry regiment пехотный полк

to command a regiment командовать полком

region *n* край, область, район, регион, зона

border region пограничный район

regional *adj* областной, местный; региональный; районный

regional development agency региональное агентство по вопросам развития

register *n* журнал записей; официальный список; опись; реестр

cash register кассовый аппарат

to keep a register вести журнал (*записей*)

register *v* регистрировать, заносить в список

to be registered as a voter зарегистрироваться в качестве избирателя

registered *adj* зарегистрированный

registered bond именная облигация

registered mail заказная почта

registered pistol зарегистрированный пистолет (*напр., в полиции*)

registered stock *амер.* именные акции (*имя владельца которых зарегистрировано в книгах*)

registered voter зарегистрированный избиратель

registration *n* регистрация; запись

voter registration регистрация избирателей

to conduct registration проводить регистрацию

regret *n* сожаление; раскаяние

deep/keen regret глубокое сожаление

as a token of one's regret в знак сожаления

to express regret(s) (*over/at*) принести свои извинения (*по поводу*)

to feel regret испытывать сожаление

to show regret выражать сожаление

regular *adj* регулярный, постоянный

regular army регулярная армия

regular courses постоянно действующие курсы

regular lecturer штатный преподаватель

regular session of the UN очередная сессия ООН

regulation *n* регулирование, приведение в порядок; предписание, правило

army regulation(s) армейский устав

government regulation постановление правительства

health regulation постановление в области здравоохранения

police regulation постановление полиции

rigid/strict regulation строгое предписание

security regulation инструкция по секретному делопроизводству

traffic regulations правила дорожного движения

to adopt/to enact a regulation принять постановление (правило)

R

to enforce a regulation проводить постановление (правило) в жизнь

to ignore a regulation игнорировать постановление (правило)

to observe a regulation соблюдать постановление (правило)

to violate a regulation нарушать постановление (правило)

rehabilitation *n* реабилитация; восстановление в правах; восстановление трудоспособности (*после болезни*)

physical rehabilitation восстановление работоспособности

re-hearing *n* вторичное слушание дела

rehearsal *n* репетиция

dress rehearsal генеральная репетиция

to hold a rehearsal проводить репетицию, репетировать

to schedule a rehearsal наметить репетицию

reimburse *v* возвращать, возмещать (*сумму*)

to reimburse fully полностью возместить (*напр., денежную сумму*)

rein *n* повод, узда; сдерживающее средство

to keep a tight rein (*on smb*) полностью контролировать (*кого-л.*)

to seize the reins of government захватить бразды правления

to tighten the reins держать в узде, строго контролировать

reinforcements *n pl воен.* подкрепление, пополнение

to send/to commit reinforcements *воен.* ввести (в бой) подкрепления

reinstate *v* восстанавливать в прежнем положении, восстанавливать в правах

to reinstate the fired workers восстановить на работе уволенных рабочих

to reinstate smb in his/her former position восстановить кого-л. в прежней должности

reinstatement *n* восстановление

reinstatement of constitutional order восстановление конституционного порядка

reiterate *v* повторять несколько раз, чтобы разъяснить свое мнение, точку зрения

to reiterate a point вновь изложить (*свою*) точку зрения

to reiterate one's story to the police вновь рассказать полиции о случившемся

to reiterate the operative paragraph of a resolution вновь обратить внимание на постановляющую часть резолюции

The General Assembly reiterates its appeal. Генеральная Ассамблея вновь обращается с призывом.

reject *v* отвергать, отказывать; забраковывать (*деталь и т.п.*)

to reject (*smth*) outright начисто отвергать (*что-л.*)

to reject (*smth*) flatly решительно отвергать

rejection *n* отказ; отклонение, непринятие; признание негодным

complete rejection полный отказ

relapse *n* повторение; рецидив

total relapse явное повторение

to suffer a relapse иметь рецидив

relate *v* рассказывать; устанавливать связь; определять соотношение

to relate the story to the police сообщить о случившемся полиции

related *adj* связанный, родственный

related (*to smb*) by marriage связанный брачными узами

relation *n* отношение; связь, зависимость

diplomatic relations дипломатические отношения

foreign relations внешние сношения

international relations международные отношения

prevailing good relations устано-
вившиеся хорошие взаимоотношения

treaty relations договорные отношения

to break off relations порвать отношения

to enter into relations вступить в
отношения

to sever relations прервать отношения

to suspend diplomatic relations прервать на время дипломатические отношения

relationship *n* родство; отношение;
взаимоотношения, связь

to break off the relationship порвать
взаимоотношения

release *n* освобождение (*из заключения*); избавление (*от забот*)

news release выпуск новостей (*через печать*)

release of information разрешение
на выдачу информации

to bring about/to effect (*smb's*) release добиться освобождения
(*кого-л.*)

relegate *v* отсылать, направлять; относить (*к какому-л. классу*), клас-
сифицировать

relevance *n* уместность

to be of no relevance to the case совершенно не относиться к делу
(*о каком-л. вопросе*)

relevant *adj* уместный, относящийся к делу

The evidence obtained is relevant to
the case. Полученные данные не-
посредственно относятся к делу.

relief *n* облегчение (*боли, страдания*); пособие (*по безработице*)

immense relief огромное облегчение

instant relief мгновенное облегчение боли

permanent/temporary relief посто-
янное/временное облегчение

The news we heard was a great relief
to us. Услышанная новость была
большим облегчением для нас.

to feel relief чувствовать облегчение

to give relief приносить облегчение

to be on relief получать пособие по
безработице

religion *n* религия

to practise a religion заниматься
религиозной деятельностью; заниматься богослужением

relinquish *v* сдавать, оставлять (*территорию*); бросать (*привычку*);
юр. отказываться (*от права*)

to relinquish one's business interests
отказаться от своих деловых
интересов

remark *n* замечание; примечание

casual remark вскользь брошенное
замечание

complementary remark дополни-
тельное замечание

derogatory remark пренебрежи-
тельное замечание

facetious remark шутливое замечание

flattering remark лестное замечание, лесть

off-the-cuff remark неподготовлен-
ная реплика

sarcastic remark саркастическое
замечание

slanderous remark клеветническое
замечание

to drop a remark сделать замечание

remedy *n* средство от болезни, лекарство; мера (*против чего-л.*);
средство судебной защиты

reliable/sure remedy надежное
средство

remedies to cure social ills средства
решения социальных проблем

to prescribe a remedy предписывать средство

R

to resort to a remedy прибегнуть к использованию средства

to exhaust all legal remedies использовать все законные средства

to make a search for remedies искать путь выхода из тупика

It is a good remedy for ... Это хорошее средство от ...

remission *n* ремиссия (*о болезни*); досрочное освобождение из тюрьмы

remission of a case отмена судебного дела

remission of debt освобождение от уплаты долга

renovations *n pl* восстановление, ремонт

to make renovations делать ремонт

renown *n* слава, известность

great/wide renown известность, слава

artist of great renown знаменитый художник

to attain renown достигнуть славы

renowned *adj* известный, знаменитый, прославленный

rent *n* арендная плата; рента; *амер.* наем, прокат; плата за прокат

The house is for rent. Дом сдается в аренду.

to pay rent платить квартирную плату

to raise the rent повысить, поднять квартплату

rent *v* сдавать/брать в аренду

She rented a room to me. Она сдавала мне комнату.

rental *n* сумма арендной платы

rental office бюро по сдаче квартир в аренду

rent out *v амер.* сдавать в аренду

to rent out rooms сдавать комнаты

reorganization *n* реорганизация

to undergo a reorganization подвергнуться реорганизации

repair *n* ремонт, починка

major repair капитальный ремонт

minor repair мелкий, текущий ремонт

to do/to make a repair произвести ремонт

repay *v* осуществлять вторичную оплату

repentance *n* раскаяние, сожаление

to show repentance (*for smth*) раскаиваться (*в чем-л.*)

repercussion *n* отдача (*после удара*); отзвук; *перен.* последствия

far-reaching repercussions далеко идущие последствия

political repercussions политические последствия

to have widespread repercussions иметь серьезные последствия

repertory *n* склад, хранилище; репертуар

to play in repertory играть в постоянной труппе

replacement *n* замещение, замена

to make a replacement сделать замену

replay *n* переигрывание (*матча*)

instant replay мгновенное вторичное проигрывание (*магнитной записи*)

reply *n* ответ

curt reply грубый ответ

prompt reply быстрый ответ

stinging reply язвительный ответ

to give/to make a reply дать ответ, ответить

to send a reply послать, направить ответ

report *n* доклад, отчет; сообщение

accurate report тщательно подготовленный доклад, отчет

annual report ежегодный доклад

biased report пристрастный, необъективный доклад

confidential report конфиденциальный, секретный доклад

confirmed report подтвержденный доклад

draft report проект доклада

exhaustive report исчерпывающий доклад

to draw up a report составить доклад

to file a report зарегистрировать доклад (*как документ*), подшить доклад (*в дело*); представить доклад

to make a report сделать доклад

to present/to submit a report представить доклад

to write/to write up a report написать доклад

to act upon the report принимать меры по докладу

to bring the report up-to-date дополнить доклад новыми, свежими данными

reporter *n* докладчик; репортер, корреспондент

court reporter судебный репортер

cub reporter *амер. разг.* репортер-новичок

financial reporter репортер, освещающий финансовые новости

investigative reporter репортер, ведущий самостоятельное расследование

news reporter репортер, корреспондент

police reporter репортер, готовящий материалы о работе криминальной полиции

roving reporter репортер, совершающий поездки по стране

society reporter журналист, ведущий светскую хронику

sports reporter спортивный обозреватель

TV reporter телерепортер

reporting requirements требования к отчетности

represent *v* изображать, преподносить в определенном свете; представлять

to represent (*smth*) graphically ярко изображать (*что-л.*)

representation *n* изображение; образ; представление (*тж. театральное*); утверждение, заявление; протест; представительство

balanced representation сбалансированный подход (*к освещению событий*)

parliamentary representation парламентское представительство

permanent representation постоянное представительство

proportional representation пропорциональное представительство

trade representation торговое представительство

An ambassador made representations to the government ... Посол выступил с протестом перед правительством (*по поводу*) ...

representative *n* представитель; делегат; уполномоченный; образец, типичный представитель

authorized representative официальный представитель

diplomatic representative дипломатический представитель

House of Representatives Палата представителей (*в США*)

representatives of official bodies представители официальных органов

He is an elected representative. Он выборный представитель.

repression *n* подавление

reprieve *n* передышка

to give/to grant a reprieve дать передышку

reprisal *n юр.* репрессалия; ответная мера

harsh reprisal жесткое, суровое возмездие

by way of reprisals в отместку

to carry out reprisals мстить

reproach *n* упрек

beyond reproach безупречный, идеальный

R

reproduction *n* воспроизведение, размножение; репродукция

high-fidelity reproduction воспроизведение с высокой точностью (*о звуке*)

republic *n* республика

autonomous republic автономная республика

banana republic *разг.* «банановая республика»

democratic republic демократическая республика

to establish a republic создать, построить республику

Republican *n* республиканец, член республиканской партии (*в США*)

registered Republican зарегистрированный республиканец

Republican big gun *амер. разг.* влиятельный политик от республиканской партии

reputation *n* репутация, слава, доброе имя

excellent/fine reputation прекрасная репутация

impeccable reputation безупречная репутация

untarnished reputation незапятнанная репутация

worldwide reputation всемирная слава

to acquire a reputation приобрести репутацию

to have a reputation for being fair иметь репутацию справедливого человека

to live up to one's reputation подтверждать свою репутацию

to stake one's reputation поставить свою репутацию на карту

repute *n* общее мнение, репутация

place of ill repute место, пользующееся дурной славой

request *n* просьба, требование

request for a loan заявка на получение кредита

formal request официальная просьба

informal request неофициальная просьба

oral request устная просьба; просьба, выраженная в устной форме

written request письменная просьба

to file a request with authorities обратиться с просьбой, требованием к властям

to make a request обратиться с просьбой; выдвигать требование

to reject a request отвергнуть просьбу

to submit a request представить просьбу

at smb's request по чьей-л. просьбе

requirement *n* требование, необходимое условие

to set requirements определить, установить требования

rescue *n* спасение; освобождение, избавление

daring/heroic rescue смелая/героическая спасательная операция

to attempt a rescue попытаться спасти

to make a rescue приходить на помощь, спасать

research *n* научное исследование; изучение; изыскание; исследовательская работа

market research изучение возможностей рынка, изучение конъюнктуры рынка

scientific research научные исследования

to conduct/to do/to pursue research проводить исследование

researcher *n* исследователь

independent researcher независимый исследователь

reservation *n* резервирование, сохранение; оговорка

to cancel a reservation (*at a hotel*) аннулировать предварительный заказ (*на номер в гостинице*)

to confirm a reservation подтвердить предварительный заказ

to make a reservation забронировать место

to have reservations about the agreement иметь некоторые оговорки в отношении соглашения

reserve *n* резерв

reserve currency резервная валюта

reserve for bad debts резерв на покрытие безнадежных долгов

reserve fund резервный фонд

reshuffle *n* перестановка, перегруппировка

cabinet reshuffle перестановка в кабинете министров

residence *n* местожительство; резиденция

to change one's place of residence сменить свое местожительство

to take up residence поселиться

resign *v* слагать с себя обязанности

The Cabinet resigned. Члены Кабинета подали в отставку.

resolution *n* резолюция

operative paragraph of a resolution постановляющая часть резолюции

revised draft resolution отредактированный проект резолюции

to adopt/to pass a resolution принять резолюцию

to adopt a resolution to increase membership dues принять резолюцию, в которой рекомендуется увеличить размер членских взносов

to propose a resolution представить резолюцию (*на рассмотрение*)

resolve *v* решать, принимать решение; решать голосованием; разрешать (*сомпения*)

to resolve an impasse найти выход из тупика

to resolve specific trade grievances разрешить отдельные трудности в области торговли

resolved *adj* решительный, твердый

firmly resolved (*to do smth*) исполненный решимости (*сделать что-л.*)

resort *v* прибегнуть (*к чему-л.*)

to resort to force прибегнуть к силе

to resort to trickery прибегнуть к мошенничеству

They had to resort to a police round-up. Им пришлось произвести полицейскую облаву.

as a last resort в крайнем случае; как последнее средство

bank of last resort центральный банк

resources *n pl* ресурсы, средства

economic resources экономические ресурсы

natural resources природные ресурсы

untapped resources неразработанные ресурсы

to develop/to exploit resources осваивать ресурсы

to have the resources to do the job располагать ресурсами для выполнения работы

to husband resources управлять ресурсами

to marshal resources направлять ресурсы (*на какие-л. цели*)

to pool resources собирать ресурсы

to share resources совместно использовать ресурсы

to tap resources разрабатывать ресурсы, использовать ресурсы

respect *n* уважение; отношение, касательство

respect for human rights уважение/соблюдение прав человека

to pay respect (*to smb*) засвидетельствовать свое почтение (*кому-л.*)

respects *n pl* привет, почтение

to send one's respects послать привет

respite *n* передышка; *фин.* отсрочка (*платежа*)

R

brief respite краткая передышка

temporary respite временная передышка

to allow/to give respite дать передышку

respond *v* отвечать; реагировать; отзываться

respondent *n* респондент (*при опросе общественного мнения*); *юр.* выступающий в качестве ответчика

response *n* ответ; отклик, реакция

to evoke a response вызвать ответную реакцию

to give a response ответить, прореагировать

responsibility *n* ответственность; обязанность, обязательства; *амер.* платежеспособность

collective responsibility коллективная ответственность

heavy responsibility тяжелая обязанность; большая ответственность

international responsibility международные обязательства

legal responsibility правовая ответственность

political responsibility политическая ответственность

to assume/to take/to take on/to shoulder/to claim the responsibility взять (на себя) ответственность

to lay the responsibility at smb's door *разг.* возложить ответственность на кого-л.

to share the responsibility разделять ответственность

responsible *adj* ответственный, несущий ответственность; надежный, достойный доверия

responsible to the voters ответственный перед избирателями

restraint *n* сдержанность; ограничение

to fling off/to shake restraint отбросить сдержанность

to put on restraints ввести ограничения

to show restraint проявлять сдержанность

restriction *n* ограничение

to impose/to place/to put restrictions вводить ограничения

result *n* результат; исход; итог (*вычислений*)

final results окончательные результаты, итоги

positive/negative result положительный/отрицательный результат

surprising results удивительные результаты

to produce results получить результаты, добиваться результатов

to nullify/to undo results сводить на нет результаты

retained earnings нераспределенная прибыль

retirement *n* уход на пенсию, в отставку; выкуп, оплата, погашение

retirement benefit выходное пособие

retirement of mortgage погашение ипотечного долга

retirement of shares погашение акций

retirement pension contribution взнос в пенсионный фонд

retreat *n* отступление

hasty retreat поспешное отступление

to beat a retreat бить отбой

to make a retreat отступать; *перен.* удачно отделаться

to go on a retreat перейти к отступлению

return *n* возвращение, обратный путь; отдача, возврат; возмещение; возражение

to file a tax return подать налоговую декларацию

revenue *n* доход (*особ. государственный*)

government revenue государственный доход

to collect revenue производить сборы

to generate/to produce revenue давать доход

It yielded a lot of revenue. Бизнес
дал хороший доход. (Поступления были хорошие.)

reverence *n* почтение; почтитель-
ность; благоговение

to show reverence проявлять почтение

reverse *v* поворачивать обратно

to reverse the arms race повернуть
вспять гонку вооружений, резко изменить курс (*о гонке вооружений*)

review *n* обзор, обозрение; про-
смотр, проверка

to do a review сделать обзор

to hold a review of troops производить смотр войск

to write a review of a book написать рецензию на книгу

to receive a favourable review получить положительный отзыв

to come under review стать предметом анализа

revised *adj* проверенный, исправ-
ленный

revised draft проверенный проект

revision *n* пересмотр, ревизия; проверка, осмотр

to make a revision пересмотреть
(*напр., устав*)

revitalize *v* оживить, вдохнуть новую жизнь

revival *n* возрождение; восстановление (*сил, энергии*)

revolution *n* революция, переворот

to conduct a revolution проводить
революцию

to stir up a revolution призывать к
революции

to fight for a revolution сражаться
за революцию

revolutionary *adj* революционный

revolutionary rhetoric революци-
онная риторика

right *n* право

right of abandonment право отказа

right of accrual право увеличения
доли

right of action право предъявления
иска

right of assembly право собраний

right of association право объеди-
нения

right of asylum право убежища

right of cancellation право отмены
(*договора*)

right of conscience свобода совести

right of defence право на защиту,
на оборону

right of denunciation право на де-
нонсацию (*договоров и т.п.*)

right of deposit право депониро-
вания

right of eminent domain право государства на принудительное отчуждение частной собственности

right of inheritance право наследования

right of nations to self-determination
право наций на самоопределение

right of possession право владения
(*напр., имуществом, собствен-
ностью*)

right of priority преимущественное
право

right of privacy право на охрану
сферы личной жизни

right of property право собственности

right of publication право издания
(*согласно закону о печати*)

right of pursuit *мор.* право преследования (*о судах*)

right of relief право на получение
судебной защиты

right of settlement право поселения

right of sovereignty право на суверенитет

rights of the child права ребенка

right of visit and search *мор.* право
осмотра и обыска (*судов*)

R

(public) right of way право прохода, проезда

right to associate in public organizations право объединяться в общественные организации

right to dispose of shares право изымать акции

right to dividend право на получение дивиденда

right to education право на образование

right to enjoy cultural benefits право на пользование достижениями культуры

right to fly a maritime flag право плавания под морским флагом

right to form and join trade unions право создавать профессиональные союзы и входить в профессиональные союзы

right to free choice of employment право на свободный выбор работы

right to freedom of opinion and expression право на свободу убеждений и на свободное выражение их

right to health protection право на охрану здоровья

right to inherit право наследования

right to just and favourable remuneration право на справедливое и удовлетворительное вознаграждение

right to life, liberty and security of person право на жизнь, свободу и личную неприкосновенность

right to the name право на свое имя

right to a nationality право на гражданство

right to remain silent право не отвечать на вопросы

right to residence право выбора местожительства

right to rest and leisure право на отдых

right to secede право на отделение

right to social insurance право на социальное обеспечение

right to work право на труд

right-wing *adj* правый (*по взглядам, убеждениям*)

right-winger *n* правый, член правого крыла (*партии*)

riot *n* мятеж, бунт, восстание

communal riot общинный мятеж

race riot расовый мятеж, мятеж на расовой почве

to cause/to foment/to incite/to instigate a riot подстрекать, подбивать к мятежу

to quell a riot подавить мятеж

to touch off a riot спровоцировать мятеж

riot act закон о бунтах, мятежах

rise *n* повышение, подъем, увеличение

across-the-board rise всеобщее повышение зарплаты

sharp rise in wages резкое увеличение зарплаты

risk *n* риск; опасность; страховой риск

calculated risk обдуманный риск

grave risk серьезный риск

high risk высокая степень риска

low risk незначительный риск

to be a security risk быть неблагонадежным

at the risk of рискуя

risky *adj* рискованный, опасный

It is risky to play with fire. С огнем играть опасно.

rivalry *n* соперничество, конкуренция

intense/keen rivalry сильное соперничество, жесткая конкуренция

to stir up rivalry усиливать конкуренцию

rocket *n* ракета, реактивный снаряд

to launch a rocket запустить ракету

to launch a multi-stage rocket запустить многоступенчатую ракету

R

Rose-garden campaign *амер.* тактика нереагирования президента (США) во время избирательной кампании

rostrum *n* трибуна, кафедра

to mount the rostrum взойти на трибуну

on a rostrum на трибуне

rouble account (*also* **ruble**) рублевый счет

to open a rouble account открывать рублевый счет

rounds *n pl* обход

to make one's rounds совершать обход

roving ambassador посол по особым поручениям

royalty *n* королевская власть; члены королевской семьи; авторский гонорар

to pay a royalty выплачивать авторский гонорар в виде процентного отчисления с каждого проданного экземпляра книги

The writer gets a 10% royalty on each copy (sold) of his book.

rubber chicken circuit (*also* **speaking tour**) *амер. шутл.* предвыборные поездки по стране

rubber-stamp *v разг.* штамповать, механически утверждать (*решения*)

rule *n* правило; принцип; норма; правление; власть; владычество, господство

domestic rules внутренние правила

immigration rules иммиграционные постановления

majority rule правление большинства

parliamentary rule парламентское правление

rules of international law нормы международного права

rules of the game правила поведения, правила игры

in violation of the rules в нарушение (*существующих*) правил

to adopt a rule принимать постановление

to apply/to enforce a rule применять правило (*к каким-л. ситуациям*), проводить распоряжение в жизнь

to break/to violate a rule нарушать правило

to lay down/to make the rules устанавливать правила

to observe a rule соблюдать правило; проводить распоряжение в жизнь

to revoke a rule отменять правило

run *v* бежать; двигаться, передвигаться; курсировать; спасаться бегством, убегать; быстро распространяться (*о новостях и т.п.*); *полит.* баллотироваться; руководить, управлять (*чем-л.*), вести дело

to run for (President) *амер. разг.* выставлять свою кандидатуру (на пост Президента)

to run for public office выставлять свою кандидатуру на какой-л. пост

to run in an election *амер.* участвовать в выборах

to run into difficulties столкнуться с трудностями

to run the blockade прорвать блокаду

run-off election *амер.* повторные выборы (*когда в первых ни один кандидат не получил 50% голосов*)

runner-up *n* занявший второе место (*в конкурсе, состязаниях*)

running *adj* бегущий; текущий (*о расходах*)

running commentary репортаж, комментарий с места событий

running dog *разг. неодобр.* лакей

running mate *амер.* кандидат на пост вице-президента

running story публикация, переходящая из номера в номер

R

running on the same ticket *амер.* от той же партии

run-off primary второй тур предварительных выборов

rupture *n* прорыв; разрыв
complete/utter/total rupture полный разрыв
rupture of diplomatic relations разрыв дипломатических отношений

rush *n* стремительное движение, бросок; натиск, напор; стремление (*к чему-л.*); погоня (*за чем-л.*); большой спрос (*на что-л.*)
gold rush золотая лихорадка
There was a rush to buy tickets. Все кинулись покупать билеты.

rush *v* бросаться, мчаться, нестись; действовать поспешно
to rush headlong (*into*) a business deal броситься в какое-л. предприятие, поспешно начать дело
to rush to (*smb's*) assistance броситься на помощь (*кому-л.*)

S

sabre *n* сабля, шашка
to rattle one's sabre бряцать оружием

sabotage *n* саботаж, диверсия
to commit sabotage совершить диверсию
act of sabotage диверсионный акт

sacrifice *n* жертва; убыток
to make a sacrifice жертвовать; идти на жертву; совершать жертвоприношение
to offer a sacrifice продавать себе в убыток

saddle *v* седлать; обременять
saddled with taxes обремененный налогами

safe *adj* невредимый, сохранный, в безопасности; верный, надежный

safe *n* сейф
to break open/to crack a safe взломать сейф

to lock a safe запереть, закрыть сейф
to unlock a safe открыть сейф

safe-conduct *n* охранное свидетельство
to issue a safe-conduct выдать охранное свидетельство

safety *n* безопасность
industrial safety охрана труда в промышленности
public safety общественная безопасность
margin of safety предел безопасности
to assure smb's safety обеспечить чью-л. безопасность
to jeopardize smb's safety рисковать чьей-л. безопасностью

salary *n* оклад; жалованье
annual salary ежегодный (годовой) оклад
fixed salary твердый оклад, установленный оклад
handsome salary солидное жалованье
modest salary скромный (небольшой) оклад
to draw a salary получать оклад (жалованье), быть на окладе
to earn a salary/*Am. coll.* to pull down a salary получать жалованье
to pay a salary платить оклад

sales *n pl* сбыт; продажа
sales of products сбыт, реализация продукции

salute *n* приветствие; салют
naval salute орудийный салют
19-gun salute салют из 19 орудий
royal salute орудийный королевский салют
to fire a salute производить салют
to give a salute салютовать; отдавать честь
to return a salute отвечать на отдание чести

salvage *n* спасение имущества (*на море*); вознаграждение за спасенное имущество salvage agreement соглашение о спасении имущества (*на море*)

salvage *v* спасать имущество; *воен.* собирать трофеи (*напр., на поле боя*)

to salvage records from fire спасать документы из огня

salvation *n* спасение

to bring salvation принести спасение

to seek salvation искать спасения

sample *n* образец, образчик; проба; *перен.* образец для подражания

sample inquiry выборочное обследование

sampling *n* выборка

sampling of public opinion выборочное обследование общественного мнения

random sampling случайный выбор (*напр., товаров и т.п.*)

sanction *n* санкция; ратификация, утверждение; одобрение, поддержка (*чего-л.*)

legal sanction правовая санкция

to give/to receive sanction дать/получить санкцию

sanman *n* (*also* **sanitation worker, dustman, garbage man**) *амер. разг.* уборщик мусора

satellite *n* приспешник, приверженец; сателлит; *астр.* спутник, искусственный спутник

artificial satellite искусственный спутник

weather satellite метеорологический спутник

to launch a satellite запустить спутник

satisfaction *n* удовлетворение; сатисфакция

deep (profound) satisfaction глубокое удовлетворение

to express satisfaction выразить удовлетворение

to feel satisfaction чувствовать удовлетворение

saturate *v* насыщать, пропитывать; *тж. перен.*

to saturate a market with goods насыщать рынок товарами

scope *n* масштаб

job with a scope for self-fulfilment работа, доставляющая удовлетворение

scrape *v* скоблить, скрести; задевать; скаредничать; с трудом наскрести (*средства*)

to scrape through a crisis с трудом пережить кризис

screenplay *n* киносценарий

search *v* искать; обыскивать; зондировать (*почву*)

to search for some degree of consensus стараться прийти к некоторому согласию

season *n* время года, сезон

dry season сухой сезон, засуха

tourist season туристский сезон

to open/to usher in the season открыть сезон

out of season не по сезону, некстати

in season кстати

second-rate *adj* второсортный

second-rate capability возможность нанесения вторичного ядерного удара

secret *n* тайна, секрет

closely guarded secret тщательно охраняемая тайна

military secret военная тайна

open secret «секрет полишинеля»

trade/commercial secret коммерческая тайна

to betray/to divulge a secret раскрыть, обнародовать тайну

to blurt out a secret *разг.* проболтаться, выдать (*сведения о чем-л.*)

to keep a secret сохранять в тайне

to make a secret (*out of smth*) держать (*что-л.*) в тайне

to uncover a secret снимать покров тайны; раскрыть тайну

S

secretary *n* секретарь; руководитель организации; *амер.* министр

secretary of defense *амер.* министр обороны США

executive secretary ответственный секретарь; исполнительный секретарь (*в органах ООН*)

personal secretary личный секретарь

press secretary пресс-секретарь

recording secretary секретарь-регистратор (*в фирме*)

social secretary секретарь по социальным вопросам

sector *n* сектор

public and private sectors государственный и частный секторы

security *n* безопасность; надежность; уверенность; охрана, защита; обеспечение, гарантия; залог, поручительство

security trading операции с ценными бумагами

collective security коллективная безопасность

internal security внутренняя безопасность

national security национальная безопасность

sense of security чувство безопасности

to ensure/to provide security обеспечить безопасность

to tighten security усилить безопасность

selective service воинская повинность; срочная военная служба

Selective Service System *амер.* система призыва в армию

sell *v* продавать, реализовывать, распродавать

to sell a part of the equity to the public продать часть акций населению

senate *n* сенат; совет (*в университетах*)

to convene/to convoke a senate созывать сенат

to dissolve a senate распустить сенат (*напр., на каникулы*)

Senate meets. Сенат собирается на заседание.

Senate is in session now. В настоящее время идет работа сената.

Senate adjourned. В работе сената объявлен перерыв.

senator *n* сенатор

junior senator младший сенатор

senior senator старший сенатор

seniority *n* старшинство; трудовой стаж

to promote according to seniority повышать (*в должности*) согласно трудовому стажу

sensation *n* сенсация; ощущение, чувство

burning sensation изжога

pleasant sensation приятное, радостное ощущение

sense *n* чувство, ощущение; здравый смысл

figurative sense переносный смысл (*о словах*)

literal sense буквальный смысл

narrow sense узкий смысл

in the strict sense of the word в строгом смысле слова

sentiment *n* чувство; отношение, настроение, мнение

isolationist sentiments изоляционистские тенденции

peace sentiments настроения в пользу мира

public sentiments настроение общественности

revanchist sentiments реваншистские настроения

to show sentiment проявлять (*свое*) отношение

separate *v* отделять, разделять; разлучать(ся); сортировать, отсеивать; разлагать (*на части*)

to be separated from the service уволить со службы

separatism *n* сепаратизм

political separatism политический сепаратизм

racial separatism расистский сепаратизм

religious separatism религиозный сепаратизм

servant *n* слуга; служитель; прислуга; служащий (*госучреждения*)

domestic servant прислуга

public servant государственный служащий

serve *v* служить; быть полезным; удовлетворять, благоприятствовать

to serve on a jury служить в суде присяжных, быть в составе присяжных

to serve under работать под руководством

session *n* сессия, заседание, собрание, совещание

briefing session брифинг, инструктаж

emergency special session чрезвычайная специальная сессия (*напр., в ООН*)

extraordinary session чрезвычайная сессия

joint session совместное заседание

legislative session сессия законодательного собрания

ministerial session заседание министров

parliamentary session парламентская сессия

plenary session пленарное заседание

practice session заседание, посвященное практическим вопросам

rap session *амер. сленг* «говорильня»

special session специальная сессия

working session рабочая сессия

to hold a session проводить сессию, заседание

The court is in session. Суд в сборе. (Суд заседает.)

set *n* набор, комплект; круг людей, связанных общими интересами; радиоприемник

to break up a set разбить комплект, разобрать

to make up a set составить комплект, набор

setting-up costs расходы, связанные с основанием предприятия, фирмы

settle *v* регулировать, урегулировать (*напр., платежи*)

to settle a bill оплатить счет

to settle a claim урегулировать претензию

to settle a debt покрывать долг

to settle a dispute урегулировать спор

to settle amicably приходить к полюбовному соглашению

to settle an amount оплачивать сумму

to settle an invoice оплачивать счет-фактуру

to settle by arbitration решить вопрос в арбитражном суде

settlement *n* поселение, колония; заселение; колонизация; урегулирование, решение

reasonable settlement разумное решение

tentative settlement предварительное решение

settlement of disputes урегулирование разногласий

I think it was a fair settlement of the problem. Мне кажется, что это было справедливое решение проблемы.

What we need is an out-of-court settlement. Нам необходимо добиться решения вне суда.

to make/to come to a settlement добиться урегулирования

to negotiate a settlement вести переговоры о достижении соглашения, договоренности

to reach a settlement добиться договоренности

set up *v* установить; утвердить себя (*в каком-л. качестве*)

S

to set smb up in business устроить кого-л. в сфере предпринимательства

severe *adj* строгий, суровый; сильный; трудный

severe fiscal problems серьезные финансовые проблемы

to run into severe fiscal problems столкнуться с серьезными финансовыми проблемами

shackles *n pl* кандалы; оковы, узы

to cast off/to throw off one's shackles сбросить оковы, путы

shadow *n* тень, полумрак; постоянный спутник

shadow cabinet *разг.* теневой кабинет

beyond a shadow of doubt без малейшего сомнения, вне всякого сомнения

to produce/to throw a shadow отбрасывать тень

to walk in smb's shadow *перен.* прятаться за чьей-л. спиной

shady employment теневая занятость

shake *v* трясти, встряхивать; потрясать

shake-up *n* перестановка должностных лиц (*напр., в составе кабинета*)

personnel shake-up переназначение отдельных должностных лиц, «перетряска» кадров

shape *n* форма, очертание; вид, образ; порядок

to get oneself into shape привести себя в форму

to keep oneself in good shape держать себя в форме

shape *v* создавать (*из чего-л.*), лепить, придавать форму

to shape a foreign policy формулировать внешнюю политику

share *n* акция; доля; долевое участие

share ownership право владения акциями

share participation участие в акциях

share payable to bearer акция, подлежащая оплате держателем

share portfolio портфель акций

share premium (*UK*) надбавка к курсу акций

share price курс акций

share quotation котировка акций

share register акционерный регистр

share repurchase plan скупка корпорацией собственных акций

share right право на акции

underpriced share заниженная в цене акция

in proportion to each partner's share (*in the authorized fund*) пропорционально долевому участию (*в уставном фонде*)

sheet *n* простыня; лист (бумаги), листок; печатный лист (*тж.* printer's sheet)

scandal sheet скандальная газета, скандальный листок

shell *n* снаряд

armour-piercing shell бронебойный снаряд

high-explosive shell фугасный снаряд

hollow-charge shell кумулятивный снаряд

incendiary shell зажигательный снаряд

to fire a shell выпустить снаряд из артиллерийского орудия

to lob shells into the enemy positions *разг.* вести сильный огонь по позициям противника

shelling *n* обстрел артиллерийским огнем

round-the-clock shelling круглосуточный обстрел

shelter *n* приют, кров, убежище

air-raid shelter бомбоубежище, укрытие для защиты от нападения с воздуха

bomb shelter бомбоубежище

fallout shelter противорадиацион-
ное укрытие

to offer/to provide a shelter предоставить убежище, укрытие

to seek shelter искать укрытие

sheltered *adj* находящийся в укры-
тии, укрытый (*в убежище*)

sheltered market закрытый рынок

shield *n* щит; экран

to be a shield служить щитом

ship *n* корабль, судно; экипаж ко-
рабля

merchant ship торговое судно, судно торгового флота

ocean-going ship судно дальнего
плавания

to build a ship строить корабль

to launch a ship спускать судно на
воду

to navigate a ship плавать на корабле, вести корабль

to refit a ship переоборудовать корабль

shipwreck *n* кораблекрушение; *перен.* крушение

to suffer a shipwreck терпеть кораблекрушение; терпеть крушение надежд

shock *n* удар; шок

shock therapy *мед.* шокотерапия

to absorb a shock амортизировать
толчок

to feel/to have a shock перенести,
испытать удар

to give smb a shock шокировать
кого-л.

It was a shock learning of ... Было
крайне неприятно услышать о
том, что ...

shocked *adj* шокированный

shocked at the results потрясенный
(полученными) результатами

shoestring *n амер.* шнурки на бо-
тинках (*брит.* **shoelace**)

on a shoestring *разг.* при весьма
скудном бюджете

He started his business on a shoestring.

The company runs on a shoestring
(= very tight) budget.

showdown *n* откровенный обмен
мнениями; открытый конфликт;
ультиматум; диктат

to come to a showdown дойти до
ультиматума

to force a showdown навязать обмен мнениями

to have a showdown иметь откровенный обмен мнениями

shower *n* ливень; душ; град (*пуль*)

to make a shower for smb *амер.* засыпать кого-л. (*чем-л.*)

shreds *n pl* клочья, куски

to tear smth to shreds разорвать
что-л. в клочья; *перен.* не оставить камня на камне, опроверг-
нуть

shrewd *adj* проницательный, опытный

shrewd businessman опытный биз-
несмен

It was shrewd of him to do that. Он
поступил мудро.

shrink *v* сокращать; садиться (*о тка-
ни*); сужаться; уклоняться (*от
чего-л.*)

to shrink from responsibility уклоняться от ответственности

The role of the state shrank. Роль
государства уменьшилась.

shuttle *n* челнок, челночный рейс

space shuttles челночные рейсы в
космос

shuttle diplomacy «челночная дипломатия»

to take a shuttle сесть на пригород-
ный поезд

The ships shuttled between the two
ports. Корабли курсировали между двумя портами.

shy *v* избегать (*чего-л.*), не решать-
ся (*на что-л.*)

side *n* сторона, край; позиция, точка зрения, подход; сторона (*в
судебном процессе*)

S

to study all sides of a problem изучить все аспекты проблемы

siege *n* осада; тягостный период времени

state of siege состояние осады

to conduct a siege проводить осаду

to lay siege осаждать, блокировать

to raise a siege снимать осаду

sight *n* зрение; вид, зрелище; достопримечательность

to set one's sights (*on smth*) *воен.* прицеливаться; сосредоточиться (*на чем-л.*)

He set his sights on geography. Он решил сосредоточиться на географии.

sight for sore eyes *разг.* приятное зрелище

sit-down strike сидячая забастовка

sit-in *n разг.* сидячая забастовка (*букв. «сидение в помещении офиса»*)

to hold/to conduct a sit-in проводить сидячую забастовку

to stage a sit-in устроить, организовать сидячую забастовку

sitting duck *амер. разг.* легкая добыча; удобная мишень

to be a sitting duck служить легкой добычей

sitting president *амер.* президент, находящийся у власти, глава государства

situation *n* местоположение, место; положение, обстановка

intolerable situation in this region невыносимая обстановка в данном районе

tricky situation сложная ситуация

to accept a crisis situation признать кризисную обстановку

six-pack *n* блок (*пива или др. напитков в упаковке из пластика*)

skill *n* искусство, мастерство; умение

diplomatic skill дипломатическое искусство

professional skill профессиональное умение, мастерство

technical skill техническое умение

to acquire/to master a skill овладеть умением

to have the necessary skill to cope with the difficult problems обладать необходимыми умениями, чтобы справиться с трудными проблемами

to show a skill (*in smth*) проявить умение (*в чем-л.*)

skilled *adj* квалифицированный, искусный

highly skilled высококвалифицированный

skilled trade тонкое, квалифицированное ремесло

sky *n* небо, небеса

sky marshal вооруженный охранник в гражданской одежде (*в самолете*)

to praise someone/smth to the skies превозносить кого-л./что-л. до небес

slander and libel злословие и клевета

to spread slander and libel заниматься злословием и распространением клеветы

slang *n* сленг, жаргон

student slang студенческий сленг, жаргон

underworld slang язык преступного мира

slanted *adj* тенденциозно освещенный

The newspaper story was slanted (*against*) ... Газетная заметка тенденциозно освещала ...

slash *v* рубить (*саблей*); полосовать; резко сокращать (*цены и т.п.*)

slate *n* грифельная доска; список кандидатов (*на выборах*)

to start off with a clean slate начать все сначала, начать новую жизнь

slaughter *n* массовое убийство, резня, бойня, кровопролитие

S

slaughter of the innocents *этим.
библ.* избиение младенцев; *парл.
жарг.* отказ рассматривать законопроект ввиду недостатка
времени (*в конце сессии*)
indiscriminate slaughter огульная
расправа
wholesale slaughter массовая расправа, резня
slave *n* раб, невольник
to be a slave to a habit быть рабом
привычки
slavery *n* рабство
to abolish slavery уничтожить рабство
sleeve *n* рукав
to have smth up one's sleeve иметь
что-л. про запас, на всякий случай; незаметно держать что-л.
наготове
slogan *n* лозунг, слоган
catchy political slogan броский политический лозунг
to coin a slogan придумать лозунг
sloganeer *n амер.* составитель лозунгов (*как вид деятельности
журналиста*)
sloganeering *n амер.* сочинение броских лозунгов (*напр., в целях при-
дания большей привлекательности
речам политических деятелей*)
slot machine автомат
to play a slot machine запустить
автомат
slums *n pl* трущобы
inner-city/urban slums городские
трущобы, трущобы внутри города
to clear away slums расчистить трущобы
to tear down slums снести трущобы
slur *n* пятно (*на репутации*)
to cast a slur портить (*кому-л.*) репутацию
slur *v* замазывать, затушевывать
to slur over the facts замалчивать
факты

slush fund *амер. разг.* фонд на цели
подкупа (*напр., с целью повлиять
на исход выборов*)
small *adj* маленький, небольшой
small state малое государство
small talk болтовня
to make a small talk говорить о
пустяках, болтать
smart *adj* ловкий, умный
It was smart of him to reinvest his
capital.
smear *n* пятно; клевета; бесчестье
smear tactics тактика очернитель-
ства (*напр., политических про-
тивников*)
smoke *n* дым, копоть; курение;
дымка
to have a smoke закурить, поку-
рить
smoke-filled *adj* заполненный ды-
мом; *перен.* неясный (*о планах,
ситуации*)
smoke-filled room место заключения политических сделок (*воз-
можно, тайных*)
smoke-screen *n* дымовая завеса
to lay down a smoke-screen создавать дымовую завесу; затумани-
вать суть дела
smuggle *v* провозить (*что-л.*) контрабандой
to smuggle foreign currency into a
country тайно переправлять иностранную валюту в страну
to smuggle stolen goods контрабандным путем переправлять краде-
ные вещи
smuggling *n* осуществление кон-
трабанды
to engage in smuggling заниматься
контрабандой
snail *n* улитка
at a snail's pace еле-еле, черепашьим шагом
soap-box orator уличный оратор
social *adj* социальный, общественный

S

social benefits социальные блага, выплаты, общественные фонды потребления

social insurance социальное страхование; социальное обеспечение

social insurance legislation законодательство о социальном страховании

social integration социальная интеграция

social security and insurance социальное обеспечение и страхование

social services социальные службы, социальное обслуживание

social unrest социальное брожение

social welfare социальное попечение

state-sponsored social insurance государственное социальное страхование

socialism *n* социализм

market socialism рыночный социализм

society *n* общество, общественность

human society человеческое общество

learned society научное общество

literary society литературное общество

medical society медицинское общество

musical society музыкальное общество

secret society тайное общество

I am in favour of a pluralistic society. Я за плюрализм в обществе.

soft *adj* мягкий; ласковый; тихий

soft left люди, поддерживающие позиции левых (*о лейбористах в Великобритании*)

The judge is soft on ... Судья не занял жесткой позиции (*по какому-л. вопросу*)...

He has a soft spot for ... У него слабость к ...

software *n* программное обеспечение, программы

computer software программное обеспечение для компьютеров

soldier *n* солдат; военнослужащий; боец

soldier of fortune наемник

solidarity *n* солидарность; сплоченность

solidarity fund фонд солидарности

solidarity strike (*also* sympathy strike) забастовка солидарности

solution *n* решение, разрешение (*вопроса и т.п.*)

compromise solution компромиссное решение

peaceful solution мирное решение

to find a solution найти решение

son *n* сын

favorite son *амер. разг.* «любимец штата» (*о кандидате от штата*)

speak *v* говорить

to speak from the floor говорить с места

to speak from a rostrum говорить, выступать с трибуны

to speak in support (*also* to speak in favour) (*of smb*) выступать в поддержку (*кого-л.*), защищать

to speak well (*of smb*) положительно отзываться (*о ком-л.*)

It speaks for itself. Это говорит само за себя.

speaker *n* оратор; спикер (Палаты общин)

speakers on the list ораторы, записавшиеся для выступления

to be a good public speaker быть хорошим публичным оратором

speak out *v* (публично) высказываться; говорить громко

to speak out for radical reforms публично выступать в пользу проведения радикальных реформ

special *adj* особый, особенный; специальный

special interests особо влиятельные круги

special legislation специальное законодательство

specialist *n* специалист

to consult a specialist консультироваться у специалиста

to call in a specialist вызвать специалиста

speciality of the house *разг.* фирменное блюдо

specialized *adj* специализированный

specialized agency специализированное учреждение (*напр., в системе ООН*)

speech *n* речь

speech from the throne тронная речь

campaign speech речь, произнесенная во время избирательной кампании

passionate speech страстная, пламенная речь

political speech политическая речь

rousing speech волнующая речь

to deliver/to make a speech выступить с речью

to improvise a speech произнести речь без подготовки

speechwriter *n* составитель речей (*особ. на политическую тему*)

spoils *n pl разг.* трофеи; государственные должности, распределяемые среди сторонников партии, победившей на выборах

to divide the spoils of war разделить трофеи

spoils system *амер.* распределение государственных должностей среди сторонников партии, победившей на выборах

spoilsman *n амер.* человек, получивший должность в награду за политические услуги (*напр., во время избирательной кампании*)

spokesman *n* представитель; делегат; оратор

spokesman of the Secretary General представитель Генерального Секретаря (ООН)

squatter *n* лицо, незаконно проживающее в заброшенном доме и не платящее ренты

squatting *n* незаконное проживание (*напр., бездомных в каком-л. помещении*)

squeal *n* визг, скрежет (*напр., тормозов*)

stalking-horse *n амер. разг.* претендент на власть, который выдвигается (на тот или иной пост) с целью раскола голосов сторонников другой партии

stance *n* поза, позиция, стойка; позиция, установка

pro-western stance прозападная позиция

stardom *n разг.* мир кинозвезд; «звездность»

After this role she shot to stardom.

state *n* состояние, положение; строение, структура; государство; штат (*в США*)

state assets имущество государства, государственные активы

state representation норма представительства от штата (*в США*)

state sovereignty государственный суверенитет

to enjoy the state sovereignty пользоваться государственным суверенитетом

state-owned enterprise государственное предприятие

stationing *n* размещение

stationing of new weapons размещение новых видов вооружений

stay *v* оставаться; задерживаться

to stay/to keep/to be abreast (*of smth*) быть в курсе дела (*в отношении чего-л.*), знать новости

It is my rule to stay abreast of the news. Мой принцип – быть в курсе новостей.

stay-at-home *n* домосед; человек, ведущий скучную, неинтересную жизнь

S

stay-at-home voter избиратель, остающийся дома в день голосования

steal v воровать, красть; сделать (*что-л.*) украдкой; прокрадываться

to steal the show отвлечь все внимание на себя, затмить кого-л. другого

steamroller n *амер. разг.* нажим, грубое давление (*букв.* «паровой каток»)

steer v управлять рулем; направлять, руководить

to steer a middle course избегать крайностей, держаться золотой середины

steering organization руководящая организация

step down v спуститься

to step down from power отойти от власти (*о партии, о политических деятелях*)

step up v усиливать

to step up the work интенсифицировать работу

stereotype n стереотип

to perpetuate a stereotype увековечить стереотип

stick n трость; посох; жезл; брусок; палочка, веточка

to carry a big stick *перен.* угрожать

stick v втыкать, вонзать; колоть, закалывать

to stick to one's guns придерживаться своих взглядов, курса действий, несмотря на нападки; играть на своих козырных картах

This problem sticks. Эта задача ставит меня в тупик.

stigmatize v клеймить, поносить, бесчестить

stimulation n возбуждение; поощрение

to provide stimulation создать стимулы

stimulus n стимул

powerful stimulus мощный стимул

sting n жало; острая боль

to set up a sting *амер.* устроить ловушку

stingy adj скаредный, скупой

He is stingy with his money. Он жаден до денег.

stipend n стипендия

to live on a modest stipend жить на небольшую стипендию

stipulate v обусловливать, оговаривать (*положения и т.п.*)

The contract stipulates that ... В контракте обусловливается, что ...

to stipulate a procedure предусматривать, обусловливать осуществление какой-л. процедуры

stock n запасы, инвентарь; склад (*готовых изделий*); *амер.* акции

stock split *разг.* «расщепление акций»

stockholder n *амер.* владелец акций, акционер

stock market (*syn.* **stock exchange**) биржа, рынок ценных бумаг, фондовый рынок

stockpiles n pl запасы (*напр., оружия*)

to destroy the stockpiles of chemical weapons уничтожить запасы химического оружия

stone n камень

to leave no stone unturned испробовать все возможные средства

stone-walling n обструкция, чинимые помехи

stool pigeon n *разг.* доносчик, стукач

storage n хранение; склад; хранилище

storage facilities помещения для хранения продукции

cold storage хранение в холодильнике

to put (*smth*) into storage поместить (*что-л.*) на хранение

story n рассказ, повесть; история; предание, сказание

cover story главная статья (*о которой сообщается на обложке журнала*)

exclusive story эксклюзивная история

feature story рассказ, очерк

front-page story статья на первой странице газеты, сенсационный материал

human-interest story очерк (*на моральную тему и т.п.*)

inside story репортаж, написанный на основе внутренней информации

I like to read straight-news stories. Я люблю читать чисто информационные новости.

straight ticket *амер.* список кандидатов одной и той же партии

to vote a straight ticket *амер.* голосовать за кандидатов от одной партии

straits *n pl* затруднительное положение, стесненные обстоятельства (*финансовые и т.п.*)

to be in financial straits быть в трудном финансовом положении

stratagem *n* военная хитрость, уловка

to use a stratagem прибегать к военной хитрости

strategic *adj* стратегический, стратегически важный, оперативно-стратегический

strategic stability стратегическая стабильность (*в каком-л. регионе*)

strategist *n* стратег

armchair strategist кабинетный вояка, теоретик; человек, оторванный от реальных проблем жизни

strategy *n* стратегия, оперативное искусство

global strategy глобальная, международная стратегия

grand strategy великая стратегия

long-term strategy стратегия, рассчитанная на перспективу

military strategy военная стратегия

point of strategy стратегический пункт, стратегическая хитрость

to adopt a strategy принять какую-л. стратегию

to map out a strategy наметить стратегию

to work out a strategy выработать, разработать стратегию

straw *n* солома; пустяк, мелочь

straw vote *амер.* предварительное голосование (*для выявления настроения избирателей*)

straw in the wind предвестник чего-л.

the last straw that breaks the camel's neck последняя капля; предел терпения

strike *n* удар; открытие месторождения (*нефти и т.п.*); забастовка

strike picket пикет бастующих

strike threat угроза забастовки

general strike всеобщая забастовка

slow-down strike забастовка путем намеренного замедления темпов работы (*под видом строгого соблюдения инструкций*)

wild-cat strike *разг.* нелегальная забастовка

to break up a strike сорвать забастовку

to conduct a strike проводить забастовку

to go on strike забастовать

to organize a strike организовать забастовку

strike *v* (*syn.* **to down tools, to walk out**) бастовать, выступать (*против*)

to strike a chord with voters найти общий язык с избирателями

stringer *n* журналист, снимающий сюжеты (*особ. военные, криминальные*) и продающий их телеагентствам, стрингер

struggle *n* борьба

struggle to the death борьба до конца

S

study *n* изучение, исследование; научные занятия

advanced studies курс повышенной подготовки

country studies исследования по странам

feasibility studies (*of a project*) технико-экономическое обоснование (*проекта*)

postgraduate studies/*Am.* graduate studies занятия в аспирантуре

stuff *v*: **to stuff the ballot-box** *амер.* фальсифицировать выборы

stump *n* пень

stump speaker *амер.* оратор, выступающий с импровизированной трибуны (*особ. во время предвыборной кампании*)

subject *n* тема, предмет разговора; сюжет

thorny subject запутанная проблема, тема

to bring up a subject поставить вопрос на обсуждение

to deal with a subject решать вопрос

to dwell on a subject останавливаться на каком-л. вопросе

to tackle a subject заниматься проблемой

submit *v* подчинять; представлять на рассмотрение; предлагать (*свое мнение*)

to submit a report представить доклад (*на рассмотрение*)

to submit information представлять информацию

subsidies *n pl* субсидии

to cut subsidies урезать субсидии

substantive *adj* самостоятельный, независимый

substantive department основной департамент

substantive examination основательное изучение, исследование

substantive negotiations переговоры по существу

substantive provisions постановляющая часть резолюции

substantive report доклад о проделанной работе

substantive support существенная поддержка, поддержка по существу вопроса

subterfuge *n* увертка, отговорка, уловка

skilful subterfuge искусная уловка

to resort to a skilful subterfuge прибегнуть к искусной уловке

succession *n* последовательность, непрерывный ряд; преемственность; право наследования

the succession to the throne престолонаследие

suffering *n* страдание

intense suffering сильное страдание

untold suffering невыразимое страдание

to alleviate/to ease/to relieve suffering облегчать страдания

to bear/to endure suffering выносить страдание

to inflict suffering причинить страдание

sum *n* количество (*денег*); сумма; арифметический пример, простая задача

sums due суммы, подлежащие выплате

sums due to the other party суммы, причитающиеся другой стороне

sums to be paid as taxes суммы, уплачиваемые в виде налога

tidy sum of money *разг.* кругленькая сумма денег

summary *adj* суммарный, краткий; скорый, быстрый; *юр.* суммарный

summary account краткий отчет (*напр., о работе заседания*)

summary court дисциплинарный суд; суд упрощенного производства

summary jurisdiction суммарное производство

summit *n* вершина, верх; *перен.* высшая степень, предел; совещание в верхах, совещание глав правительств

summit conference (*syn.* top-level meeting) конференция на высшем уровне, «саммит»

supervision rights контрольные права

to exercise one's supervision rights осуществлять свои контрольные права

Supervisory Commission Контрольная комиссия

supply *n* снабжение, поставка; запас; *эк.* предложение

law of supply and demand закон спроса и предложения

supporter *n* сторонник, приверженец

labour supporter сторонник рабочего движения

suppress *v* пресекать, сдерживать; подавлять (*напр., движение*); запрещать (*напр., публикацию*)

to suppress a book запрещать издание книги

to suppress facts замалчивать факты

to suppress strikes запрещать забастовки

to suppress terrorism пресекать терроризм

to suppress the truth замалчивать правду

supremacy *n* верховенство; верховная власть

air supremacy господство в воздухе

naval supremacy господство на море

survival *n* выживание, живучесть; пережиток

common survival общие условия выживания

suspension *n* приостановка, прекращение; временная отставка; *воен.* короткое перемирие; *эк.* приостановление (*платежей*)

suspension of payments приостановление платежей

suspension of nuclear tests приостановка испытаний ядерного оружия

swear *v* присягать, давать показания под присягой; клясться

to swear allegiance клясться в верности, присягнуть на верность

to swear in a witness приводить свидетеля к присяге

sweep *n* взмах; диапазон, охват

sweep victory *амер. разг.* полная победа (*напр., на выборах*)

to make a clean sweep *амер.* избавиться

sweeping *adj* широкий, с большим охватом

sweeping accusation огульное обвинение

sweeping generalizations крайне широкие обобщения

sweeping reform радикальная реформа

swing *n* колебание (*о ценах*)

system *n* система; способ; метод; устройство

two-party (*also* bipartisan) system двухпартийная система

T

take *v* брать, взять; овладеть

to take a stand занять (определенную) позицию (*напр., по политическому вопросу*)

to take one's earnings home приносить свой заработок домой

to take the cake *разг.* выиграть приз

takeout *n* обед (заказ), который можно взять на дом

takeover candidate фирма-кандидат на поглощение (*другой фирмой*)

talks *n pl* переговоры

pay talks переговоры по вопросам (повышения) зарплаты

peace talks переговоры о мире, мирном процессе

target *n* цель, мишень; *тж. перен.*

economic target задание, контрольная цифра в области экономики

target practice учебные стрельбы

to conduct target practice вести учебные стрельбы

tariff *n* тариф

protective tariff протекционистские пошлины

to impose a stiff tariff (*on smth*) установить жесткий тариф (*на что-л.*)

to pay a tariff платить пошлину

task *n* задача

difficult task трудная задача

fruitless task бесплодная задача

hopeless task безнадежная задача

to take smb to task сделать выговор, дать нагоняй (*кому-л.*)

tax *n* налог

tax fraud *разг.* мошенничество с налогами

tax payer налогоплательщик

tax rate размер налога

to reduce the tax rate снизить размер налога (*напр., для поощрения предпринимательства*)

taxation procedure порядок налогообложения

term *n* период; срок; семестр; термин; *pl* условия; отношения

according to/under the terms of the agreement по условиям соглашения

in terms of scale and scope с точки зрения масштаба

test *n* испытание, тест; проверка; мерило, критерий

aptitude test проверка способностей

loyalty test проверка на лояльность

placement test проверка в связи с распределением на работу

proficiency test проверка умений

test flight испытательный полет

to administer/to take a test проводить тест

to carry out/to conduct a test выполнять/проводить тест

to make up/to draw up a test составить тест

to set a test тестировать

testament *n юр.* завещание; *рел.* завет

(*smb's*) last will and testament (*чья-л.*) последняя воля и завещание

testimonial *n* характеристика, рекомендательное письмо; рекомендация

to give/to offer a testimonial дать рекомендацию

testimony *n* показания свидетеля

to give testimony давать свидетельские показания

to retract one's testimony отказываться от своих свидетельских показаний

That's my boy! (*фраза*) Таким сыном я горжусь!

That's the way the ball bounces! (*also* **That's the way things are!**) Такова жизнь!

That's the way it plays! (*also* **the rules of the game**) Таковы правила игры!

The world is a rough place, and that's the way it plays.

theory *n* теория

game theory теория игр

information theory теория информации

scientific theory научная теория

to advance a theory выдвигать теорию

to advocate a theory развивать теорию, придерживаться теории

to confirm a theory подтвердить теорию

to formulate a theory формулировать теорию

to suggest a theory предлагать теорию

therapy *n* терапия

to employ therapy применять тера-
пию

There you are! Ну вот и результат!
There you are. Didn't I warn you?

thesis *n* тезис, положение; диссер-
тация

to test a thesis проверить (*тот или
иной*) тезис

to write a thesis написать диссертацию

to present a doctoral thesis (Ph.D.)
защищать диссертацию на степень доктора философских наук

to present a master's thesis защищать диссертацию на степень
магистра

thrill *n* возбуждение, глубокое волнение

to have/to experience a thrill испытать волнение

thrilled *adj* взволнованный; заинтересованный

to be thrilled (*with smth*) быть крайне заинтересованным (*чем-л.*)

thrive *v* процветать, преуспевать

to thrive (*on smth*) успешно делать
бизнес (*на чем-л.*)

throw a fight инсценировать про-
игрыш в боксе

I just know that Wilbur didn't throw
that fight.

throw away *v* отбрасывать что-л.,
тратить впустую (*напр., деньги*)

to throw away one's money on
gambling впустую тратить деньги на азартные игры

throw money at пытаться решить
проблему с помощью денег

This agency has thrown billions at
the housing problem but it has
been nothing but a long-term
disaster.

throw one's weight around показать
свою роль, значимость, важность

The vice president was throwing his
weight around, but that had little
effect on anything.

ticket *n разг.* пропуск

Her smile was her ticket to a new
career.

tie *v* завязывать, привязывать

to tie down привязать, связать

to be tied down to one's job быть
привязанным к своей работе

tied share *разг.* «связанная» акция

tight *adj* тугой; плотный; тесный,
узкий; трудный, тяжелый; *разг.*
жадный; прижимистый

She's really tight with her cash.

tight money *разг.* дорогие деньги

In these days of tight money, no new
expenditures will be approved.

tight spot *разг.* трудность, трудное
положение

I'm in sort of a tight spot and wonder
if you can help me out.

tighten one's belt *разг.* затянуть пояс

tilt *v* наклонять, опрокидывать

to tilt the existing military balance
нарушить существующее воен-
ное равновесие (*напр., в свою
пользу*)

time-server *n* приспособленец, оппортунист

timetable *n* расписание; график
работы

to follow a timetable следовать гра-
фику

to make up a timetable составить
график

to upset a timetable нарушить график

tip *n* кончик; верхушка

on the tip of one's tongue на языке
вертится

What's her name? It's on the tip of
my tongue. Как ее зовут? На языке вертится, а вспомнить не могу.

tip off *v* предупреждать; сообщать
частную информацию

tirade *n* тирада

blistering tirade злобная тирада

to launch into a tirade разразиться
тирадой

T

tissue *n* ткань (*особ. тонкая*)
tissue of lies паутина лжи
title *n* титул, звание; заглавие, название
title of debts титул задолженности
title of ownership *юр.* право собственности
title page титульный лист
token *n* знак, символ; признак, примета
token of friendship знак дружбы
by the same token к тому же, кроме того; лишнее доказательство того, что
in token of в знак
to give smth as a token (*of smth*) подарить что-л. как знак (*чего-л.*)
tolerance *n* терпимость
to show tolerance проявлять терпимость, выносить, терпеть
toll *n* пошлина; *перен.* дань; плата за проезд (*по дороге и т.п.*)
The storm took a heavy toll. Шторм причинил много бед.
tongue *n* язык
mother tongue родной язык
to give smb a good tongue-lashing хорошо «пропесочить» кого-л.
top *n* верхушка, вершина
to blow one's top разозлиться, рассердиться, выйти из себя
to reach the top of society пробиться в высшие слои общества
on top of the world счастливый, на верху блаженства
touchstone *n* критерий, пробный камень
touchstone of debate пробный камень прений
tough *adj* жесткий, плотный, упругий
tough break *разг.* невезение, неудача
tough debate трудные прения
trade *n* торговля; занятие, ремесло, профессия
trade agreement торговое соглашение

trade association торговая ассоциация
trade balance торговый баланс
brisk/lively trade оживленная торговля
domestic trade внутренняя торговля
export trade экспортная торговля
foreign trade внешняя торговля
free trade свободная торговля
illicit trade незаконная торговля
international trade международная торговля
maritime trade морская торговля
overseas trade внешняя торговля
retail trade розничная торговля
wholesale trade оптовая торговля
to build up/to develop/to drum up trade наращивать торговлю
to carry on trade (*with*) вести торговлю (*с*)
to engage in trade заниматься торговлей
to learn a trade учиться ремеслу, осваивать профессию, специальность
to promote trade содействовать развитию торговли
trademark *n* товарный знак; торговая марка
to bear/to display a trademark иметь торговую марку
to infringe a trademark нарушать правила использования торговой марки
to issue/to register a trademark зарегистрировать торговый знак
trader *n* торговец (*особ. оптовый*)
trading *n* торговля; коммерция
brisk trading оживленная торговля
sluggish trading вялая торговля
trample *v* топтать; давить; подавлять
to trample the rights попирать права
transact *v* совершать сделку
to transact in export and import operations вести экспортные и импортные операции

transfer *n* перенос; перевод (*денежных средств и т.п.*); переход

transfer channels каналы передачи

transfer notice уведомление о переводе (*денежной суммы*)

transfer of authority передача полномочий, власти

transfer of incomes передача доходов

transfer of ownership передача владения имуществом

transfer of profits перевод прибыли (*в банк и т.п.*)

transfer of technology передача технологии

to make a transfer осуществить передачу

subway transfer переход с одной станции на другую (*в метро*)

transfer *v* перечислять

to transfer a certain amount of money to the state budget перечислять определенную сумму в госбюджет

trap *n* ловушка, капкан; *сленг* трудная или опасная ситуация, из которой невозможно выбраться

to fall into a trap попасть в ловушку

He fell into the trap of underestimating his opponent.

to lure (*smb*) into a trap заманить (*кого-л.*) в ловушку

to set a trap ставить ловушку; *перен.* спланировать обман, захват

The police set a trap to catch the criminal.

trappings *n pl* украшения, внешний блеск; парадная часть (*напр., в чьей-л. работе*)

trappings of power протокольная, парадная часть (*в чьей-л. работе*)

travel *v* путешествовать; двигаться, передвигаться

to travel deluxe путешествовать по высшему классу

to travel first-class/second-class путешествовать первым/вторым классом

to travel on business совершать деловую поездку

to travel upstream плыть вверх по течению

travesty *n* пародия, карикатура

shocking travesty скандальная пародия

tread *v* ступать, шагать, идти; топтать, наступать, давить; притеснять, попирать (*права и т.п.*)

to tread on someone's toes/corns наступить кому-л. на любимую мозоль; больно задеть кого-л.

to tread softly ступать аккуратно

treasure *n* сокровище; *тж. перен.*

to find a buried treasure отыскать захороненный клад

treat *n* удовольствие, наслаждение; угощение

The meal was a real treat. Еда была восхитительная.

treatment *n* обращение; обработка; лечение, уход

atrocious treatment зверское обращение

brutal/harsh treatment жестокое, грубое обращение

fair treatment справедливое рассмотрение

inhuman treatment бесчеловечное обращение

kid-glove treatment тонкое, нежное обращение

preferential treatment *эк.* преференциальный режим

red-carpet treatment *разг.* встреча с наивысшими почестями

to get/to receive treatment получать лечение

to give/to provide treatment лечить

to respond to treatment реагировать на лечебный курс

treaty *n* (*also* **agreement, contract, pact**) договор, соглашение

treaty of alliance союзный договор (*между государствами*)

Т

treaty of assistance договор о помощи

treaty of commerce торговый договор

treaty of equality равноправный договор

treaty of extradition договор о выдаче преступников

treaty of guarantee гарантийный договор

treaty of neutrality договор о нейтралитете

treaty of security договор о безопасности

treaty of union союзный договор

bilateral treaty двусторонний договор

commercial/trade treaty торговый договор

non-aggression treaty договор о ненападении

peace treaty мирный договор

test-ban treaty договор о запрещении испытаний ядерного оружия

to sign a treaty to settle disputes подписать договор об урегулировании споров

trial *n* испытание, проба; переживание; искушение; злоключение

trial balloon пробный шар; *амер.* информация о планах или намерениях, озвученная для выяснения общественного мнения

trial work period испытательный срок работы

tribute *n* дань, должное; коллективный дар, подношение, награда

tribute to the memory дань памяти

trick *n* хитрость, обман

election tricks мошенничества на выборах

trigger-happy *adj амер. разг.* воинственный, склонный к авантюрам; готовый использовать оружие под любым предлогом

trigger-happy politician *амер.* политический авантюрист, политик-авантюрист (*особ. с точки зрения готовности к применению силы для решения политических проблем*)

trouble *n* беспокойство, неприятность

labour troubles волнения, забастовки рабочих

Trouble is brewing. Волнения нарастают.

to cause/to stir up trouble провоцировать беспорядки

to get (*smb*) into trouble вовлечь (*кого-л.*) в беду

to get (*smb*) out of trouble вызволить (*кого-л.*) из беды

to take the trouble (*to do smth*) взять на себя труд (*сделать что-л.*)

to look for trouble напрашиваться на неприятности, лезть на рожон; вести себя неосторожно

to have a lot of trouble иметь массу неприятностей, проблем

turning-point *n* поворотный пункт

to mark a turning-point (*in history*) знаменовать собой поворотный пункт (*в истории*)

twisting *n* кручение, изгиб

arm-twisting *разг.* политика «выкручивания рук»

U

UFO (unidentified flying object) НЛО (неопознанный летающий объект)

umpire *n амер.* судья (*в спортивной игре*)

unaccustomed *adj* непривыкший (*к чему-л.*); непривычный, необычный

unaccustomed to public speaking непривыкший выступать публично

unaware *adj* не подозревающий, не знающий

unaware of danger не подозревающий об опасности, не отдающий себе отчета в опасности

uncommitted *adj* не принявший на себя обязательства; несовершенный (*об ошибке*)

uncommitted bill законопроект, не переданный в комиссию

uncommitted nations страны, не входящие в блоки, союзы

uncommitted surrender безоговорочная капитуляция

uncommitted troops войска, не введенные в бой

unconditional *adj* безусловный, безоговорочный

unconditional prohibition of atomic weapons безусловное запрещение атомного оружия

undercover *adj* тайный, секретный

undercover agents тайные агенты

to work under cover быть на секретной работе (*особ. об оперативных работниках*)

underdog *n разг.* занявший второе место (*напр., о политическом кандидате во время выборов*)

undergraduate *n* (*also* **undergrad**) студент последнего курса

university undergraduate студент университета

underground *n* подпольная организация, подполье; метрополитен

to go underground уйти в подполье (*напр., о деятельности какой-л. организации*)

understanding *n* понимание; разум, способность понимать

clear understanding ясное понимание

tacit understanding молчаливое понимание

verbal understanding понимание на основе устного обмена мнениями

written understanding понимание, достигнутое на основе письменных обменов

to bring about understanding добиться понимания

to develop/to promote understanding содействовать пониманию

understatement *n* сдержанное высказывание; преуменьшение; замалчивание

underway *adv*: to get smth underway начать осуществлять (*проект и т.п.*)

unemployed, the *n* безработные

the hard-core unemployed хронические безработные

unemployment *n* безработица

high/low unemployment высокий/низкий уровень безработицы

mounting unemployment растущая безработица, рост безработицы

unemployment compensation компенсация, пособие по безработице

to draw unemployment compensation получать пособие по безработице

to go on unemployment compensation *разг.* «сесть» на пособие по безработице, получать пособие по безработице

unerring *adj* безошибочный, верный; непогрешимый

unerring in one's judgment способный судить безошибочно

unify *v* объединять

to be unified into one nation объединиться в одно государство

union *n* союз

craft union цеховой профсоюз

credit union *амер.* кредитный союз (*вид сберегательного учреждения*)

customs union таможенный союз

industrial union *амер.* производственный профсоюз

labour union профсоюз; тред-юнион

to sit on the board of the local union быть членом правления местного профсоюза

union rates взносы, подлежащие уплате в профсоюз

U

union shop предприятие, принимающее на работу только членов данного профсоюза

unionism *n* профсоюзное движение

unionist *n* член профсоюза

UN (the United Nations) ООН (Организация Объединенных Наций)

UN family of organizations система учреждений ООН

UN peace-keeping force войска ООН по поддержанию мира

UN peace-keeping operations операции ООН по поддержанию мира

UN volunteers добровольцы ООН

universal *adj* универсальный, всеобщий

universal and equal suffrage всеобщее и равное избирательное право

Universal Declaration of Human Rights Всемирная декларация прав человека

unlawful *adj* незаконный

It is unlawful to do that. Это незаконные действия.

unscrupulous *adj* неразборчивый в средствах; нещепетильный; беспринципный, бессовестный

to be unscrupulous in one's business проявлять неразборчивость в средствах при ведении хозяйственной деятельности

unyielding *adj* твердый, упорный; неподатливый, несгибаемый

unyielding in one's demands твердо настаивающий на своих требованиях

upbringing *n* воспитание

religious upbringing религиозное воспитание

update *v* модернизировать

update *n* приведение в соответствие с требованием (*программы и т.д.*)

to give (*smb*) an update (*on*) сделать уточнение, внести поправки (*по какому-л. вопросу*)

upgrade *v* повысить в должности, перевести на более высокооплачиваемую работу

to upgrade the legation to an embassy повысить дипломатическую миссию до уровня посольства

up the wall в крайне трудном положении

We were all up the wall until the matter was resolved.

vacancy *n* вакансия; незанятый участок; пробел, пропуск

There are some vacancies for drivers but all the other positions have been filled.

vacation *n* освобождение; каникулы

to go on vacation отправиться на каникулы

value *n* ценность, стоимость; цена

book value чистый капитал, «книжный» капитал

cash value стоимость в наличных деньгах

face value номинальная стоимость, номинал

fair value справедливая цена

intrinsic value внутренняя стоимость (*товара*); действительная стоимость (*товара*)

nominal value номинальная стоимость

surplus value прибавочная стоимость

token value символическая стоимость

to acquire value приобретать ценность, становиться ценным

to place different values on the enterprise назначать различные цены на стоимость предприятия

to put/to set a value (*on*) установить цену (*на товар*)

to return to world's traditional values вернуться к традиционным мировым ценностям

The market value went down. Рыночная стоимость снизилась.

value *v* оценивать, ценить

to value highly высоко оценивать

variance *n* разногласие, размолвка; изменение; расхождение, несоответствие

This theory is at variance with the real life.

vary *v* менять(ся), изменять(ся); разниться, отличаться, отклоняться

to vary considerably значительно отличаться

vehicle *n* перевозочное, транспортное средство (*напр., автомобиль*)

all-purpose vehicle универсальное транспортное средство

amphibious vehicle плавающая машина

armoured vehicle бронетранспортер (БТР)

motor vehicle автомобиль

space vehicle космический летательный аппарат (КЛА)

to be a vehicle for spreading propaganda служить средством распространения пропаганды (*о газетах, журналах и т.п.*)

verdict *n* вердикт, решение присяжных заседателей; мнение, суждение

fair/unfair verdict справедливый/несправедливый вердикт суда

to announce a verdict объявить вердикт

to arrive at/to reach/to render a verdict прийти к решению; вынести вердикт

to hand down a verdict вручить решение присяжных заседателей

verdict of guilty/non-guilty вердикт о виновности/невиновности

verdict for the defendant/the plaintiff вердикт для обвиняемого/истца

verification *n* проверка

verification of credentials проверка полномочий

verification of fulfilment of obligations проверка выполнения обязательств

verify *v* проверять; выверять; контролировать; подтверждать

to verify tax calculation проверять правильность расчета налогов

vest *v* облекать (*напр., кого-л. властью*)

The power to impose taxes is vested in Congress. Право вводить налоги принадлежит Конгрессу.

vested *adj* облеченный, законный, принадлежащий по праву

vested interests закрепленные законом имущественные права; капиталовложения; крупные предприниматели; корпорации

vested with the power to do smth облеченный полномочиями сделать что-л.

vestiges *n pl* остатки

vestiges of colonialism остатки колониализма

veto *n* вето, запрещение

pocket veto *амер.* «карманное вето» (*т.е. неподписание президентом законопроекта до роспуска Конгресса*)

to exercise/to impose/to use a veto использовать право вето

to impose a veto (*over*) наложить вето

to override a veto отвергать вето, не принимать во внимание вето

to sustain a veto защищать право вето, поддерживать вето

Congress overrode the President's veto. Конгресс отверг вето президента.

viability *n* жизнеспособность

viability of a treaty жизнеспособность договора

V

vice president *n* вице-президент, заместитель председателя (*напр., акционерного общества*)

vicious *adj* порочный, ошибочный, неправильный; дефектный

vicious circle порочный круг

victory *n* победа

to achieve/to gain/to win a victory одержать победу

to pull off a victory *амер. разг.* вырвать победу

It is a clear-cut victory. Это явная победа.

view *n* взгляд, точка зрения; вид; пейзаж

radical view радикальный взгляд

reactionary view реакционная точка зрения

slanted view искаженный взгляд, искаженная точка зрения

sound view здравый взгляд, логичная точка зрения

unpopular view непопулярная точка зрения

to advance/to advocate a view поддерживать ту или иную точку зрения

to express/to voice one's view выразить (*свою*) точку зрения

to hold a view придерживаться (*какой-л.*) точки зрения

vigilance *n* бдительность

to show vigilance проявлять бдительность

violate *v* нарушать

to violate the air space нарушать воздушное пространство

to violate the treaty нарушать договор

violation *n* нарушение

Violation of international law is inadmissible. Нарушение международного права недопустимо.

violence *n* сила; неистовство; стремительность; насилие

violence-torn area район волнений; район, подвергнутый разрушениям

violent *adj* неистовый

violent overthrow of the regime насильственное свержение режима

visa *n* виза

to issue visas выдавать визы

vital *adj* жизненный, жизненно важный

vital interests кровные интересы (*фирмы, региона и т.п.*)

The economic aid of ... is vital to our success. Экономическая помощь со стороны ... совершенно необходима для нашего успеха.

vocabulary *n* словарь, лексикон

to command a vocabulary владеть словарем, лексиконом

vogue *n* мода; популярность

to be in vogue быть в моде

vote *n* голос; голосование

affirmative vote голос «за»

casting vote голос, дающий перевес

equally divided votes голоса, разделившиеся поровну

lop-sided vote неравномерное голосование

recorded vote голосование, заносимое в отчет о заседании

solid vote массовый отклик избирателей

unanimous vote единодушное голосование

to explain one's vote объяснить мотивы голосования

to influence/to swing a vote влиять на результаты голосования, склонять голоса в свою пользу

to take a vote (*on a motion*) проголосовать (*по предложению*)

to bring a motion to a vote поставить предложение на голосование

to put the matter to the vote поставить вопрос на голосование

voting *n* голосование, участие в голосовании

voting machine машина голосования

voting qualifications право на участие в голосовании

voting slip избирательный бюллетень

W

wage *n* заработная плата

wage scale тарифная сетка

walking papers *pl* уведомление о
факте увольнения, развода (*и
т.п.*)

I hope I don't get my walking papers
today. I need this job.

walkout *n* выход (*отдельных депутатов и т.д.*) из зала заседания в
знак протеста; забастовка (*особ.
ее начало*)

walk out *v* выходить из зала заседания в знак протеста; начать
забастовку

to walk out of the talks покинуть
переговоры в знак протеста

war *n* война

limited nuclear war ограниченная
ядерная война

to prohibit a war запретить войну

Watch my lips (*also* Read my lips).
разг. Слушай(те), что я скажу.
(*букв.* читайте слово по губам,
*например, если вы не хотите го-
ворить какое-то грубое слово
вслух*)

Watergate break-in уотергейтское
дело (1972 г., США)

watershed *n* водораздел; важный,
решающий период (*в истории*)

watershed election решающие выборы

wealth *n* богатство; материальные
ценности

wealth redistribution перераспреде-
ление материальных ресурсов

welfare *n* социальное обеспечение;
социальное пособие, «вэлфер»

Welfare State, the государство всеобщего благоденствия

What do you say? Ну, как дела?

What's buzzin? *сленг* Ну, что тут?

What's the good word? *разг.* Привет, как дела?

white-collar employees служащие
(*букв.* «белые воротнички»)

Whitehall *n* Уайтхолл; *разг.* гражданская служба

windfall *n* *перен.* непредвиденная
удача

wording *n* редакция, формулировка

wording of an article формулировка статьи (*в своде законов и т.п.*)

worker *n* рабочий

blue-collar worker *разг.* производственный рабочий (*букв.* «синий
воротничок»)

working and recreation conditions
режим работы и отдыха

World Bank Мировой банк

World Bank-assisted programme
программа, осуществляемая с
помощью Мирового банка

world money market мировой денежный рынок

world money market rates ставки
мирового денежного рынка

worship *n* поклонение, почитание;
рел. культ; вероисповедание

freedom of worship свобода веро-
исповедания

Y

yack *v* непрерывно болтать (*обычно о пустяках*)

He kept yacking (on) about his new
car.

year *n* год; *pl* долгое время

I've worked for this firm years (and
years).

year of account отчетный год

yellow *adj* желтый

yellow journalism бульварная,
«желтая» печать, пресса

yellow-bellied (*also* yellow) *разг.
презр.* трусливый

yellow pages телефонный справочник фирм, производящих товары и услуги

yokes *n pl* оковы

yokes of colonialism оковы колониализма

yuppie *n* (= **young professional**) молодой, честолюбивый человек, делающий карьеру

zap *v разг.* атаковать, уничтожить кого-л. в компьютерной игре; управлять телевизором на расстоянии (*при помощи устройства дистанционного управления*)

zapper *n* (*also* **remote control**) дистанционное управление

zealot *n* фанатичный приверженец

religious zealot религиозный фанатик

zebra crossing (*Br.*) переход (для пешеходов) типа «зебра» (*чернобелые полосы*)

zero hour час «Ч», время начала наступления, высадки десанта и т.п.

Zero hour is fixed for midnight.

БИБЛИОГРАФИЯ

Англо-русский дипломатический словарь/Под общим рук. В.С. Шах-Назаровой, Н.О. Волковой, К.В. Журавченко. М., 1989.

Англо-русский толковый словарь американского разговорного языка / Сост. R.M. Harmon. М.: Видар, 1999.

Англо-русский экономический словарь/Под ред. А.В. Аникина. М., 1977.

Бизнес словарь: англо-русский. 2-е изд. М.: М.И.П., 1999.

Большой англо-русский словарь/Под общим рук. И.Р. Гальперина и Э.М. Медниковой. М., 1988.

Частотный англо-русский словарь-минимум газетной лексики/Сост. П.М. Алексеев, Л.А. Турыгина. М., 1984.

Крупнов В.Н. Общественно-политическая лексика. Англо-русский словарь-справочник. М., 1985.

Крупнов В.Н. Учебные материалы по переводу и реферированию общественно-политических и экономических текстов с русского языка на английский. Части I и II. М.: МГИМО, 1984/1985.

Крупнов В.Н. В творческой лаборатории переводчика. М.: Международные отношения, 1976.

Крупнов В.Н. Язык и бизнес: Материалы семинара для изучающих деловой английский. – «Бизнес-класс» (Business Class), 1994–1995.

Мюллер В.К. Англо-русский словарь. 21-е изд. М., 1978.

The American Heritage Dictionary of the English Language. N.Y., 1969.

The Barnhart Dictionary of New English Since 1963. N.Y., 1973.

The BBI Combinatory Dictionary of English. Amsterdam, Moscow, 1990.

Flexner, Stuart B. I Hear America Talking. N.Y., 1976.

Hornby A.S. Oxford Advanced Learner's Dictionary of Current English. Fourth Edition. OUP, 1989.

Journalism. Book 1, English Language Services, Inc. N.Y., 1967.

Journalism. Book 2, English Language Services, Inc. N.Y., 1967.

Longman Dictionary of Contemporary English. Longman, 1982.

Longman Dictionary of English Language and Culture. Longman, 1992.

Longman Lexicon of Contemporary English. Longman, 1982.

Oxford American Dictionary. By E. Ehrlich et al. N.Y., 1980.

Pick, Christopher. The Election Book. London, 1983.

Safire's Political Dictionary. N.Y., 1978.

Spears, Richard A. Slang American Style: more than 10,000 ways to talk the talk. NTC Publishing Group, Lincolnwood (Chicago), 1997.

6,000 Words. A Supplement to Webster's Third New International Dictionary. Springfield, Mass., 1976.

Webster's New International Dictionary. 2nd ed. Springfield, Mass., 1959.

Webster's Third New International Dictionary of the English Language. Vols I, II, III. Chicago, London, 1971.

Справочное издание

Крупнов Виктор Николаевич

АНГЛО-РУССКИЙ СЛОВАРЬ СОВРЕМЕННОЙ ОБЩЕУПОТРЕБИТЕЛЬНОЙ ЛЕКСИКИ

Ведущий редактор *Л.И. Кравцова*
Технический редактор *Е.Д. Захарова*
Корректор *З.Ф. Юрескул*
Компьютерный дизайн обложки *Д.А. Зябрева*

Подписано в печать с готовых диапозитивов 13.07.2000.
Формат 84×108^1/$_{32}$. Бумага офсетная. Печать офсетная.
Усл. печ. л. 15,12. Тираж 5000 экз. Заказ 1617.

Налоговая льгота — общероссийский классификатор
продукции ОК-00-93, том 2; 953000 — книги, брошюры

ООО «Издательство Астрель». ЛР № 066647 от 07.06.99
143900, Московская область,
г. Балашиха, проспект Ленина, 81.

ООО «Издательство АСТ». ИД № 00017 от 16.08.99 г.
366720, Республика Ингушетия, г. Назрань, ул. Кирова, 13.
Наши электронные адреса: www.ast.ru
E-mail: astpub@aha.ru

Налоговая льгота — Общегосударственный классификатор
Республики Беларусь ОКРБ 007-98, ч. 1; 22.11.31.000

Республиканское унитарное предприятие
«Полиграфический комбинат имени Я. Коласа».
220005, Минск, ул. Красная, 23.